面向能源安全的中国油气市场体制机制改革研究丛书

国际原油市场：
热点与前沿

张大永 姬 强 孙晓蕾 郭 琨 著

 西南财经大学出版社

中国·成都

图书在版编目(CIP)数据

国际原油市场:热点与前沿/张大永等著.—成都:西南财经大学出版社,
2023.6
ISBN 978-7-5504-5749-2

Ⅰ.①国… Ⅱ.①张… Ⅲ.①原油—石油市场—国际市场—研究
Ⅳ.①F416.22

中国国家版本馆 CIP 数据核字(2023)第 0071117 号

国际原油市场:热点与前沿
GUOJI YUANYOU SHICHANG:REDIAN YU QIANYAN

张大永 姬强 孙晓蕾 郭琨 著

策划编辑:孙婧
责任编辑:王利
责任校对:植苗
封面设计:墨创文化
责任印制:朱曼丽

出版发行	西南财经大学出版社(四川省成都市光华村街 55 号)
网　　址	http://cbs.swufe.edu.cn
电子邮件	bookcj@ swufe.edu.cn
邮政编码	610074
电　　话	028-87353785
照　　排	四川胜翔数码印务设计有限公司
印　　刷	四川新财印务有限公司
成品尺寸	170mm×240mm
印　　张	16.25
字　　数	300 千字
版　　次	2023 年 6 月第 1 版
印　　次	2023 年 6 月第 1 次印刷
书　　号	ISBN 978-7-5504-5749-2
定　　价	88.00 元

序

在 19 世纪 50 年代内燃机出现以后，原油（石油）取代煤炭成为全球最重要的化石能源，并成为各国纷纷争夺的战略性资源。原油是非常重要的生产要素，已成为全球大宗商品之王，其价格的波动总是牵动着世界经济和政治的中枢神经，受到各国广泛关注。由于全球原油资源分布不均衡，原油的地缘政治属性格外突出。

从 20 世纪的三次石油危机，到 2008 年的全球金融危机，再到 2022 年的俄乌军事冲突，油价暴涨暴跌的背后通常伴随着全球能源格局的变化和能源秩序的重构。与此同时，原油市场的热点也在不断转换，从"石油美元"体系的形成，到"页岩油革命"（文中又称"页岩油气革命""页岩革命"）、中美贸易摩擦，再到美、俄与欧佩克之间的三方博弈，国际原油市场可谓是风云变幻。此外，近年来油价的高波动性、高风险性已经成为国际原油市场的新常态，原油商品属性之外的金融产品属性在增强，原油产品市场金融化的影响更加深远，其背后的动因更加复杂。这些现象的背后蕴含着怎样的经济学机理，对市场秩序的重塑又有着怎样的影响，都需要更多的专业解读和系统研判。

作为全球最大的原油消费国和进口国，我国的原油对外依存度非常高并且还在持续攀升，在 2021 年达到了 72%。从某种意义上讲，中国能源安全的核心就是原油安全。2020 年，中国在第 75 届联合国大会上正式提出力争于 2030 年前实现二氧化碳排放达到峰值，2060 年前实现碳中和的"双碳"目标，确立了从化石能源向可再生能源转型的长期发展战略。但是能源转型之路不可能一蹴而就，在相当长的一段时间内，我国的发展还需要依赖原油，保障能源安全的战略不能动摇。认识原油在我国现代能源体系中的重要性以及我国在国际能源市场上的地位，对于我们对全球原油市场进行科学的态势研判，完善我国原油市场体制机制建设，从而确保经济的长期平稳运行意义重大。

在这样的背景下，张大永教授承担了国家社会科学基金重大项目"面向能源安全的中国油气市场体制机制改革研究（批准号 20&ZD110）"。《国际原油市场：热点与前沿》一书是该项目的重要阶段性成果，是作者在能源研究领域长期耕耘和积极探索的结晶。该书介绍了国际原油市场的发展脉络，针对原油市场的系列热点和前沿问题进行了系统的解读，根据"费曼学习法"的三要素回答了"是什么""为什么""怎么做"三个关键问题，让读者可以对国际原油市场有一个全景式的印象。全书从国际原油市场的演化发展入手，深入浅出地介绍了国际原油定价的几个关键阶段和主要价格特征，并重点选取大国博弈、"石油美元"定价、原油产品市场金融化、"页岩油革命"、原油市场的"黑天鹅事件"、碳中和目标下的原油行业转型等国际热点问题进行解读和研判，最后对中国原油市场的发展提出展望和建议。

该书内容广泛，素材丰富，分析深入，既具有科学性，又兼具科普性，对原油地缘政治、"石油美元"、原油产品市场金融化、"页岩油革命"、原油大事件、中国原油期货、原油行业转型等问题都有深入的分析和独到的见解。该书探讨的问题紧扣当前的国际政治形势和原油市场热点，具有很好的可读性和实践参考价值。

该书由西南财经大学张大永教授和中国科学院科技战略咨询研究院姬强研究员领衔的能源金融团队合作撰写完成。该团队在能源金融相关领域建树颇丰，是推动国内能源金融学科发展的一支重要力量。该团队的研究成果被国内外学者广泛引用，张大永教授和姬强研究员也连续入选2021—2022年"科瑞唯安全球高被引科学家"。由两位学者发起成立的中国能源金融联盟和中国"双法"研究会（中国优选法统筹法与经济数学研究会）气候金融研究分会也是国内比较活跃的能源与气候金融学术组织。

本人作为该社科重大项目的学术委员会主任，欣喜地看到该项目研究的顺利推进和阶段性成果的形成。希望该书的出版可以帮助国内学者和研究人员、相关行业从业人员更多地了解国际原油市场，了解原油价格波动背后的原因，并为中国的原油市场建设提供有益的参考。

范英

于北京航空航天大学经济管理学院

2023 年 5 月

前　言

　　原油（石油）作为"工业的血液"，是现代经济体系中最为重要的资源，影响着全球经济的稳定与发展，其价格的波动更是影响各国经济运行的关键不确定因素。经过一个多世纪的发展演化，国际原油市场已经成为一个以原油输出国组织（OPEC，或：欧佩克）、俄罗斯和美国等重要原油出口国为核心的多方博弈体系，也逐渐形成了以英国布伦特价格和美国WTI（西得克萨斯中间基原油）价格为基准价格的较为成熟的定价体系。

　　然而进入21世纪以来，国际原油市场出现了较大的变化，受到多重因素的影响，出现了更多的不确定因素和新的特征。2008年的全球金融危机导致原油价格崩盘，从创纪录的147美元一桶跌至40美元一桶以下。美国"页岩油革命"的成功，使其一举从原油进口国成为重要的原油出口国，极大地改变了国际原油市场的竞争格局。而从2020年起，受到新型冠状病毒感染疫情的影响，美国WTI价格更是出现了史无前例的负油价。在此期间，原油价格的跌宕起伏更是前所未有，对世界经济的复苏形成了巨大的障碍。2022年2月发生的俄乌军事冲突更是一度将国际原油市场推向了全球的热点，欧美对俄的制裁和禁运一方面改变了国际原油贸易的格局，俄罗斯推出的以卢布计价的贸易规则更是对"石油美元"提出了挑战。俄乌军事冲突进一步威胁到了欧洲的能源安全，造成了新的能源危机。

　　原油作为一种大宗商品，其价格主要受到供需关系的影响，因此在20世纪70年代石油危机发生之后，OPEC或者OPEC+的生产决策成为决定国际油价走势的关键因素，而中国、印度等新兴经济体高速发展所带来的巨大能源需求也被认为是从需求端影响国际油价走势的重要因素。但是进入21世纪以来，能源（原油）市场出现了一个重大的变化，即出现了金融化的趋势。这一改变使得原油获得了金融产品的属性，即出现了过度波动性、外溢性、突变性和传染性。多重属性的叠加使原油价格的决定因素变得更加多样而复杂，价格预测更加困难，对全球经济体系、金融市场的影响更加显著。

此外，随着国际社会对气候危机达成共识，各国纷纷设立碳中和目标和能源转型方案，以减少温室气体排放从而减缓全球变暖的步伐，实现长期的可持续发展目标。而这个举措的关键就是在全球范围内实现从化石能源向可再生能源的变革。这个变革将使现有国际能源结构、体系和格局发生根本性改变。以煤炭、原油和天然气为代表的化石能源将会逐步退出历史舞台，而风、光、氢能等新型能源形式将会取代它们的位置，成为驱动人类经济发展的新动力。然而，能源转型的过程中困难重重，不仅需要大量的资金投入和技术创新，更需要解决数以万亿美元计的传统能源行业资产的出路。以原油为例，各大原油公司都在采取积极的方式推动绿色转型，大幅降低对化石能源项目的投资。虽然从短期来看，原油的市场地位似乎难以撼动，甚至会在转型的过程中有所反弹，但是从长期来看，原油行业必然要受到转型的影响而发生根本性的改变。

面对上述国际原油市场上出现的新特征，我们认为有必要对相关问题进行系统的梳理，重新审视国际原油市场所面临的不确定性，充分考虑到气候危机和全球能源转型、原油产品市场金融化、"页岩油革命"、新型冠状病毒感染疫情、地缘政治风险等多重因素的影响，把握国际原油市场的热点和前沿问题，从而为学术研究、政策制定乃至原油市场从业人员提供重要的信息和决策依据。

本书是西南财经大学经济与管理研究院张大永教授作为首席专家所主持的国家社会科学基金重大项目"面向能源安全的中国油气市场体制机制改革研究（批准号20&ZD110）"的阶段性成果和系列丛书的第一部，聚焦国际原油市场发展的热点和前沿问题，围绕国际原油市场发展的一般性规律展开，对国际原油市场的演化与态势分析和上述重大前沿问题进行阐述，进而介绍中国原油期货市场的发展，并在此基础上对我国原油市场建设的相关问题进行思考和展望。

全书内容包括三个部分共9章，具体如下：

（1）第一部分即第1章：国际原油市场演化与态势分析。作为本书的绪论部分，本章从国际原油市场的早期发展开始，到20世纪70年代的石油危机，再到OPEC和新型冠状病毒感染疫情冲击，进而对当前国际原油市场演化规律进行基本的介绍，并在此基础上梳理国际原油市场发展态势，为后续的章节提供论述基础。

（2）第二部分由第2章到第6章组成。这五章分别介绍了国际原油市场上的几个重要的热点和前沿问题，包括国际原油市场上的多头博弈格局以及地缘政治问题、国际原油市场定价体系的变革与"石油美元"、原油产品市场金融化问题、"页岩油革命"、原油市场上的"黑天鹅事件"。该部分相关章节通过对这些重大问题的梳理，为读者提供了一个系统了解国际原油市场动态和发展趋势的平台。

（3）第三部分由第7章到第9章组成。这三章聚焦我国原油市场建设、碳中和目标下的原油行业转型，在此基础上对我国原油市场建设进行系统的分析，并对未来的发展方向进行展望。

本书的研究内容是对研究团队在国际原油市场十余年来的深入研究和在相关领域的丰富研究成果的总结和梳理。第1章由马嫣然、张大永、姬强完成，第2章和第7章由刘畅、孙晓蕾完成，第3章由王嘉琦、李奕冲、郭琨完成，第4章由康雨馨、栾丽媛、郭琨完成，第5章由马丹丹、姬强、张大永完成，第6章由耿江波、姬强、张大永完成，第8章由杨玉英、刘明磊完成，第9章由张韵晗、姬强、张大永完成。

本研究团队在成长和发展的过程中，得到了来自国内外众多专家、学者的大力扶持和指导，他们包括但不限于范英教授、张中祥教授、林伯强教授、周鹏教授、张跃军教授、张兴平教授、施训鹏教授、王群伟教授、王玉东教授、Ronald D. Ripple教授、Brian Lucey教授、Shunsuke Managi教授等，在此对这些专家、学者表示最诚挚的谢意！

限于我们的知识范围和学术水平，书中一定有不足之处，恳请广大读者批评指正！

张大永

2023 年 5 月

目　录

1　国际原油市场演化与态势分析

1.1　国际原油市场演化规律

原油被誉为"工业的血液"，是工业革命以来人类社会生产生活中最重要的一种生产要素，其价格的变化会对全球工业和经济发展的方方面面造成直接或者间接的影响。原油是一种可被耗尽的自然资源，原油市场及其价格变化成为学术研究和政策制定的重点考虑因素，特别是 Hamilton（1983）的研究指出油价冲击是导致二战结束后美国经济波动的重要因素之后，更是广受政策制定者的关注。

早期的原油仅仅是一种简单的燃料，1859 年，原油钻井、开采和控油实现机械化以后，拉开了原油产业现代化和原油商业化的序幕。原油凭借质量和价格优势，逐步占领照明市场，需求量逐步扩大，迎来第一个高峰期。随后第二次工业革命拓宽原油用途，同时在燃料需求的拉动下原油产量快速攀升，1920—1940 年，世界原油产量翻倍增长，由 6.9 亿桶增长到 21.5 亿桶。两次世界大战和战争结束后全球经济的快速发展更是强化了全球各国对原油燃料的需求，原油成为全球各国争夺的重要资源（Caspi et al.，2018）。

纵观历史，原油市场经历了"低油价、石油危机、市场繁荣、OPEC 价格战、新型冠状病毒感染疫情冲击"五个阶段。

1.1.1　低油价阶段

OPEC 成立以前，以欧美为代表的西方国家控制了原油生产，特别是新泽西标准原油公司、纽约标准原油公司、雪佛龙公司、德士古公司、海湾原油公司、英国原油公司（BP）① 和皇家英荷壳牌公司七家原油生产巨头主导了全球原油价格。当时原油生产国不参与原油定价，这些大型跨国原油公司不仅通过租让权等方式瓜分中东地区的原油资源和利润，而且通过控制原油在市场上的流通性来垄断原油市场。该阶段史称原油"七姐妹"垄断阶段（Wood et al, 2016）。原油"七姐妹"及其商标见图1-1。

Standard Oil of | Royal Dutch Shell | Anglo-Persian | Standard Oil Co. of
NewJersey (Esso) | (Anglo-Dutch) | Company (APOC) | New York (Socony)
(新泽西标准原油公司) | (皇家英荷壳牌公司) | (波斯原油公司) | (纽约标准原油公司)

Standrad Oil of | Gulf Oil | Texaco
California (Socal) | (海湾原油公司) | (德士古公司)
(雪佛龙公司，又名：
加利福尼亚标准原油公司)

图1-1 原油"七姐妹"及其商标

二战结束以后，中东地区凭借本地原油储量巨大、埋藏较浅和品质优良的优势，成为世界上最大的产油地区。而中东地区各产油国不满原油"七姐妹"对市场的控制，1960年，由沙特阿拉伯、科威特、伊朗、伊拉克和委内瑞拉等主要原油生产国组成了原油输出国组织（OPEC，欧佩克）（OPEC组织标志见图1-2），以对抗原油"七姐妹"对国际原油市场的控制。1970年以后，OPEC国家通过收回大量租借地，逐步夺回了原油生产的控制权，获得了对油价的定价权（Noguera，2017）。

---

① Anglo-Persian Company 就是 BP 的最早起源，成立于 1909 年，后来改名为"英国伊朗石油公司"，1954 年改名为"英国原油公司"，即 BP。中间整合了其他公司，是目前世界上最大的石油石化集团之一。

图 1-2　OPEC 组织标志

1.1.2　石油危机阶段

在国际原油市场演化的历史上，最为重要的事件是 20 世纪 70 年代和 1990 年发生的三次石油危机。三次石油危机与战争和地缘政治危机直接相关，刺激了原油价格快速攀升，并改变了国际原油市场的格局，进而影响了世界经济的走向，其中一个重要的影响就是欧美等西方国家经济出现滞胀、GDP 增长率下降（Noguera-Santaella，2016；Zhang et al.，2009）。

1.1.2.1　第一次石油危机

第一次石油危机发生在 1973 年，其诱因是第四次中东战争中阿拉伯国家为打击以色列及其支持者所采取的行动；此外，也是中东产油国和西方原油垄断公司争夺市场的体现。OPEC 国家在 1973 年夺得市场定价权以后，为打击西方国家，它们首次以原油作为武器，通过实施一系列削减产量、原油禁运等措施，要求美国等国家放弃对以色列的支持立场，迫使以色列退出其占领的阿拉伯国家领土。OPEC 的一系列举措刺激了原油价格由 3 美元每桶快速上涨至 12 美元每桶，西方国家出现了第一次能源危机，油价暴涨导致西方发达国家经济全面衰退。

1.1.2.2　第二次石油危机

第二次石油危机也是中东地区的地缘政治危机造成的。其导火索是 1978 年底伊朗发生革命和 1980 年的"两伊战争"。伊朗是世界第二大原油出口国，其政局的动荡和战争导致全球原油供给突然减少。战争导致产油设施被严重损坏，市场缺口巨大。此外，第一次石油危机对市场造成的影响仍然存在。随着市场"原油短缺"的声音被不断放大，刺激了市场参与者和消费者囤积和抢购原油，需求快速增加，市场缺口逐步扩大，市场上普遍的恐慌情绪推动价格快速上涨。在市场供需严重不平衡的刺激下，油价一路攀升，从 13 美元每桶攀升到 42 美元每桶。

20 世纪 70 年代的这两次石油危机让欧美等西方国家意识到原油武器化的威胁以及原油资源的重要性和战略意义。为降低对产油国的依赖和维护本国能源安全，经济合作与发展组织（OECD）成立了国际能源署（International Energy Agency，IEA），并在此基础上构建了国际能源安全体系。1983 年，纽约交易所上市交易原油期货，西方国家纷纷参与原油期货市场建设，以削弱 OPEC 的定价能力。此外，1981—1986 年，非 OPEC 产油国原油产量快速增长，非 OPEC 国家产油量逐步超过 OPEC，其他替代能源也快速发展。市场的变化促使原油价格由 OPEC 主导逐渐过渡到以期货市场为主导的定价体系，形成 OPEC、原油需求和原油资本共同决定市场价格的局面。在此期间，原油供给量逐步增加，但过高的油价抑制了市场需求，使油价不断回落（Kaufmann、Connelly，2020；Noguera，2017）。

1.1.2.3 第三次石油危机

第三次石油危机发生在 1990 年。1990 年 8 月初，伊拉克突然出兵占领科威特，引发了海湾战争。为反抗国际经济制裁，伊拉克中断原油供给，刺激原油价格一路上涨到 42 美元每桶。此次石油危机加速了美国和英国经济衰退，并进而影响了全球的经济发展，导致 1991 年的世界 GDP 增长率不到 2%。为此国际能源机构紧急投放战略储备原油，OPEC 国家也积极扩大生产，以稳定国际原油市场。

这三次石油危机过后，国际油价开始了长达 7 年的稳定期（见图 1-3），在此期间，油价在 18~20 美元每桶震荡微涨，这种情况一直持续到 1997 年亚洲金融危机发生前。20 世纪 90 年代初，亚洲经济崛起，全球对原油的需求日益增加，而亚洲金融危机让各国经济受到不同程度的损伤，对原油的需求下降。在此期间，OPEC 产量不减反增，供大于需的格局导致油价跌到 10 美元每桶，触及 20 年来价格底部。随着 OPEC 逐渐减产，世界经济逐步恢复，新兴经济体国家快速发展，油价在一年的时间内报复式反弹，一路攀升，到 2000 年，突破了 30 美元每桶的水平。

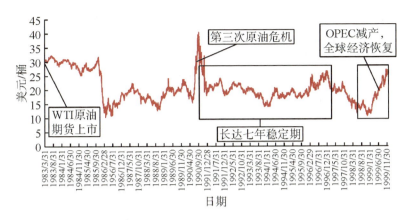

图 1-3　1983 年 3 月至 1999 年 11 月 WTI 原油价格走势

1.1.3　市场繁荣阶段

1.1.3.1　新兴经济体高速发展

亚洲金融危机过后，以中国为代表的新兴经济体经济进入高速发展时期，同时带动全球经济逐步复苏和刺激原油需求日益增加。在此期间，OPEC 通过调节产量平衡国际油价，但原油需求量剧增导致原油市场供不应求，同时期美元贬值超过 40%，刺激了以美元计价的国际原油价格一路上涨。

2000—2008 年国际油价迎来井喷式上涨，原油价格自 2000 年的 20 美元每桶一路飙升，快速突破 100 美元每桶，并在 2008 年 7 月 3 日达到历史顶峰 147 美元每桶。在此期间，原油价格经历了两次较大幅度的回调，分别出现在 2001 年下半年以及 2006 年下半年。前者是由于 2001 年发生的"9·11"恐怖袭击事件引发了市场恐慌情绪，并对航空、运输和旅游业产生了较大的冲击，导致原油需求量下降。其间叠加 2002 年委内瑞拉国内发生动荡、2003 年伊拉克第二次海湾战争、2005 年墨西哥湾遭受"卡特莉娜"和"丽塔"两股飓风侵袭等地缘政治因素和突发事件，导致原油市场剧烈震荡。后者是 2006 年下半年，由于前期的高油价并未影响美国原油市场产出，而美国暖冬减少了原油需求量，导致供需不平衡，造成全球库存升高，油价应声下跌，价格由 77 美元每桶跌至 50 美元每桶附近（Sadorsky，2014）。

1.1.3.2　2008 年全球金融危机时期

2007 年底美国发生次贷危机，其影响巨大并迅速地由房地产市场扩散到金融体系，由美国扩散到全球，在 2008 年引发了一场全球金融危机，国际原油市场上的高油价也受到金融危机的冲击。虽然新兴市场国家对原油的需求依然强劲，但全球需求量急剧降低，特别是北美市场的原油需求量减少5%以上。原油价格从147美元每桶的历史高点一路跌至34美元每桶附近。

为了摆脱金融危机对市场的影响，OPEC多次通过达成减产协议恢复供需平衡以阻止原油价格持续下跌。同时，在危机冲击后，2009年全球经济开始复苏，特别是新兴市场国家率先在金融危机中恢复，经济继续高速发展，原油需求大幅增加。此外，在各国为应对危机所采取的一揽子量化货币宽松政策和积极财政政策的刺激下，经济复苏，对原油的需求反弹。在供给端，地缘政治事件频发，市场供给端波动较大。如2010年发生的"阿拉伯之春"运动、2011—2013年叙利亚战争、2012年的伊朗制裁事件等冲击着原油的供给。在供给紧缩、需求旺盛以及地缘政治事件频发的形势下，油价水平重新回到100美元每桶上方，最高到114美元每桶（Mollick、Assefa，2013）。图1-4是进入2000年以来WTI原油价格走势。

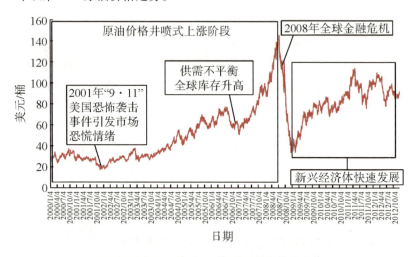

图1-4　进入2000年以来WTI原油价格走势

1.1.4　OPEC价格战阶段

美国一直以来都在国际原油市场上占据重要地位，其角色则不断发生着变化。自20世纪80年代起，美国开始投资研发页岩油技术。经过30多年的研究与开发，美国页岩油技术逐步成熟，开采成本也降至新低。2013年，美国页岩油气储量为782亿桶，当年居全球第一。美国所发生的"页岩油革命"，促使其原油产量超过沙特阿拉伯，在2019年成为当年全球第一大原油生产国，从而彻底改变了国际原油市场的格局，出现了由OPEC以及以美国和俄罗斯为代表的非 OPEC 原油输出国三足鼎立的局面。

而 OPEC 国家为了与美国争夺市场份额，巩固自身在全球原油市场上的地位，不断调整政策。2014 年，OPEC 产油量逐步超过配额，它们企图通过增产压低油价令高成本的美国页岩油企业破产，市场出现供给大于需求的局面，OPEC 国家打响了与美国的价格战。特别是随着伊朗恢复原油生产和出口，供大于求的情况更加严重，导致 2014 年 7 月油价大幅度跳水，由 100 美元每桶跌至 2016 年 2 月的 30 美元每桶，跌幅超过 50%（Kilian，2016）。在价格战期间，美国页岩油企业虽然受到短暂的冲击，但是随着页岩油生产商升级技术和压缩成本，美国原油产量在小幅下滑后又快速增长，最终原油供给市场形成 OPEC、美国、俄罗斯三方博弈的市场格局。价格战引发的低油价行情一直到 2016 年底 OPEC 成员国重新达成新一轮的减产协议才告结束，从此国际原油产销逐渐进入供需平衡的时期，同时油价也进入平稳期。

2013—2017 年 WTI 原油价格走势见图 1-5。

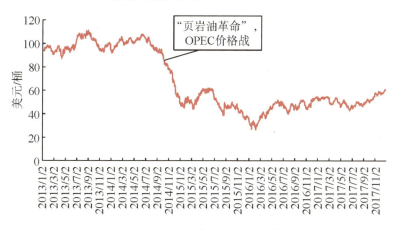

图 1-5 2013—2017 年 WTI 原油价格走势

2018 年下半年，全球经济增速放缓，市场需求不足，导致原油价格下跌。同时，美国对伊朗经济制裁措施生效后，供过于求的市场格局被进一步强化，国际油价再次下探。OPEC 与俄罗斯组成的"OPEC+"集团在 2019 年通过进一步减产，将油价稳定在 60 美元每桶附近。

1.1.5 新型冠状病毒感染疫情冲击阶段

1.1.5.1 疫情冲击原油市场

2019 年底，新型冠状病毒感染疫情发生，并迅速席卷全球，发展成为全球各国所面临的最为严重的公共卫生危机，全球经济也因疫情而进一步恶化。

从需求端来看，为应对疫情所采用的隔离政策导致全球停工停产，引发全球经济停滞。受疫情影响，经济遭到直接冲击、间接冲击和持续冲击。除少数国家外，西方发达经济体和新兴市场国家均深陷经济衰退的危机中，难以自拔。2020年，全球GDP超万亿美元国家经济增速除中国外均大幅下跌（具体见图1-6）。如，西班牙跌幅最大达11%，英国、印度、法国、意大利和墨西哥跌幅在8%左右。在全球经济衰退的背景下，全球原油需求也随之下降。从供给端来看，为应对日渐萎靡的原油需求，"OPEC+"试图通过减产稳住油价，但与俄罗斯的谈判失败，沙特阿拉伯单方面宣布增产并调降价格，打响了新一轮价格战。在供需双杀的背景下，国际油价出现了史诗级暴跌。2020年4月20日，美国WTI原油期货价格出现了史无前例的负油价。随着全球各国陆续开始复工复产，叠加OPEC与非OPEC产油国对减产协议的执行，国际油价在震荡中逐步回暖（Narayan，2020；Topcu、Gulal，2020）。

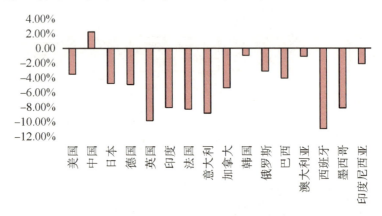

图1-6　2020年全球GDP超万亿美元国家经济增速

数据来源：DataStream数据库。

1.1.5.2　俄乌军事冲突引发能源危机

2022年初，俄罗斯与乌克兰发生军事冲突，直接刺激原油价格快速上涨，油价再次突破100美元每桶（Ma et al.，2021）。自冲突发生以来，美国和西方国家对俄罗斯实施全方位极限制裁和经济封锁，导致原油市场供应危机升级。在"OPEC+"原有增产计划不变的情况下，全球原油库存大幅下降，引发了市场对全球供应严重中断的担忧。同时，随着全球各国的经济逐步恢复，全球原油需求不断回升。在低库存、低供应、强需求以及加息的支撑下，原油价格不断冲高。

俄乌冲突对原油市场供给的影响已经被逐步消化，叠加全球性高通货膨胀和全球加息，引发了市场对全球经济衰退的担忧，打击了原油需求。同时，2022 年美元升值、煤炭价格持续上涨等因素都抑制了原油价格继续上涨。此外，在俄乌冲突期间，市场投机行为明显增多，全球经济基本面的变化影响了市场情绪，投机资本逐步回撤也导致价格回落。在多种因素的影响下，2022 年 6 月以来国际原油价格逐步回落，8 月下旬已回落至俄乌冲突发生前水平，但是市场上存在的多种不确定性导致国际油价动荡不止。2018 年 1 月至 2022 年 8 月 WTI 原油价格走势见图 1-7。

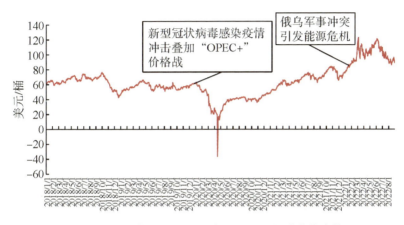

图 1-7　2018 年 1 月至 2022 年 8 月 WTI 原油价格走势

1.2　国际原油市场态势分析

1.2.1　未来经济态势分析

一是全球经济进入滞胀期，原油需求增速变缓。2022 年国际货币基金组织（International Monetary Fund，IMF）发布《经济展望报告》，指出目前世界经济增长正在遭遇 20 世纪 30 年代大萧条以来最严重的打击，全球第一次面临发达经济体和新兴经济体同时进入衰退的情况。

据 IMF 预测，高通货膨胀带来的全球经济衰退风险将持续上升，预计到 2026 年会损失高达 4 万亿美元的 GDP。IMF 认为全球劳动力市场紧张程度、供应链瓶颈持续时间、各国中央银行的响应措施、俄乌军事冲突的持续时间以及冲突对能源价格、粮食价格和全球增长的影响情况将决定未来通货膨胀持续时间，其预测全球通货膨胀得到缓解的时间可能会是 2025 年。在当前俄乌军事冲突引发对俄罗斯的制裁进一步升级的情况下，其影响将会通过大宗商品价格上升、供应链扰动以及融资环境收紧来对世界经济造成负面冲击。据 IMF 预测，与 2021 年相比，2023 年全球 GDP 增速将下降约 2%，随后经济逐步恢复，预计到 2027 年全球 GDP 增速将回升 1%。总的来说，短期高通货膨胀是抑制全球需求的主要原因。进入 2025 年以后，随着全球通货膨胀逐步缓解，原油需求会逐步恢复。但长期的全球经济滞胀，会抑制全球原油需求增长速度。

二是全球原油需求中心随着国际经济重心的调整而进一步东移。IMF 预计未来十年，新兴市场和发展中经济体将成为拉动世界经济增长的重要引擎。特别是全球日益严峻的人口年龄结构问题，日本、西欧、美国等发达经济体面临老龄化、少子化的严峻考验。而与此同时，埃塞俄比亚、尼日利亚、肯尼亚、墨西哥、印度和印度尼西亚等新兴经济体仍将保持较快的人口增长速度，人口红利将给它们带来经济增长。预计到 2030 年，新兴市场和发展中经济体将贡献全球 GDP 的 50% 以上。因此，新兴市场和发展中经济体未来将取代欧美而成为全球原油需求中心。

根据 EIA（美国能源信息署）《2021 年国际能源展望》，在 2035 年，全球原油需求量将达到每天 1.04 亿桶，到 2050 年需求量逐步下降。其中，亚太地区原油需求预计增加 800 万桶/日。因此，在未来的 30 年里，原油需求的增长将主要被用于满足亚洲发展中经济体不断增长的能源消耗，这些国家将成为未来全球能源需求增长中心和全球原油的主要进口地。

1.2.2 全球能源投资发生变化

以原油为代表的化石燃料投资决定了未来原油的产能，进而决定原油化工产品（例如乙烯和苯）对航空燃油和车用汽油等原油制品的供给情况。面对清洁能源转型要求，2014 年起全球大幅减少对化石燃料的投资，并导致 2022 年发生能源危机。这些变化让人们意识到化石能源稳定的重要性，至少在现有技术水平上短时间内还无法被可持续能源完全替代。

目前，以原油为主的化石燃料投资撤出的速度过快，与能源需求不相匹配（Chen et al., 2021）。据统计[①]，2014 年"页岩油革命"蓬勃发展之后，全球对上游原油和天然气企业的投资达到峰值，投资额占全球 GDP 的 0.9%（在全

---

① Bloomberg Finance L. P.、国际能源署、Rystad Energy UCube、美国经济分析局以及 IMF 工作人员的估计。

球投资中的比重为3.6%）。此后，对化石燃料的投资一路下滑，其投资额在2019年只占全球GDP的不到0.5%（在全球投资中的比重也下降至1.5%），在新型冠状病毒感染疫情期间又进一步下降。从公司属性来看，上市原油公司对原油和天然气的投资削减幅度大于国有原油企业。从地域来看，美洲和非洲的投资降幅比中东和俄罗斯的降幅要明显。

总的来看，过去十年间，全球对化石燃料的投资是典型的繁荣—萧条周期。进入2014年以来，在应对气候变化的大背景下，全球降低了化石燃料需求预期，以上市公司为代表的资本更倾向于可持续清洁能源，削减了对全球原油和天然气的资本支出。鉴于此次能源危机的影响，短期内，在广阔的市场前景和超高的能源价格吸引下，会有更多的国家投资化石燃料，以确保供应来源的安全性和多样化。从长期来看，各国会根据应对气候变化目标和可再生能源被采用的速度，动态确定减少化石燃料投资的速度，以降低价格高位波动的风险，避免能源短缺问题。同时，风电、太阳能光伏发电、清洁氢能等可持续能源仍将是未来能源投资的核心。以氢能为例，预计到2030年，全球累计资本投资总额将达到6 000亿美元。

1.2.3　全球原油格局发生变革

一是新技术和大国博弈改变全球供需格局。从全球能源供给格局来看，除欧佩克、俄罗斯等传统能源大国（组织）外，随着美国页岩油技术的不断突破和研发投入的持续加大，美国的开采成本逐步降低，将促使美国成为全球原油主要供给国之一，形成OPEC、美国、俄罗斯三足鼎立格局，它们将长期占有全球60%以上的原油产量。

俄乌军事冲突发生以后，美国和其盟友通过经济制裁来削弱俄罗斯在国际能源市场上的地位，对俄罗斯原油出口、原油进口以及原油部门投资进行全面打击，导致俄罗斯原油出口大国地位受到威胁。而美国在原油市场上的影响力进一步增强，沙特阿拉伯等产油国也借机稳固自身地位。美国、俄罗斯和OPEC三足鼎立格局将逐步被打破，未来俄罗斯地位将被削弱，美国将引领非"OPEC+"产油国成为原油产量增长的主力军。从全球能源需求格局来看，全球原油需求中心将随着经济重心进一步东移，形成以新兴市场和发展中国家为主的全球原油需求中心（Chen et al.，2023）。

二是全球自由贸易格局被打破。西方相继宣布停止进口俄罗斯原油，同时欧盟计划到2027年完全摆脱对俄罗斯原油的依赖，标志着全球能源自由贸易时代的结束，传统的原油贸易流向也将发生颠覆性的改变。以海运原油为例，欧盟进口的海运原油中,有25%来自俄罗斯,而俄罗斯原油海运出口的50%是运往欧盟的,两地能源关系紧密。

制裁落地后,美国、英国和挪威等国逐步加大对欧洲的原油出口,以弥补欧盟原油缺口,而俄罗斯主要增加了对印度和中国的出口。预计未来在制裁政策不断加码的情况下,俄罗斯原油供应不稳定风险持续增大,俄罗斯原油整体出口呈下降态势,而美国和中东的原油出口将进一步增加。从局部来看,未来欧洲各国将成为中东和美国原油主要的进口国,而印度和中国将成为俄罗斯原油主要的进口国。同时,禁运会使俄罗斯和欧洲各自原油海运贸易流向发生改变,导致全球原油海运贸易流向发生改变。这不仅会增加海运时间成本,而且会降低原油周转量,给原油供需错配带来更大的风险,导致市场风险增大。

1.2.4 应对气候变化加快全球能源结构发生变革

2021年COP26(联合国气候变化大会第26次年度峰会)达成了《格拉斯哥气候公约》,此次协议完善和敲定了《巴黎协定》的实施细则,其中第6.4条为国际碳信用市场增加了确定性,未来将进一步促进全球碳市场发展。随着技术的发展以及各国在碳排放、碳中和方面加快行动,能源结构也将不断发生变化,潮汐发电、生物质能源、可燃冰、核能等将成为重要的能源,氢气、甲醇等燃料作为汽油、柴油的替代品,也将逐步替代原油制品。

虽然从中短期来看,全球经济低迷、高通货膨胀、融资成本上升等因素给全球各国能源转型造成了阻碍,但在长期能源安全和气候目标不变的情况下,减少化石能源使用、提高能源效率和多样化燃料供应以及增加清洁能源技术的投入依然是大势所趋。国际能源署(IEA)、国际可再生能源署(IRENA)、欧佩克(OPEC)等国际能源组织,英国原油公司(BP)、挪威国家原油公司(Equinor)、英荷壳牌(Shell)等国际原油公司,以及彭博新能源财经(BNEF)、美国能源信息署(EIA)等知名机构纷纷发布能源展望。其中大多数报告显示,虽然到2050年,化石燃料在一次性能源组合中的份额将下降,但原油仍在全球能源系统中发挥着重要的作用。在此期间,太阳能和风能的发电量将大幅增长,并对实现长期能源安全和气候目标发挥巨大作用(Tian et al.,2022)。

总体来讲,可持续清洁能源的大力发展,将加速未来原油需求达到峰值并逐步退出的步伐。据OPEC和EIA预测,到2035年前后,全球原油需求将达到每天1.04亿桶到1.08亿桶的峰值,随后需求量逐步出现下滑。但2022年初出现的能源危机对上述预测产生了较大的影响。考虑可持续清洁能源替代原油的速度和技术障碍，各国会放慢可持续清洁能源投资进度，并更加注重能源供给多元化和能源安全问题。因此，全球原油需求和原油供给并不会出现快速下降的情况，会在反复震荡中缓慢下降。

1.2.5 大国博弈加剧，地缘局势不确定性增加

受全球经济低迷、供需失衡和地缘政治博弈等多重因素影响，2020 年起原油价格大幅震荡。在此背景下，原油的地缘政治因素愈发明显。当前原油资源被美国、沙特阿拉伯、伊朗、俄罗斯和欧盟等当成政治博弈工具，以提升和巩固其自身在全球的影响力。全球经济形势恶化，各国经济复苏进度不平衡，全球高通货膨胀问题迟迟未得到解决，导致国际环境复杂化和大国博弈长期化。不仅有中东地区常规化的地缘冲突，还有以新型冠状病毒感染疫情、俄乌军事冲突为代表的新风险源的出现。

中东地区局势紧张，是冲击原油供应的常规地缘风险。叙利亚危机仍然未能得到有效解决，而美伊谈判一波三折，虽然近期双方重启谈判，但"伊核协议"的前景仍不明朗。目前各方利益诉求无法得到满足，伊朗和美国分别在核项目和解除制裁问题上应采取的步骤及实施的顺序等均存在无法弥合的严重分歧。从短期来看，双方矛盾难以调和，而且各自立场均十分坚定，为谈判的成功蒙上了阴影，同时也增加了恢复伊朗原油出口的不确定性。同时，从目前局势来看，美国政府逐步调整对中东政策，积极促进该地区主要国家进行良性互动，中东国家整体关系有长期向好的趋势。但由于美伊谈判陷入僵局、巴以争端问题曲折复杂、也门风波不断、利比亚大选前景不明，加之极端组织制造不稳定局势，中东地区原油供应仍存在较大不稳定性。

大国间不断博弈引发新地缘冲突，特别是美国能源独立以后，大搞"美国优先"，极力改变原有的原油市场格局，企图争夺全球能源统治地位。美国发动的中美贸易摩擦不仅限制原油进出口，而且打击中国原油装备制造业；美国全力与俄罗斯争夺在中东地区的控制权和影响力；采取多种手段打压中东地区的油气生产，阻止中国及其他国家从中东进口原油和发展贸易关系；拉拢盟友联合对俄罗斯实施能源制裁，打压俄罗斯能源大国地位。因此，大国博弈复杂化、长期化将给原油市场的长期发展带来不确定性。

1.2.6 原油市场未来态势分析

展望未来的国际原油市场，大国间博弈将长期化和复杂化，美国、俄罗斯和 OPEC 国家三足鼎立的原油供给格局会长期保持。未来俄罗斯在原油市场上

的影响力会被弱化，"OPEC+"与美国博弈难度加大，美国对国际原油市场的影响力会增强。特别是，俄乌军事冲突以及对俄罗斯的经济制裁会打破全球原油自由贸易格局，贸易流向也将发生变化。未来俄罗斯的原油出口中心将会进一步东移，成为印度和中国的主要原油供应国，而美国和中东则成为欧洲的主要原油供应国。地缘政治因素仍然会成为未来国际原油市场上最大的不确定性和制约因素，全球范围内各种冲突会加重市场对原油供应中断的担忧。

从需求端来看，随着经济发展形势的变化，新兴市场和发展中国家将进一步成为全球原油需求中心和可能的增长点。同时，受高通货膨胀影响，未来全球经济将可能进入滞胀期，根据各国中央银行政策，各国经济恢复进程将出现差异化。总体市场产能和需求会随着经济的恢复而逐步释放，但受全球经济增长缓慢、应对气候变化政策目标等因素制约，需求量上涨空间有限，而且未来化石燃料投资会被逐步削减，预计到2035年原油需求会缓慢达到峰值，然后进入逐步回落阶段。

2 全球原油地缘政治格局分析

原油不仅是当今世界最重要的战略资源之一，更是国家之间重要的博弈工具和武器，由此衍生出的原油政治以及各国能源战略，则成为平衡全球各方势力在世界原油市场上的行动的关键因素，全球原油地缘政治市场格局也演变为当下欧佩克、美国与俄罗斯三足鼎立的局面。本章重点对欧佩克、俄罗斯和美国的能源战略演化进行梳理与总结，进而对原油供应三极体系下的全球能源格局进行分析和展望。

2.1 欧佩克能源战略演变

"欧佩克"即原油输出国组织（Organization of Petroleum Exporting Countries, OPEC），创立于 1960 年 9 月，其宗旨是协调和统一成员国原油政策，维持国际原油市场价格稳定，确保原油生产国获得稳定收入。它不仅是以中东阿拉伯原油生产国为主的发展中国家原油输出国组织，更是当代政治与经济领域中极具影响力的国际组织之一，对世界经济与国际关系走向起着举足轻重的作用。

1960 年成立的欧佩克已年逾"花甲"，梳理其发展轨迹，可大致划分为以下几个时期：快速崛起时期（1960—1972 年）、发展鼎盛时期（1973—1980 年）、内忧外患时期（1981—2014 年）以及影响力日渐式微时期（2015 年至今）[1]。60 多年来，随着时代的发展，国际原油价格经历了数次大起大落，欧佩克作为一个主导全球原油产量和原油价格的组织，在不同发展阶段，其能源战略及国际地位也在不断发展演化（Brémond et al., 2012; 罗继雨 等, 2020; 朱彤, 2014）。

---

① 罗继雨, 刘朝全, 石卫. 欧佩克: 由盛到衰或将走向终结? [J]. 国际石油经济, 2020, 28 (9): 10-17.

2.1.1　快速崛起时期（1960—1972 年）

欧佩克随着世界能源步入石油时代而成立。第二次世界大战结束后，中东原油新发现使得世界原油产量和消费量快速增加，原油在世界能源构成中迅速赶上煤炭，世界迈入石油时代。以"七姐妹"为代表的大批国际原油公司涌入中东地区，为争夺优质原油资源而加大投资力度，带来了全球原油产能过剩，导致国际原油公司之间降价竞争。1945 年阿拉伯国家联盟（简称"阿盟"）成立后，为协调阿拉伯国家的原油政策，于 1952 年在阿盟政治委员会中设立了"原油专家委员会"，1954 年又设立永久性机构"原油局"，以争取和捍卫阿拉伯世界的原油权益。

欧佩克成立的直接诱因是以"七姐妹"为代表的西方原油垄断资本单方面连续压低原油价格。二战结束后特别是 20 世纪 50 年代，随着中东原油被大量开采，国际原油市场供过于求，独立原油公司和苏联为打进西方国际原油卡特尔控制的世界市场，纷纷降价抛售原油。西方国际原油卡特尔不甘心让出市场份额，1959 年 2 月，英国原油公司（BP）遂宣布每桶原油削价 18 美分。这次削价使中东产油国原油收入锐减 10%。同年 4 月，阿盟在开罗举行第一届阿拉伯原油大会，除阿拉伯产油国外，还有伊朗和委内瑞拉两大产油国以观察员身份出席此次会议。会议强烈谴责西方国际原油卡特尔单方面强行压价，要求西方原油大公司稳定油价，即使不得已而调整油价，也须事先与产油国协商。在此期间，沙特阿拉伯与委内瑞拉还达成了成立原油输出国组织以稳定油价的"君子协定"。1960 年 5 月，沙特阿拉伯原油事务大臣塔里基和委内瑞拉原油部长在举行会谈后发表公报，明确提出建立原油输出国组织的倡议。但 1960 年 8 月，埃克森原油公司再次将每桶中东原油削价 10 美分，随后其他国际大原油公司也采取了类似行动。为摆脱任凭西方原油垄断资本随意宰割的状况，1960 年 9 月 14 日，沙特阿拉伯、科威特、伊朗、伊拉克以及拉美的委内瑞拉 5 个原油出口国在巴格达召开会议，签署第一届欧佩克会议决议，决定联合起来共同对付西方国际原油卡特尔，以维护产油国合理的原油权益。至此，一个协调成员国原油政策、谋求合理的民族经济权益、反对西方国际原油垄断资本掠夺和控制的发展中国家原料生产与输出国国际组织正式亮相国际舞台[①]。

欧佩克成立之初，并没有引起国际原油公司的重视，因而获得了宝贵的发展空间和时间，相继吸纳卡塔尔（1961 年）、利比亚（1962 年）、印度尼西亚

[①]　杨光，姜明新. 石油输出国组织［M］. 北京：中国大百科全书出版社，1995：24-25.

（1962 年）、阿拉伯联合酋长国（1967 年）、阿尔及利亚（1969 年）和尼日利亚（1971 年）等原油生产国加入组织，成员国在国际原油市场上的份额不断扩大，原油产量超过世界总量的一半。

欧佩克成立后，立即投入维护原油价格稳定、提高原油收入的斗争中，并取得了显著的成果。一是与国际原油公司达成矿区开采税经费化的协议，1964—1966 年，中东产油国的原油收入增加了 4 亿美元。二是采用配额生产制，使 20 世纪 60 年代的原油定价保持在 1960 年 8 月的水平上，粉碎了国际原油公司利用产能过剩向产油国施压，以分裂和破坏欧佩克的图谋。三是建立国家原油公司，开展原油国有化运动，维护产油国的原油资源权益。四是将油价斗争的重点转移到统一和提高原油定价上，重新夺回了定价权。

欧佩克卓越的成就是同国际原油公司围绕提高原油定价展开的博弈[①]。1969 年，利比亚开启了提高原油定价斗争的序幕。当时，西欧原油进口量的1/4 来自利比亚。利比亚政府利用这一条件，要求与国际原油公司谈判原油定价和税收问题，遭到国际原油公司故意拖延。利比亚政府采取各个击破的策略，选择了一家完全依赖利比亚原油的西方公司为突破口，因为没有利比亚的原油，这家公司就会失掉欧洲市场从而倒闭。经过艰苦的谈判，1970 年 9 月，该公司同意了利比亚的要求，其他外国原油公司随后也接受了利比亚政府的要求，将每桶原油定价提高 0.03 美元（达到 2.53 美元）、原油税金提高近 5%。

利比亚的胜利极大地鼓舞了其他产油国，提高原油定价的斗争开始向其他成员国蔓延，伊拉克、科威特、伊朗、委内瑞拉也都相继成功地提高了原油定价。1970 年 12 月，在第 21 届欧佩克部长级会议上，欧佩克作为一个整体开展斗争，其以原油禁运相威胁，取得了夺回原油定价权的阶段性胜利：5 年内将中东国家的原油销售税率从 50% 提高到 55%，原油定价每桶提高 35~40 美分，定价以外另加 5 美分作为通货膨胀补贴；从 1971 年 6 月 1 日起，原油定价提高 2.5%，1973—1975 年的每年 1 月 1 日再分别提价 2.5%；取消由产油国付给原油公司的销售回扣。1971 年 2 月，地中海委员会成员国（利比亚、阿尔及利亚、沙特阿拉伯、伊拉克）又以原油禁运相威胁，取得了与 15 家国际原油公司争夺原油定价权的胜利。至此，欧佩克全部成员国都夺回了原油定价权。

【欧佩克的雏形：“君子协定”】

原油输出国组织（欧佩克）的缔造者，就是委内瑞拉的佩雷斯·阿方索。

[①] 徐建山. 石油的轨迹：几个重要石油问题的探索 [M]. 北京：石油工业出版社，2012：90-93.

1958 年 1 月，阿方索担任委内瑞拉矿物和碳化氢部部长，主张产油国政府不但要增加原油收入，还应控制原油生产和销售。

1959 年 4 月 16 日，阿拉伯国家联盟常设原油委员会在开罗召开会议，阿方索率领委内瑞拉代表团列席。在会议期间，阿方索与伊拉克等国代表秘密聚会，达成"君子协定"，即产油国保护定价体系，建立国有原油公司，争取利润六四分成，建立炼油厂，向原油产业下游扩展等。正是这次秘密聚会所达成的"君子协定"，成为欧佩克的雏形。

1960 年 9 月 10 日，在伊拉克政府的邀请下，委内瑞拉、沙特阿拉伯、科威特、伊朗和伊拉克代表在巴格达聚会。9 月 14 日，会议决定成立一个永久性的国际组织，命名为"原油输出国组织"，即欧佩克。

2.1.2 发展鼎盛时期（1973—1980 年）

20 世纪 60 至 70 年代，欧佩克在维护第三世界产油国民族权益的斗争中历经风雨，逐步成为一支影响世界原油市场的举足轻重的力量。1970 年是一个转折点，国际原油市场从此由买方市场转变为卖方市场。在 20 世纪 70 年代，欧佩克意识到自己拥有原油武器，并最早代表发展中国家提出要建立国际经济新秩序。在欧佩克巨大的影响力之下，厄瓜多尔（1973 年）和加蓬（1975 年）加入该组织，欧佩克成员国的原油出口总量达到世界的 2/3。成员国不仅完全将原油工业收归国有，而且逐渐夺回原油定价权，结束了国际原油价格长期保持在 2 美元/桶的局面，十年内迅速攀升至约 35 美元，其间两次石油危机的发生，更是使得油价连上两个台阶。OPEC 的一系列措施，包括提升油价、减少产量、原油禁运，使得西方国家经济大幅受挫，资本主义不公正的原油市场体系逐步被打破，欧佩克对于原油的定价权得以强化。这一时期也是欧佩克国际影响力的鼎盛时期。

在这一时期，欧佩克先后两次减产导致国际油价飙升，西方国家两次发生石油危机并由此引发经济衰退。1973 年 10 月第四次中东战争发生后，为配合前方战斗，阿拉伯国家试图通过禁售原油来逼迫美国放弃支持以色列。开战当天，叙利亚就切断了输油管，黎巴嫩选择关闭西顿港口，随后伊拉克也宣布将属于两家美国公司的股份收归国有。随后便展开了"三连击"，短短三天时间内，阿拉伯各产油国从提价到减产到对支持以色列的主要欧美国家实施原油禁运，一系列举措让西方国家措手不及，全球原油供应下滑约 500 万桶/日，当时的全球原油需求约为 5 500 万桶/日。1973 年 12 月，OPEC 成员国中的阿拉伯国家宣布收回原油定价权，并将其基准原油价格从每桶 3.011 美元提高到

10.651 美元，OPEC 重新夺回定价权。面对全球原油供应紧张、油价上涨可能带来经济增速下滑的局面，时任美国国务卿基辛格开始频繁访问中东国家进行斡旋。1974 年 1 月 17 日，阿以双方同意在苏伊士运河前线停火。历经 2 个月的艰苦谈判，阿拉伯国家正式发表声明，决定从 1974 年 3 月 18 日开始解除对美国的原油禁运。此后沙特阿拉伯又开始增加产量，原油价格回落到合理区间，第一次石油危机结束。

1978 年底，世界第二大原油出口国伊朗发生革命，推翻了巴列维国王的统治，伊朗原油出口全面停止，市场供应量减少 360 万桶/日，国际油价从每桶 13 美元/桶猛升至 34 美元/桶，导致第二次石油危机，成为 20 世纪 70 年代末西方经济全面衰退的一个主要诱因。

两次石油危机令西方经济遭到沉重打击。第一次石油危机导致西方经济出现二战后的首次衰退，其中美国经济增长率由 1973 年的 5.8% 下降到 1974—1975 年的负增长；第二次石油危机更是导致世界性的经济衰退，世界经济增速由 1979 年的 4.2% 下降到 1980 年的 1.85%，1982 年进一步下降到 0.4%，可见原油武器的威力巨大。第一次石油危机发生后，消费国为对抗产油国断供所造成的影响，以美国为首的经合组织（OECD）成立了国际能源署（IEA），并着手建立战略原油储备体系，形成了原油消费国和生产国对峙的格局。同时，美国调整中东政策，注重稳定与阿拉伯国家的关系。第二次石油危机发生后，原油消费国开始大力实施替代能源政策，西方与产油国的非对称依赖关系弱化。

2.1.3　内忧外患时期（1981—2014 年）

（1）欧佩克市场控制能力下降。1980 年以后，主要原油消费国难以承受高价原油带来的一系列经济压力，一方面大力推行节约政策，压缩原油消费；另一方面加强本国油气生产，加快发展替代能源，世界原油供需结构发生重大变化。进入 21 世纪后，影响国际油价的因素更趋多元，特别是以中国为首的亚太发展中国家经济快速崛起，带动原油需求显著增长，叠加中东地缘政治紧张等因素，推动国际油价大幅上涨。此时，欧佩克已经不能单独主导国际原油市场，虽多次调整产量以期控制油价（见图 2-1），但收效甚微，OPEC 原油定价权逐步被削弱。

图 2-1 1970—2020 年国际油价走势和主控因素

数据来源：DataStream 数据库。

（2）欧佩克成员国之间存在严重的结构性矛盾。欧佩克是由拥有不同利益的国家组成的联盟，成员国之间存在着严重的宗教问题、民族问题等结构性矛盾，各国财政状况和政治局势各异，市场战略也各不相同。这一切决定了该组织的凝聚力不强，各成员国时而联合对外，时而互相拆台，大大削弱了欧佩克的市场影响力。首先，欧佩克主要成员国沙特阿拉伯（逊尼派）和伊朗（什叶派）存在着深刻的教派矛盾、阿拉伯民族与波斯民族的民族矛盾，以及争夺地区主导权的地缘政治矛盾等，这使得该组织难以形成统一意志。其次，经济和政治利益导致成员在政策的制定和执行上存在分歧。对于大多数欧佩克成员国来说，原油是国家的经济命脉，但各自资源基础和经济发展水平不同，因而在政策选择上存在巨大差异。"鸽派"国家经济发展较好，资源相对富足，原油产量的调节空间较大。这些国家往往基于长远考虑，对政治利益更为关切，倾向于制定稳妥的原油政策，态度较温和，例如沙特阿拉伯、阿拉伯联合酋长国、科威特等。"鹰派"国家大多经济发展落后，原油产量难以大幅提高，这类国家往往追求高油价以实现短期利益最大化，倾向于选择激进的政策，例如伊拉克和委内瑞拉等。国家利益的不同诉求导致成员国在配额履约上参差不齐，拆台成员多于配合成员。其中，沙特阿拉伯、阿拉伯联合酋长国、科威特等一般能够较好地履行配额；伊拉克、伊朗等国仅能部分执行；委内瑞拉、尼日利亚等国的执行情况较差。而且，同一资源国在不同时期也会实行部分履行、完全履行和歧视性履行三种政策，例如委内瑞拉，从而令欧佩克政策执行效果大打折扣。

（3）欧佩克内部缺乏有效的约束机制，导致组织陷入"囚徒困境"（Vincent et al.，2011）。虽然欧佩克核心国家（沙特阿拉伯、科威特、阿拉伯联合酋长国）可以对违背组织纪律的国家发起制裁，并联手抢夺其原油买家，但事实上，受原油品质、产量调节能力等因素的限制，这种做法往往难以长期执行。在减产协议的履行上，任何产油国都无法确保其他成员国同样遵守协议，因为暗中增产往往能够获得更大收益。1985年，沙特阿拉伯按照减产协议削减了2/3的原油产量，但其他成员国并未履行减产承诺，结果非但没有换来油价提升，反使沙特阿拉伯损失了市场和收入，经济遭受重创。按照"囚徒困境"思维，各国都考虑将自身的利益最大化，在他国不愿意减产的情况下，只有自己不断增产才能在市场份额的竞争中占据主动，结果只能导致原油供求更加失衡、油价继续下滑，各方都是输家。成员国的无序竞争使欧佩克内部矛盾重重，难以凝心聚力。

【"欧佩克+"的建立】

扩员不利、寡头效应下降，主力国家能力下降，推动了"欧佩克+"的产生。"欧佩克+"历史上也出现过：在1986年原油价格战期间，国际油价快速下跌，挪威主动联络欧佩克要求实施联合减产。但在1987年，欧佩克陷入内部斗争，此次合作以失败告终。

初次有效合作在1997年东南亚金融危机发生后。1998年4月首次实施联合减产行动，此次联合行动持续了4年时间，因欧佩克自身要求增产，与非欧佩克成员没有达成一致，导致此次联合行动终止。

2017年启动的"欧佩克+"与之前的合作不同，此次合作建立了自己的规章制度、宪章，但其所具有的约束性仍然比较弱。

"欧佩克+"的制度建立分四个阶段：①2016年9月28日，欧佩克签署《阿尔及尔协议》。非欧佩克愿意与欧佩克合作，但欧佩克内部未能统一意见，合作被搁置。②2016年11月30日，欧佩克签署《维也纳协议》，欧佩克内部达成减产协议，宣称14国减产120万桶/日，但实际只有10国进行了减产。利比亚、尼日利亚、刚果（布）不参加减产，伊朗配额略增，印度尼西亚则宣布退出欧佩克。③2016年12月10日，欧佩克与非欧佩克签署《联合宣言》。俄罗斯、哈萨克斯坦、阿塞拜疆、巴林、文莱、赤道几内亚、马来西亚、墨西哥、阿曼、苏丹、南苏丹等11个非欧佩克产油国宣布联合减产，合计减产55.8万桶/日。而原本已达成合作意向的巴西并未签署《联合宣言》，没有参与此次减产行动。欧佩克和非欧佩克的联合减产行动都是临时性的，每次的减产决定都由临时会议决定，是一个临时性组织。④2019年7月2日，欧佩克与非欧佩克签署《合作宪章》，"欧佩克+"的合作机制实现长期化。但 2020 年 3 月，沙特阿拉伯与俄罗斯的谈判没有达成一致。

"欧佩克+"的制度共有三种体系：①欧佩克与非欧佩克部长级监督委员会（JMMC，简称"监督委员会"）。监督委员会实行的是双主席国制，现任主席国为：沙特阿拉伯（2018 年顶替科威特）、俄罗斯。这个结构形成了沙特阿拉伯和俄罗斯的"双寡头"结构。该机构实际上是联合减产行动的中枢协调机构，是联合减产行动的最高监督、执行机构，联合减产行动的很多重要决定都由该委员会制定，然后提交欧佩克与非欧佩克会议批准。②欧佩克与非欧佩克部长级会议下设的联合技术委员会（JTC）。该委员会类似于联合减产行动的情报及研究机构，负责搜集联合减产行动执行所需的各类市场信息，并向监督委员会提交研究报告。③欧佩克与非欧佩克部长级会议。欧佩克与非欧佩克部长级会议是联合减产行动的最高权力机构，只有经过该会议批准，监督委员会提出的建议包括产量调整建议，才能成为具有约束力的政策性文件。

2.1.4 影响力日渐式微（2015 年至今）

进入 2015 年以来，欧佩克不惜一切代价争夺市场份额和维持目标油价，结果却越来越不如意。为达到"限产保价"的目的，欧佩克减产量越来越大，但油价提升有限，致使尼日利亚等财政紧张的产油国不堪重负，成员国内部分歧巨大，矛盾难以弥合。随着新兴产油国的崛起、原油市场格局和供需格局发生变化、可再生能源迅速发展，欧佩克对国际原油市场的控制力已今非昔比，影响力日渐衰落。

欧佩克在 20 世纪 70 年代吸纳了尼日利亚、加蓬和厄瓜多尔之后，很久都没有发展新成员，组织愈发松散。随着产量调节能力下降，欧佩克重启纳新政策，但很多国家不愿接受欧佩克产量配额限制，新加入者寥寥无几，新增产能提升也不大。其间，印度尼西亚、厄瓜多尔、卡塔尔进进出出，虽然各有各的理由，却将欧佩克内部的深层次矛盾和困境暴露无遗。

印度尼西亚在 1962 年加入欧佩克，在 2000 年之前，它在国际原油市场上和欧佩克内部都比较有影响力。进入 21 世纪后，印度尼西亚油井老化，加上投资不足，产量不断下降，从原油出口国转变为净进口国。2009 年 1 月，印度尼西亚 1/3 的原油消费需要进口，欧佩克遂决定暂停其成员国资格。2016 年 1 月，印度尼西亚趁欧佩克秘书长空缺之机，恢复了成员国资格，但在同年 9 月的欧佩克第 171 次会议上，因拒绝履行减产协议而被再次暂停成员国资格，成为欧佩克历史上第一个两进两出的国家。

卡塔尔的退出充分暴露了成员国对欧佩克的不满。2014 年，沙特阿拉伯联合阿拉伯联合酋长国、巴林指责卡塔尔支持穆斯林兄弟会，并召回驻卡塔尔大使，卡塔尔和沙特阿拉伯等国的矛盾明显化。2017 年 6 月，沙特阿拉伯伙同他国与卡塔尔断交并冻结双边贸易，导致卡塔尔的进口额大幅下降、物价上涨，该影响至今没有缓解。2016 年，欧佩克实施减产协议后，减产叠加低油价，对卡塔尔财政收入造成严重影响，卡塔尔退出欧佩克的想法愈发强烈。2018 年，受"卡舒吉事件"影响，穆罕默德·本·萨勒曼为保住自己的沙特阿拉伯王储地位，主动拉近与美国关系，在原油产量上向美国妥协，令卡塔尔等成员国不满。沙特阿拉伯还拉拢俄罗斯打造"欧佩克+"，使其他成员国逐渐被边缘化，更令卡塔尔不满，遂决定于 2019 年 1 月退出欧佩克。

厄瓜多尔是继印度尼西亚和卡塔尔之后，又一个退出欧佩克的国家。1992 年 12 月，厄瓜多尔曾因本国经济困境被暂停了成员国资格，后于 2007 年 12 月恢复，又于 2020 年 1 月正式退出。厄瓜多尔是一个典型的"搭便车"国家，虽然其退出理由是经济问题，但也从侧面反映出欧佩克及其盟友的减产没有达到预期效果，减产的边际效用越来越小。

核心成员国份额被其他成员国严重分食。一直以来，以"剩余产能"形式存在的产量调节能力是欧佩克影响国际原油市场的重要手段。然而，近年来，欧佩克过半资源大国产量持续下滑，意味着欧佩克能够调动的产量调节能力已经被严重削弱（见表 2-1 和表 2-2）。2015—2020 年，超过一半的资源大国产量和出口量同时持续出现下滑，这是欧佩克自建立以来未曾出现过的情况，这些产量持续下滑的欧佩克成员国实际上已经丧失了产量调节的弹性——这在 2017 年以后欧佩克产量调节协同性的下降中得到了充分反映。

表 2-1　1980—2020 年欧佩克主要国家原油产量变化

成员国	1980—1989 年/万桶	1990—1999 年/万桶	2000—2009 年/万桶	2010—2014 年/万桶	2015—2020 年/万桶	2015—2020 年同比变化/%
阿尔及利亚	72.7	78.2	112.2	118.9	105.4	-22.33
安哥拉	25.7	60.1	122.5	168.7	154.0	-28.05
刚果（布）	10.5	20.1	24.5	26.8	27.9	29.18
厄瓜多尔	0.0	2.3	24.9	22.6	13.6	-38.71
加蓬	16.5	32.3	25.0	22.3	21.0	-2.87
伊朗	214.4	349.4	378.6	351.0	309.4	-37.01
伊拉克	181.1	120.9	214.8	280.9	426.7	14.05
科威特	113.8	159.3	228.4	274.8	272.8	-14.72
利比亚	117.2	139.0	152.0	98.0	67.3	-3.56

表2-1(续)

成员国	1980—1989 年/万桶	1990—1999 年/万桶	2000—2009 年/万桶	2010—2014 年/万桶	2015—2020 年/万桶	2015—2020 年同比变化/%
尼日利亚	147.5	186.1	208.9	190.8	159.1	-14.58
沙特阿拉伯	569.1	789.4	851.4	931.8	999.2	-9.61
阿拉伯联合酋长国	129.7	211.1	230.7	262.6	298.1	-7.04
委内瑞拉	177.8	245.5	290.4	280.2	169.2	-78.58

数据来源：OPEC's Annual Statistical Bulletin 2021［EB/OL］. https://www.opec.org/opec_web/static_files_project/media/downloads/publications/OPEC_ASB_2021. pdf.

表 2-2　1980—2020 年欧佩克主要国家原油出口变化

成员国	1980—1989 年/万桶	1990—1999 年/万桶	2000—2009 年/万桶	2010—2014 年/万桶	2015—2020 年/万桶	2015—2020 年同比变化/%
阿尔及利亚	31.997	36.026	78.607 7	74.544 41	58.955 11	-31.69
安哥拉	35.103	56.794	99.854 36	163.935 8	148.610 8	-28.71
刚果（布）	10.459 93	19.188 25	24.215 93	26.110 41	27.351 28	24.32
厄瓜多尔	0	2.084 971	20.385 49	20.448 14	13.505 71	-37.21
加蓬	14.785 34	31.124 05	23.825 36	21.989 69	19.617 61	-5.00
伊朗	149.233	250.59	239.364 9	184.231 1	133.885 1	-62.59
伊拉克	143.199	62.616	154.725 5	227.706 9	364.483 5	14.09
科威特	70.684	98.121	143.144 7	187.379 6	199.411 3	-7.00
利比亚	101.301	112.371	120.836 4	80.076 62	63.532 91	20.38
尼日利亚	124.768	167.633	213.574 5	230.443 8	192.167 3	-11.10
沙特阿拉伯	451.868	608.292	656.792 1	722.861 6	711.054 7	-7.05
阿拉伯联合酋长国	126.726	195.462	206.750 6	244.087 2	239.284 4	-0.95
委内瑞拉	103.472	174.63	180.587 3	166.661 6	133.533	-75.34

数据来源：OPEC's Annual Statistical Bulletin 2021［EB/OL］. https://www.opec.org/opec_web/static_files_project/media/downloads/publications/OPEC_ASB_2021. pdf.

　　非欧佩克产油国的增产重构了世界原油市场格局。20 世纪 90 年代，油价高涨激发了非欧佩克国家的原油投资热情，加拿大、巴西、哈萨克斯坦等非欧佩克国家的原油产量和出口量均呈现增长态势。而委内瑞拉和伊朗受美国制裁，产能无法发挥，阿尔及利亚合同模式不具吸引力，安哥拉离岸开采成本居高不下，尼日利亚安全事故频发，这些成员国的产量都在持续下滑，欧佩克占全球产量的份额从 41.3%降至 37.1%（见图 2-2），欧佩克的出口份额也进一步萎缩（见图 2-3）。供应格局由欧佩克一家独大转变为欧佩克和非欧佩克两大供应主体，欧佩克已无力操控国际油价，转而致力于维护市场供需平衡。

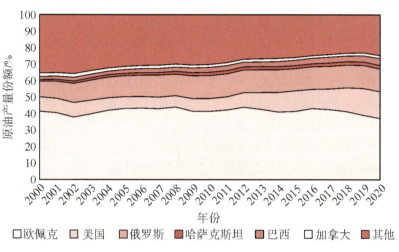

图 2-2　2000—2020 年主要产油国产量份额

数据来源：OPEC's Annual Statistical Bulletin 2021［EB/OL］.https://www.opec.org/opec_web/static_files_project/media/downloads/publications/OPEC_ASB_2021. pdf.

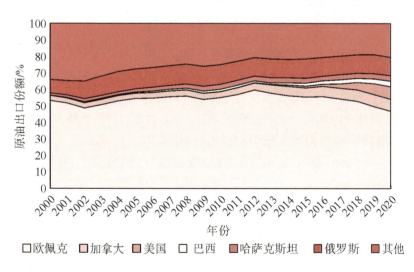

图 2-3　2000—2020 年主要产油国出口份额

数据来源：OPEC's Annual Statistical Bulletin 2021［EB/OL］.https://www.opec.org/opec_web/static_files_project/media/downloads/publications/OPEC_ASB_2021. pdf.

美国"页岩油革命"令欧佩克感到如芒刺在背。2019年，尽管美国全年仍然净进口原油1.9亿吨，但在临近年底的最后两周内实现了原油（原油+原油产品）的净出口。随着产量的增加，美国凭借完善的储备等基础设施体系和政治、经济、军事影响力，对原油市场的操作空间加大，欧佩克的影响力将被进一步削弱。

进入2015年以来，欧佩克孤掌难鸣，不得不联合以俄罗斯为首的非欧佩克产油国共同应对市场变化。2016年底，以沙特阿拉伯为首的欧佩克拉上以俄罗斯为主的非欧佩克产油国成立了"欧佩克+"并达成减产协议，对拯救油价起到了较好的效果，油价反弹40%以上。

2020年，新型冠状病毒感染疫情全球蔓延，导致世界原油需求大幅下降，打破了沙特阿拉伯与俄罗斯之间刚建立不久的市场平衡。而且，随着美国实现能源独立，美国成为全球原油供应格局中的重要一极，过去由沙特阿拉伯为首的欧佩克和俄罗斯等非欧佩克两大势力主导的世界原油市场，逐步呈现沙特阿拉伯、俄罗斯、美国三足鼎立的局面，欧佩克面临腹背受敌的局面，其市场影响力进一步下降。

2.2 俄罗斯能源战略演变

俄罗斯拥有丰富的油气资源和雄厚的能源工业基础。俄罗斯已探明的原油储量约占世界总储量的5.17%，原油产量约占世界总产量的13.7%。同时，追求世界能源超级大国地位的俄罗斯处于"世界能源供应心脏地带"，环绕它的是欧洲、北美和亚太三个主要能源需求圈，世界政治与经济领域的变化必然会对其能源战略和外交产生深刻的影响（Lynch，2016；Mareš、Laryš，2012；Orttung、Overland，2011）。俄罗斯在世界能源市场上的地位会在很大程度上决定其国家的地缘政治影响力；同样，受地缘政治因素影响的国际政治格局也会因俄罗斯能源战略调整而受到不同的影响。俄罗斯（苏联）的能源战略演变主要经历了以下几个阶段：

2.2.1 苏联时期的粗放能源战略（1917—1991年）

苏联在1917年"十月革命"胜利后一直执行优先发展重工业的经济政策，其能源工业迅速地发展起来。苏联丰富的能源储量和对核能、天然气颇具战略眼光的开发和利用，为其能源自给自足和快速实现现代化提供了绝好的条件。这一时期的国家能源战略以粗放的能源开采为主，属自给自足的单纯战略。在回应美国对其推行的遏制政策的同时，苏联的对外能源战略也被刻上了深深的"冷战"印记。苏联一方面利用油气资源离间美国与西欧之间的关系，在西欧推行"能源一体化"以突破美国的经济制裁；另一方面，为了笼络和控制东欧国家，苏联以低于国际原油市场一半的价格，向东欧经互会国家提供原油，并采取卢布结算的方式。显然，能源曾是苏联与美国争夺欧洲及全球霸权的重要手段。出于对政治利益和地缘政治因素的考虑，苏联对经互会国家的能源战略大大牺牲了其经济利益。苏联运用能源外交，推进经互会成员国经济一体化，以此来抑制经互会成员国的离心倾向。

苏联经济从整体上来看走的是一条粗放型的发展道路。苏联经济结构的主要特点之一是，原材料等能耗高的部门过于庞大，而有效的加工部门发展不足。苏联凭借极其富饶的能源蕴藏逐渐发展成为当时世界上最重要的能源生产国之一。然而，长期的大规模开采使它的资源储量不断减少，开采条件恶化又导致其成本不断上升。自20世纪70年代末以来，苏联能源增长的速度放慢，特别是原油产量的增长出现了下降。苏联的能源开采和利用需要巨额投资、先进的技术装备和大量的劳动力资源，而在片面强调能源工业应首先为重工业和军事工业服务的前提下，这三者恰恰是苏联时期长期得不到解决的大问题。

尽管苏联在20世纪80年代末期曾拥有世界上规模最大的燃料动力综合体，基本上保证了当时国家经济发展的需要和大量的外汇收入，但苏联的能源生产自1990年开始出现大幅下降，并进而转化为严重的能源危机，进一步威胁到国内能源供应的可靠性和能源出口的潜力。这主要是当时旧的国民经济管理体制已经崩溃，而新的高效管理体制尚未建立的结果。1991年底，苏联在内外交困中解体之后，原先一体化的能源产业遭到了沉重打击。

2.2.2 叶利钦时期的过渡期战略（1992—1999年）

"冷战"结束后，俄罗斯联邦面临的是与苏联时期截然不同的地缘政治和经济形势以及国际环境。鉴于俄罗斯国内正在进行政治和经济体制改革，苏联时期遗留下来的有关能源领域的发展问题在新的历史条件下应该找到新的解决办法。在改革初期，资金严重匮乏、原料基地的开采条件恶化、地质勘探规模急剧减少、技术落后和管理混乱等问题，使原本高效和极具竞争力的俄罗斯动力资源的生产已经衰退到了即将崩溃的边缘，而且根本没有形成市场供需关系的平衡。在这种情况下，为了缓解国内能源供应的紧张形势，俄罗斯政府必须采取紧急的反危机措施，同时需要制定一种能源战略，以防止能源危机的进一步恶化，并在向市场经济转轨的条件下保证俄罗斯的能源安全。

1992 年 9 月，在俄罗斯联邦总统叶利钦的主持下召开了政府会议，会上讨论并通过了《俄罗斯新经济条件下的能源政策基本构想》的主要内容。随着俄罗斯国内对市场经济运作方式的认识逐步深入，1995 年 5 月 7 日，第 472 号俄总统令批准了《2010 年前俄罗斯联邦能源战略基本方向》，紧接着第 1006 号俄政府令于 1995 年 10 月 13 日正式批准了《俄罗斯能源战略基本原则》。这三个文件基本确立了叶利钦时期的俄罗斯能源政策。其中，《2010 年前俄罗斯联邦能源战略基本方向》具有比较重要的意义，它成为此后制定各种能源战略的基础。该战略强调，在对外经济领域实施俄罗斯联邦能源政策必须促进以下三个方面的发展：第一，促进俄罗斯联邦和独联体国家的互利合作；第二，创造法律和经济条件，使俄罗斯联邦更好地履行国际条约中的义务；第三，在寻找新的能源出口地区以及燃料动力资源的开发领域中，扩大俄罗斯联邦和其他国家的互惠合作。但这些调整只是从宏观上提出了要求，许多方面尚不完善，并未对既有能源战略进行实质性调整，而是以能源安全、稳定供应为主要目标的过渡期战略。

2.2.3 普京时期的能源强国战略（2000 年至今）

2000 年普京执政后，力图借着国际原油价格不断上涨的机会，通过国家掌控能源战略部门，快速恢复和发展本国经济，改善俄罗斯不利的国内外发展环境。随着国内、国际环境的变化，普京政府对国家能源发展战略不断进行调整，其主要内容和目标可概括为：依靠实施全面的国家能源发展战略，推动经济快速发展，改善人民生活，提升俄罗斯国际地位。这就是普京执政时期的能源强国战略。普京的能源强国战略可以分为三个阶段：

第一阶段（2003—2008 年）：政府加强中央集权，国家加强对经济的干预，通过并购等方式将大型能源企业国有化，打击原油寡头，增强国家对能源的控制力。2003 年，俄政府正式批准《2020 年前俄罗斯能源战略》，包括能源领域的结构政策、地区政策、科技和生态政策、价格和税收政策、投资政策以及对外经济合作与能源外交的基本原则等主要内容，由此，俄罗斯形成了较为完整的综合性的国家能源战略。《2020 年前俄罗斯能源战略》明确了能源战略东移的取向，提出开发东西伯利亚和远东油气资源，加快该地区能源基础设施建设的战略倡议，并将亚太地区作为未来俄罗斯油气出口地理结构多元化的优先发展方向。

第二阶段（2009—2013 年）：调整国家能源结构以应对国内外的严峻形

势，从而为实现能源强国奠定坚实基础。2008 年发生全球金融危机，国际市场能源和原材料价格大幅下跌，俄罗斯能源出口导向型经济受到严重冲击。面对严峻挑战，俄罗斯调整了内外能源政策，力图为国家经济的可持续发展积蓄力量。2009 年 11 月，俄罗斯联邦政府通过《2030 年前俄罗斯能源战略》，其主要目标是建立创新和高效的国家能源行业，将能源开采、加工和出口中心向俄罗斯北部和东部转移，在东部地区筹划建设油气综合体以方便未来向亚太国家出口，实现能源出口市场多元化，并规定到 2030 年将亚太地区国家在俄罗斯能源出口结构中的比重提高至 26% 以上，确定俄罗斯对外能源政策的战略目标是最大限度地有效利用俄罗斯资源潜力，巩固俄罗斯在国际能源市场上的地位，实现能源出口结构和渠道多元化，使国家经济从中获取最大收益。为了实现上述目标，俄罗斯在《2030 年前俄罗斯能源战略》中提出：要从能源依赖型经济增长方式向创新发展模式转变，开发包括国家东部地区在内的新的油气产区，将发展与亚太地区能源方面的多边合作，能源出口的战略方向将转向东方。2012 年普京再次出任俄罗斯总统以后，俄罗斯能源战略规划进一步调整为在国家的主导下，以能源等传统行业为突破口，向创新型经济发展过渡，走能源和创新有机结合之路。

第三阶段（2014 年至今）：加强相关制度建设，进一步巩固和优化国家能源结构，从而形成比较系统和完善的国家能源发展战略，实现能源强国的目标。"乌克兰危机"[①] 发生后，面对美欧制裁和新的周边安全环境，俄罗斯能源部于 2014 年初推出了《2035 年前俄罗斯能源战略（草案）》，决定加快发展其东部地区的能源产业，推动实施远东能源运输管线的新建与扩建工程，开拓亚太能源市场以平衡东西方成为俄罗斯能源战略的理性选择。该战略草案几经调整与完善，于 2020 年 6 月由俄罗斯政府批准并正式发布。新颁布的《2035 年前俄罗斯能源战略》根据当前世界经济增速放缓、消费格局调整和能源需求下降的形势变化，将促进社会经济发展和稳固俄罗斯在世界能源市场上的地位作为主要目标。其中，大幅度提高对亚太地区的能源出口成为重点，与亚太国家的能源合作受到空前重视。《2035 年前俄罗斯能源战略》预计，亚太国家在俄罗斯能源出口结构中的占比将从 2018 年的 27%（提前完成 2030 年能源战略目标），提高到 2024 年的 40%，2035 年将达到 50%，从而与对欧出口持平。

---

① "乌克兰危机"：2013 年 11 月，乌克兰政府宣布暂停与欧盟签署《联系国协定》，引发了国内亲西方民众的抗议示威，危机爆发。随着基辅示威局势的持续蔓延，乌克兰境内的克里米亚自治共和国公投独立后又加入俄罗斯联邦，导致乌克兰的国内政治危机蔓延为重大的地缘政治事件，正式演变为欧美与俄罗斯直接对抗的国际性危机。

至此，俄罗斯在国家战略当中确立了其东部地区的能源发展规划和针对亚太地区的能源部署，表明俄罗斯正在将远东视为下一个发展机遇地区，寻求在东方进一步扩大其战略影响，在降低对欧洲国家的依赖的同时，逐步形成东、西方兼顾的能源出口布局。与能源战略的实施相配套的还有俄罗斯政府近年来陆续出台的一系列指导性文件，如《2025 年前远东和贝加尔地区的社会经济发展战略》《2030 年前东西伯利亚和远东能源综合体发展战略》《关于在东西伯利亚和远东建立统一的天然气开采、运输和供应体系，并将其出口到中国及其他亚太国家市场的规划》等。

俄罗斯不断推进其亚太能源战略目标，包括：一是通过在东西伯利亚和远东建设油气综合体，加大在该区域进行资源勘探与开采的力度，以此带动俄罗斯东部广袤地区社会经济的综合协调发展；二是建立面向亚太能源市场的资源储备基地，完善能源运输和区域能源配送系统，积极推动远东原油、天然气运输管道建设，实现能源出口市场多元化；三是鼓励高附加值的能源生产、出口和国内消费，重点发展油气化学工业、能源深加工产业，继而带动机械制造、冶金等行业的快速发展，有助于俄罗斯能源产业由原料型向生产能源深加工产品转型；四是加强与亚太国家开展全面的能源合作，特别是中、俄两国结成重要的能源合作伙伴，这种东西逢源的对外能源合作关系有利于形成良好的外部竞争环境，为广泛吸引外资和先进技术创造条件，进而确立俄罗斯欧亚大陆能源强国的地位。

2.3　美国能源战略演变

美国政府出台相关政策对能源市场进行干预始于 20 世纪 30 年代，但是能源政策框架趋于完善则是在 20 世纪 70 年代，尤其是在经历了两次石油危机之后[①]。自 1973 年发生第一次石油危机后，美国历届政府都将实现能源独立、保证能源安全作为首要目标和核心能源施政纲领。尽管国际政治环境复杂多变，美国两党交替执政，历任美国总统对促进本国能源发展和全球能源格局采取的举措不尽相同，但本质上都追求美国能源独立，致力于增加国内能源供给，降低美国能源对外依存度，实现能源供给的多元化，具体见表 2-3。

---

① 刘书秀，刘劲松. 美国 "能源独立" 现状，政策演变与经验分析 [J]. 煤炭经济研究，2018，38（2）：7.

表 2-3　第一次石油危机以来美国历任总统的能源政策特点

历任总统	任期	党派	能源政策特点
理查德·尼克松	1969—1974 年	共和党	解除原油进口限制，提高能效，发展清洁能源
杰拉尔德·福特	1974—1977 年	共和党	建立战略原油储备，放开国内原油价格管制
吉米·卡特	1977—1981 年	民主党	发展可再生能源，节约能源，减少原油进口
罗纳德·里根	1981—1989 年	共和党	提高原油产量，能源市场化，加强战略原油储备
乔治·赫伯特·沃克·布什	1989—1993 年	共和党	能源发展与环境保护并行，维护能源安全
比尔·克林顿	1993—2001 年	民主党	维持能源稳定供应，保护环境，促进可持续发展
乔治·沃克·布什	2001—2009 年	共和党	增加国内能源供给，实现能源供给多元化
贝拉克·奥巴马	2009—2017 年	民主党	发展新能源，实现能源经济转型，保障能源安全
唐纳德·特朗普	2017—2021 年	共和党	积极发展化石能源，实现能源独立
约瑟夫·拜登	2021 年至今	民主党	大力发展可再生能源和清洁能源，以实现"新能源独立"

资料来源：维托·斯泰格利埃诺. 美国能源政策：历史、过程与博弈［M］. 郑世高，刘晓青，孙旭东，译. 北京：石油工业出版社，2008：12-38.

　　虽然美国历届政府随内外部形势变化对本国能源政策进行了多次调整，但是始终没有放弃对能源独立的追求。纵观美国能源战略发展演变过程，美国能源独立政策的演进过程可划分为萌芽、发展和成熟三个时期。基于此，本节对美国近 50 年以来能源独立政策的演进进行系统分析。

2.3.1　能源独立战略萌芽时期（1969—1989 年）

　　第一次世界石油危机的发生及带来的危害，使得美国政府越来越重视原油安全问题，更加积极地实行对国内外原油市场的全面干预政策，并提出"能源独立"的政策主张。1971 年 6 月 4 日，尼克松政府发表能源咨文，要求国会在未来十年拨款 20 亿美元研发核反应堆；在能源消费方面，以煤炭和核能代替原油，放宽对加拿大原油的进口限制，在能源研究与发展方面增加了预算和拨款。1973 年，尼克松总统的《能源独立计划》（*Project Independence*，PI）正式拉开了美国能源独立政策的序幕，要求通过紧急能源法案，并为开发新能源拨款 100 亿美元，期望到 1980 年实现能源自给自足。尼克松还提出"1980 年之前，美国将挖掘自身潜力满足本国的能源需求，而不再依赖外国的能源"。1974 年 5 月 7 日，尼克松签署了《联邦能源管理法》（*Federal Energy Administration Act*，FEAA），此后联邦能源管理署取代了白宫能源办公室。1974 年 10 月，考虑到美国的能源安全和国际环境的变化，国会最终通过了尼克松总统之前提出的《能源重组法》（*Energy Reorganization Act*，ERA）。

尼克松之后的福特、卡特都坚持了这种以政府为主导的原油价格体制，并对进口原油征收关税以减少原油进口。尼克松的继任者福特总统在 1975 年的国情咨文中，进一步提出美国实现能源独立的近期、中期和远期目标。即"美国'能源独立'的近期目标（1975—1977 年），通过自愿措施缓解对进口原油的依赖；中期目标（1975—1985 年），促进并实现美国'能源独立'；长期目标则是在实现'能源独立'的基础上，努力利用本国的先进技术和能源资源向西方国家提供大部分的能源"。为实现上述目标，福特对美国能源政策进行了如下重大调整：一是解除油价控制，向公司征收"暴利税"，特别是废除 1973 年以来美国实行的原油与天然气价格的双轨制，逐步放开对油价的控制；二是努力扩大美国原油生产，提升国内原油产量；三是努力节约能源资源，提高能源燃料的利用效率；四是大力推行国家战略原油储备计划。1975 年 12 月 22 日，美国总统福特还签署了《能源政策和储备法》。在尼克松和福特执政时期，美国的能源独立政策主要是实施原油价格管制和节能提效，它为以后美国能源独立战略的发展奠定了重要基础。

1977 年，卡特就任美国总统。卡特也非常重视美国的能源安全问题，进一步提出了美国近期即到 1985 年实现能源独立的具体目标，把美国的原油进口量减少到每天 600 万桶，年能源需求增长率低于 2%，国内原油消费减少 10%，同时建立可替代 6 个月进口量且超过 10 亿桶的国家战略原油储备。为此，卡特政府制定了一系列国家能源计划，试图通过消除对进口原油的依赖，提高能源效率，大力发展新兴替代能源来实现美国能源政策改革的目标。1978 年 10 月 9 日，卡特总统签署了 1978 年《国家能源法》（*National Energy Act*，NEA），这项法案包括了《国家节能政策法》（*National Energy Conservation Policy Act*，NECPA）、《电厂和工业燃料使用法》（*The Power Plant and Industrial Fuel Use Act*，PIFUA）、《公共事业公司管理政策法》（*Public Utilities Regulatory Policy Act*，PURPA）、《能源税收法》（*Energy Tax Act*，ETA）及《天然气政策法》（*Natural Gas Policy Act*，NGPA）。1980 年通过的《能源安全与保障法》（*Energy Safety and Security Act*）包括《可再生能源法》（*Renewable Energy Act*）、《太阳能和能源节约法》（*Solar energy and Energy Conservation Act*）、《地热能法》（*Geothermal Energy Method*）、《生物技能和酒精燃料法》（*Biological Skills and Alcohol Fuel Act*）等，是卡特政府实现清洁能源代替传统能源目标的法律保障。虽然这些法案没有从根本上缓解能源危机带来的消极影响，但美国能源独立政策所关注的方向开始有所变化，卡特政府出台的一系列能源政策和法规在美国能源独立发展史上占有重要的地位。

随着石油危机的余波逐渐消逝，美国国内能源市场的秩序得到了一定的恢复，但政府的干预严重限制了能源市场的健康发展，国内能源市场与国际能源市场被人为隔离，导致国内能源生产成本增加。里根政府开始了自由市场化改革，制定了弱化政府干预的能源政策。1981 年，美国国会通过了《原油暴利法》，对美国国内原油公司征收 50% 的暴利税，并进一步颁布了《解除原油价格和分配规制法案》，解除了对美国国内原油价格的管制，使美国原油价格与世界市场原油价格实现接轨。同年，深受供给学派经济学思想影响的里根总统提出削减政府开支，控制货币供应量增长以降低通货膨胀率，并决定对企业减税，加速企业设备折旧，同时还改革了一系列有碍企业发展生产的规章制度，为企业提供了宽松的经营环境。1982 年，国会废除了 1975 年《能源政策与节约法案》（*Energy Policy and Conservation Act*，EPCA），进一步放松了对能源的管制。与尼克松、福特以及卡特政府时期加强对原油、天然气产业政府管制的做法不同，里根政府认为应当取消政府对油气市场的管制，采用市场机制的手段来促进美国实现能源独立。里根总统甚至怀疑世界石油危机是否真实存在于现实生活中，并认为美国政府的各种干预油气市场的政策与措施反而正是石油危机发生和深化的根源。在减少美国政府对油气市场干预的思想指引下，里根政府努力地将政府对油气市场的干预程度降到了较低水平。

2.3.2 能源独立战略发展时期（1990—2008 年）

21 世纪初是美国能源独立政策发展非常重要的时期。小布什政府将以新能源为核心的新兴战略产业纳入宏观规划之中，能源独立趋势也有所增强。

1990 年，布什政府颁布了《1992 年能源政策法》（*Energy Policy Act of 1992*），并及时动用了战略原油储备，减轻了海湾危机对美国的影响。克林顿执政时期同样继承了前任总统的能源政策理念，注重市场的作用，但也更强调对市场的指导。1992 年，美国克林顿政府推行了既注重市场价格机制的自发调节作用，也注重政府的计划指导作用；既注重提倡节能、提高能效，也非常注重国内替代能源的开发和利用的政策。

2001年，小布什总统继续推行兼顾市场和政府作用的美国能源政策。但与克林顿政府的能源政策略有不同的是，小布什政府还同时强调增加国内能源产品供应的重要性。为此，美国政府在 2005 年出台了 *The Energy Policy Act of 2005*（*Publiclaw* 109-58），该法案提出了为期十年的一揽子能源发展法案，涉及 18 个领域：能源效率、可再生资源、煤炭、原油、天然气、核电、车辆和燃料、氢能源、研究和开发、人员培训、能源管理、税收优惠政策、电力、跨学科、乙醇和机动车燃料、气候变化、创新技术及相关研究。针对这些领域，该法案明确规定了资助、税收激励和贷款额度。在战略原油储备方面，提出要加强近海战略原油储备，并将战略原油储备由 7 亿桶增加到 10 亿桶。此外，该法案还首次将北美能源自给列入国家能源战略计划之中，计划通过加强北美区域合作来实现国内能源自给自足。《能源政策法案》汇集了美国 40 多年来的能源政策，被誉为美国能源面向 21 世纪的"未来之法"。

2007年，美国政府出台了《能源独立和安全法案》。该法案主要强调了节能提效和发展替代能源。其主要措施有：对汽车油耗标准做了更严格的规定；大幅增加生物燃料乙醇的使用量，发展替代能源被提高到"国策"的地位；对美国联邦机构建筑和商业建筑的能耗标准做出了新的规定，大范围推广节能产品，淘汰白炽灯等；取消对油气企业的税收优惠和补贴等。

在小布什政府时期，美国在国内资源开采、能源节约、能源使用效率提高以及替代能源的发展等方面均取得了突破性进展。小布什政府时期的能源独立战略已经较为全面、完整，其重心主要是扩大能源供给，主要体现在提高战略原油储备、增加海外油气开采、推进替代能源的研发和商业化等方面。

2.3.3 能源独立战略成熟时期（2009 年至今）

2009年，奥巴马总统继承了美国克林顿政府和小布什政府时期的既重视市场价格机制的自发调节作用，又重视政府计划引导作用的美国能源独立政策，希望通过推行美国能源资源的多元化供应（包括能源资源的多元化、能源资源开放主体的多元化以及能源供应渠道的多元化）来加快推进美国能源独立目标的实现。2011年，奥巴马政府在《能源安全未来蓝图》和《2011 年战略规划》中指出，美国减少原油依赖的途径主要有两个：一是在美国国内寻找和生产更多的原油和天然气产品；二是通过开发新能源等更清洁的替代燃料，不断提高美国的能源利用效率，以减少美国对原油的依赖。奥巴马总统还表示，未来 10 余年内要削减美国原油进口量的 1/3，以提高美国的能源独立水平。

2008 年，美国巴肯地区等页岩区带页岩油勘探与开采活动成功，对提升美国国内页岩油和原油的整体产量起到了非常大的推动作用，大大提高了美国页岩油气的开发水平。到 2010 年，页岩气产量已经占到美国天然气年总产量的 23%，使美国超过俄罗斯成为当年世界第一大天然气生产国；为进一步提高美国原油生产量，奥巴马政府于 2015 年进一步解除了已经实行 40 年之久的美国原油出口禁令。

2017 年，时任美国总统特朗普"美国优先"的能源政策突出了美国能源独立及促进经济增长和就业两个主要目标（Guliyev，2020；赵行姝，2020）。其中，煤炭、原油和天然气等化石能源的开采占据了特朗普能源政策的中心位置。为此，特朗普将美国环境保护政策的重点从应对气候变化转向保护清洁空气、水资源、自然栖息地、自然保护区以及国民健康等传统目标。另外，特朗普不仅大力推动美国能源独立，还提出了能源主导的主张，指出能源主导的美国将把能源出口到世界市场上，以增强美国的全球领导地位和影响力。特朗普政府在支持大规模开采油气、发展核能以及生物燃料开发等方面与奥巴马政府保持了一定的连贯性，但其质疑气候变化、奉行单边主义并退出国际合作、消极发展以可再生能源为代表的新能源等理念与奥巴马政府大相径庭，对全球多边合作的发展以及美国领导力的扩张产生了极大的负面影响。

与特朗普重振美国化石能源政策不同，新一任总统拜登在能源政策方面延续了民主党一贯的立场和主张，支持清洁能源革命，将应对气候变化作为保障国家安全的核心事项之一，支持和发展新能源，"带领"全球履行《巴黎协定》是拜登政府的目标。从拜登所秉持的总体理念来看，其基本立场应与奥巴马时期无异，但有两个方面的重要变化：一是当前美国国内已经实现能源独立，这给拜登政府以及之后数届政府的内政外交政策选择带来了更大的回旋空间，战略手段上更少受到能源因素的制约；二是当今世界能源发展面临着一系列新变化新挑战，尤其是受到新型全球化进程开启、应对气候变化碳中和竞赛空前高涨以及全球技术创新进程持续加快等影响，拜登政府将更注重清洁能源技术创新的核心作用，其出发点是凭借美国掌握的源头创新优势和科技领导地位，主导制定一套新的游戏规则，改革新形势下的国际能源治理体系，牢牢把控国际话语权以获得最大利益，在利用科技优势打压主要竞争对手上，力度会进一步加大。

相对于特朗普的"美国优先"政策，拜登更加强调团结盟友、遵守国际规则。新政府能源地缘政策改变有以下三个趋势：一是寻求重回"伊核协议"。新政府优先事项之一是修复和欧洲盟友的关系，重回"伊核协议"则是这一决心的体现。二是俄美关系更为严峻。拜登政府和俄罗斯在北溪2号管道建设、北约东扩、中东主导权争夺等方面的立场不可调和，美国力图抢占俄罗斯传统油气市场中欧洲的油气份额。三是美国将增强对中东事务的影响力。对待中东事务，特朗普总体上采取"抽身"策略，给了俄罗斯在中东地区巩固和提升影响力的机会。拜登政府对中国通过"一带一路"建设投资瓜达尔港、在吉布提建立保障基地心怀不满，很有可能改变特朗普在中东的收缩策略，加强对中东的力量部署和投送，巩固其在中东的主导权。从总体上来看，拜登政府能源政策偏重于发展新能源，同时维持当前的油气发展势头。

2.4　全球原油供给格局下的三方博弈

俄罗斯与欧佩克之间一直维持着微妙的关系，无论是美苏对抗时期，还是苏联解体后，双方的竞争均多于合作。然而，"页岩油革命"后，面对美国页岩油生产与出口的强劲增长趋势，同为传统原油生产国和出口国的俄罗斯与欧佩克国家选择联合应对、抱团取暖。这样，全球原油市场格局日益演变为俄罗斯、欧佩克与美国三足鼎立的局面①。

2.4.1　沙特阿拉伯：渐趋衰弱的市场主导者

一直以来，沙特阿拉伯在国际原油市场上拥有难以撼动的重要地位。2020年，该国原油总储量与日产量分别为2 616亿桶与921万桶，分别占世界总量的16.9%与13.3%。沙特阿拉伯能源外交的核心是利用巨大的原油储量、生产能力在阿拉伯产油国中的巨大影响力，保持本国对国际原油市场的主导权。

在很长一段时间内，沙特阿拉伯在国际原油市场上占据了毋庸置疑的主导地位。通过在第四次中东战争中领导阿拉伯原油输出国组织对西方国家发动原油禁运，沙特阿拉伯一举奠定了中东产油国在当代原油权力体系中的核心位置。此后，沙特阿拉伯又主导了欧佩克统一基准油价、设立原油产量配额等工作，并凭借最高的闲置产能充当"浮动产油国"。然而，沙特阿拉伯对国际原

---

① 曹峰毓."欧佩克+"机制与俄罗斯，沙特，美国的能源博弈 [J]. 阿拉伯世界研究，2020 (3)：3-22，157.

油市场的主导地位受到了来自欧佩克内外的挑战，并处于持续衰弱之中。

在欧佩克内部，沙特阿拉伯一直难以弥合"鸽派"与"鹰派"之间的矛盾。这导致在 20 世纪 70 年代对于原油定价的调整以及 80 年代以来对生产配额的制定上，欧佩克多次陷入严重分裂。进入 2014 年下半年以来，国际原油价格大幅下跌，欧佩克内部再次出现严重分裂。沙特阿拉伯一直奉行不减产政策，试图争取到更大的市场份额；而委内瑞拉、伊朗等国则面对国内严峻的经济状况，主张尽快减产以提升油价。两派的巨大分歧使得欧佩克在 2016 年 11 月才开始探讨减产事宜。

在很多情况下，沙特阿拉伯实际上也无力抵御来自欧佩克外部的压力。1973—1985 年是以沙特阿拉伯为首的欧佩克对国际原油市场干预能力最强的时期。沙特阿拉伯以本国 34°轻质油的价格为基准，领导欧佩克建立了"基准价—差价"体系。该体系实际上固定了成员国的原油销售价格，而成员国的具体产量则由原油市场空出的"剩余需求"来确定。1985 年，非欧佩克国家原油产量快速上升，这些非欧佩克国家纷纷采取低价销售战略来侵蚀欧佩克市场，沙特阿拉伯被迫放弃了对欧佩克基准油价的支持，转而通过协调欧佩克成员国原油产量来间接地控制国际油价，并试图将国际油价保持在较低的"合理区间"。然而，进入 2003 年之后，随着中国、印度等国经济的快速发展，原油市场供不应求，加之原油投机行为推波助澜，国际油价大幅攀升。沙特阿拉伯等国多次增产仍无法对油价进行有效调控，最终于 2005 年放弃了对国际油价的干预，转而维持市场的供求平衡，并表示只有在油价因供给短缺而上涨的情况下，才会考虑对原油产量进行调整。

综上所述，沙特阿拉伯在国际原油市场上的影响力虽然为国际社会所公认，但这种影响力正呈现出持续减弱的趋势。从历史经验来看，沙特阿拉伯未能有效弥合欧佩克内部"鸽派"与"鹰派"之间的矛盾，同时面对非欧佩克国家原油产量的不断上升与新兴市场国家原油需求的激增，沙特阿拉伯还逐渐丧失了对国际油价的调控能力。值得注意的是，在市场主导权遭到挑战之时，沙特阿拉伯虽然与非欧佩克国家进行过短暂合作，但其从未尝试与非欧佩克国家建立机制性的合作关系。

2.4.2　俄罗斯：传统的"搭便车者"

俄罗斯一直是世界原油市场的主要参与者之一。2020 年，该国原油产量和出口量分别为 946 万桶/日与 465 万桶/日，分别占世界总量的 13.7% 与 11.1%。不过，俄罗斯相当数量的油田集中在气候恶劣且基础设施匮乏的西伯利亚地区，该国原油的生产综合成本高达每桶 30 美元，对国际原油价格的波动也更为敏感。例如，在 1998 年的亚洲金融危机中，随着国际油价由 1997 年初的每桶 25 美元降至 1998 年底的每桶 10 美元，俄罗斯的原油收入随之骤降了约 100 亿美元，降幅达 1/3。而在 2014 年末国际油价的大幅下跌中，俄罗斯 2015 年第一季度的国内生产总值下降了 2.2%。

低油价虽然对俄罗斯的经济发展有着明显的不利影响，俄罗斯却长期对与欧佩克开展合作缺乏意愿。例如，在 1998 年亚洲金融危机发生后，欧佩克成员国与俄罗斯、挪威、墨西哥和阿曼四个非欧佩克成员国达成了一项总额为每日 210 万桶的减产协议。其中，俄罗斯虽承诺减产 10 万桶，但实际上并未认真履行该协议。尽管俄罗斯国家原油管道运输公司对其原油出口管道进行了一定管控，其他原油公司却积极地通过其他替代路线出口原油，导致俄罗斯的原油产量不降反升。类似情况在 2001 年"9·11"事件与 2008 年全球金融危机导致的油价暴跌中均一再上演（详情见表 2-4）。

表 2-4　1998—2008 年俄罗斯的原油减产承诺与实际行动

事件	油价变化	欧佩克的行动	俄罗斯的承诺	俄罗斯的实际行动
亚洲金融危机（1998 年）	由每桶 25 美元降至 10 美元	与俄罗斯、挪威、墨西哥和阿曼达成总量为每日 210 万桶的减产协议	每日减产 10 万桶	每日增产 40 万桶
"9·11"事件（2001 年）	由每桶 36 美元降至 20 美元	宣布在非欧佩克国家每日减产 50 万桶的情况下每日减产 150 万桶	每日减产 15 万桶	每日增产 30 万桶，并在 2002 年 7 月退出减产协议
全球金融危机（2008 年）	由每桶 147 美元降至 39 美元	每日减产 420 万桶	在 2009 年主动减产	每日增产 70 万桶，并在苏联解体后首次超过沙特阿拉伯，成为世界最大的原油出口国

资料来源：曹峰毓."欧佩克+"机制与俄罗斯，沙特、美国的能源博弈 [J]. 阿拉伯世界研究，2020（3）：21.

由此可见，俄罗斯在与欧佩克的互动历史中往往采取"搭便车"策略（赵公正 等，2020）。俄罗斯一方面鼓励欧佩克减产，尽量稳定国际原油市场；另一方面则乘机增产，尽可能侵蚀欧佩克的市场份额并依托欧佩克制造的高油价获取更多收益。

2.4.3　美国：迫使俄、沙寻求联合

在"页岩油革命"发生前，美国凭借其在综合国力上的巨大优势，已通过控制原油运输通道与金融市场、建立原油保障体系等手段，在当代的原油博弈中占据了优势地位。不过，在严重依赖原油进口的情况下，由于缺少对生产性权力的直接掌握，美国对原油市场的影响仍以间接调控为主，这使得沙特阿拉伯、俄罗斯等产油国在能源博弈中拥有一定的转圜余地。"页岩油革命"的发生标志着美国以主要产油国的身份重归世界原油舞台，补齐了该国能源话语权中的短板。这不仅使美国原有的能源话语权力倍增，更标志着该国对其他产油国最后战略空间的侵蚀。在此趋势下，未来俄、沙两国很可能将日益难以对国际能源市场施加战略性影响。而且，"页岩油革命"后这种不利的战略态势正是迫使俄、沙两国寻求联合并最终建立"欧佩克+"机制的主要原因（何鸿，2020）。

长期以来，对进口原油的严重依赖是美国在能源政治领域少有的软肋。在第四次中东战争中，阿拉伯产油国正是利用这一点，通过使用"原油武器"沉重打击了美国经济。美国虽然通过建立战略原油储备体系并成立带有集体安全性质的国际能源署（IEA）部分弥补了这一不足，但无法从根本上扭转这一战略劣势。在此情况下，美国只能通过间接方式获得原油资源的分配权，其政策选择受到很大制约。美国通过贸易歧视、经济制裁甚至军事干预的手段打压利比亚、伊拉克等"不友好"产油国，而对尼日利亚等"友好"产油国则通过加强投资与各种援助的方法进行拉拢。这便为沙特阿拉伯、俄罗斯等主要产油国在能源外交领域留下了一定的博弈空间。

一方面，美国如果要对"非友好"产油国进行干涉，必须考虑可能带来的市场波动及对本国能源供应的影响；而对于"友好"产油国来说，美国对其原油资源的依赖也在客观上增加了对方与美国的议价能力，使美国不得不以更高的成本维持双方的"友好关系"。以美、沙关系为例，在海湾战争以及伊拉克战争中，美国均需要与沙特阿拉伯就维持原油市场稳定问题提前进行沟通，而沙特阿拉伯虽然与美国在反恐等领域存在矛盾，但仍凭借巨大的原油产量成为美国在中东地区的重要盟友。另一方面，由于不存在原油出口能力，在针对原油运输通道的博弈上，不论是采取军事手段，还是采取政治、经济手段，美国所能做的都只是促进或阻碍特定生产者与消费者之间的原油贸易。而受到原油产销区地理分布等客观条件的影响，这种策略在某些情况下是难以奏效的。例如，虽然美国很早就意识到俄罗斯对欧盟国家的油气出口将成为俄罗

斯干预欧盟内部事务的重要支点，但欧盟国家普遍缺乏油气资源的现实又使得这种贸易很难被阻止。

"页岩油革命"的成功不仅帮助美国摆脱了原油进口依赖这一短板，还产生了一系列连锁反应，进而对美国的能源话语权力带来了倍增效应。从总体上来看，随着对外部原油资源依赖的减弱，美国与传统原油出口国之间的利益关系与行为模式将发生根本性的转变，由此也将全面改变俄罗斯、沙特阿拉伯等主要产油国面临的战略态势。对俄、沙两国来说，相较于历次危机，"页岩油革命"带来的威胁不论是在广度上还是在深度上均有着本质区别。因此，正是在这种史无前例的危机下，俄、沙两国才打破了决策上的路径依赖，转而与对方寻求建立机制性的能源合作关系。

2.4.4 沙、俄、美三方博弈

"欧佩克+"机制的建立标志着俄罗斯与沙特阿拉伯在能源领域的密切联合，两国希望以此抵消美国在原油市场以及地缘政治上的优势地位。作为两国对"页岩油革命"的反制措施，该机制也引起了美国的强烈关注。围绕"欧佩克+"机制的建立与运行，俄罗斯和沙特阿拉伯已在不同层次与美国展开外交博弈。

2.4.4.1 俄、沙两国凭借"欧佩克+"机制对美国"页岩油革命"的成果进行抵消

围绕"欧佩克+"这一能源合作机制的外交博弈首先体现在原油市场层面。如前所述，凭借多种优势以及"页岩油革命"带来的倍增效应，美国得以在世界原油市场上对俄罗斯与沙特阿拉伯的地位发起根本性挑战。不过，受制于在综合国力方面与美国的巨大差距，俄罗斯与沙特阿拉伯反制措施的实际效果十分有限。最终，俄、沙两国决定通过组建联盟来掌握全球半数以上的原油资源，并以产量上的绝对优势来抵消美国在能源领域的综合优势。

正是基于这一共同目标，俄罗斯与沙特阿拉伯逐步靠拢，并于2016年10月领导欧佩克成员国与部分非欧佩克成员国达成了15年来的首项共同减产协议。上述国家约定每日共同减产180万桶，由此宣告了"欧佩克+"机制的建立。2017年11月，各方决定将该减产协定延长至2018年底。随后，该联盟又于2018年6月中止了减产策略，决定每日增产100万桶原油以防止市场供应短缺。根据OPEC数据，2020年"欧佩克+"机制控制的原油储量超过了世界总量的85%，产量则超过了世界总量的50%。

凭借在原油资源上的优势，俄罗斯与沙特阿拉伯在很大程度上得以重新取

得对国际原油市场的掌控力，国际油价的走势与"欧佩克+"的预期基本一致。布伦特原油价格逐步从 2017 年 1 月的每桶 52.50 美元上涨至 2018 年 6 月的每桶 67.87 美元；而在"欧佩克+"实施增产后，布伦特原油价格又下降至 2018 年 12 月的每桶 49.52 美元。

"欧佩克+"机制对抵消美国因"页岩油革命"而产生的地缘政治影响具有重要意义。"页岩油革命"发生后，随着美国对原油依存度的逐渐降低，沙特阿拉伯对于美国的战略意义大幅下降。这使沙特阿拉伯在与美国的外交博弈中处于更加不利的地位。2016 年 3 月，时任总统奥巴马批评沙特阿拉伯一直在美国的中东外交中采取"搭便车"策略；8 月，美国 60 多名议员因人权问题联合要求推迟向沙特阿拉伯出售武器；9 月，美国国会通过《法律制裁恐怖主义赞助者法案》（JASTA），赋予美国公民向沙特阿拉伯政府就"9·11"袭击事件中的责任进行控诉与索赔的权利。这一系列事件一度导致美沙关系跌至冰点。对于亟须改变外交不利态势的沙特阿拉伯来说，俄罗斯是受美国因素影响较小同时最有能力对中东事务产生重要影响的域外大国。

此外，俄罗斯还着力加强与中东产油国的协调合作。俄罗斯试图通过填补中东的权力真空，突破自身在"乌克兰危机"上受到美欧战略围堵的不利局面。除传统盟友伊朗外，沙特阿拉伯也成为俄罗斯关注的重点国家。"页岩油革命"发生后，美国在中东实行战略收缩，这为俄罗斯的这一行动提供了良好契机。2015 年 6 月，俄、沙两国在圣彼得堡国际经济论坛召开期间签署了 6 份合作协议，内容涉及能源、基础设施、太空、贸易等领域，并签署了价值高达 100 亿美元的投资备忘录。

在此背景下，"欧佩克+"机制被认为是俄罗斯和沙特阿拉伯拓展上述外交战略的成果，并为俄、沙之间的进一步合作创造了条件。2017 年 6 月，俄罗斯与沙特阿拉伯就采矿、原油开采、石化工业以及油田服务等 30 多个领域签署了合作协议。同年 10 月，沙特阿拉伯王储萨勒曼率领总人数高达 1 500 人的庞大代表团对俄罗斯进行了历史性访问。除探讨进一步加强在原油产量控制领域的协调合作外，两国又在能源合作等领域签署了高达 30 亿美元的合作协议。尤其引人注目的是，俄罗斯与沙特阿拉伯还签署了一项价值 30 亿美元的军售协议，计划成立双边军事合作委员会。这意味着俄罗斯与沙特阿拉伯的合作已经拓展到了安全领域。两国在原油领域的合作机制正逐渐发展成为解决中东地区政治、经济与军事问题的综合性平台。

总体而言，俄罗斯通过建立"欧佩克+"机制大幅加强了与沙特阿拉伯的关系，进一步增强了其在中东的存在感，并在一定程度上突破了美国的战略围堵；而沙特阿拉伯则通过"欧佩克+"强化了在俄、美之间的外交平衡战略，进而改善了外交上的不利态势。因此，俄罗斯与沙特阿拉伯均以对方为支点，通过建立"欧佩克+"机制与一系列后续事件，较为有效地抵消了美国因"页岩油革命"而获得的地缘政治优势。

2.4.4.2 美国对"欧佩克+"机制的反应

面对"欧佩克+"机制成立后俄罗斯与沙特阿拉伯日趋密切的外交关系，美国迅速做出了反应。首先，针对两国联合实施的原油产量控制，尽可能扩大自身原油生产与出口能力是美国的一个重要对策。2017年1月，时任美国总统特朗普在上任当天便签署了《美国优先能源计划》（America First Energy Plan），作为他任职期间美国能源政策的纲领性文件，宣称要大力促进原油等化石能源产业的发展。此后，特朗普又在《促进能源独立和经济增长的行政命令》中决定放松在环保、温室气体减排领域的大量限制，并通过退出《巴黎协定》、废除《清洁电力计划》等手段为原油产业的发展创造条件。

此外，美国还将原有的"能源独立"战略替换为更加积极的"能源主导"战略，将能源战略的目标由减少对外依赖改为控制国际能源市场走向。美国以迅速发展的原油产业为依托，积极向他国推销本国原油产品。2017年11月，中、美两国签署了总额1 637亿美元的合作协议。印度、韩国等油气进口大国以及波兰等欧洲国家也成为美国原油出口推销的重点对象国。不过，美国原油出口能力的提升是一个较为漫长的过程。预计至2040年，美国原油与天然气的年总出口能力仅为3.6亿吨油当量，只相当于俄罗斯的一半。

其次，利用政治影响力进行干预是美国的主要反制手段，利用外交手段尽可能分化"欧佩克+"机制是美国采取的重要措施。对于"欧佩克+"中的传统敌人伊朗，美国再次进行了强力打压。2017年7月，特朗普签署了多项针对伊朗的制裁措施；2018年5月，美国决定单方面退出伊核协议，重新对伊朗施加全面制裁。美国威胁将对任何与伊朗进行原油贸易的国家实施制裁，企图通过这种方式使伊朗的原油出口收入归零，此举对伊朗的原油出口造成了极其严重的冲击。正是出于这种预期，伊朗希望国际油价能够维持在高位以尽可能减少经济损失，并成为2018年6月"欧佩克+"机制增产行动中最主要的反对者。

卡塔尔是美国分化"欧佩克+"机制的另一个突破口。因经济与政治领域的竞争以及对伊朗威胁的不同认知，卡塔尔与沙特阿拉伯等国一直存在着很深的矛盾。这为美国从内部瓦解"欧佩克+"机制提供了机会。2017年5月，美国与沙特阿拉伯就反恐、遏制伊朗等问题达成了共识。外界普遍认为，这意味着美国将默许沙特阿拉伯对卡塔尔展开制裁行动。在卡塔尔"断交风波"发生后，特朗普的一系列声明也证实了美国在该事件中的推动作用。随着危机的持续发酵，卡塔尔最终宣布于2019年1月正式退出欧佩克。与此同时，美国却趁卡塔尔陷入孤立之机，通过加强军售等手段积极增强对这个世界第三大天然气储量国的政治影响力，进一步加强了美国在能源市场上的话语权。

对俄罗斯与沙特阿拉伯这两个"欧佩克+"机制的核心成员，美国将关注的重点放在了沙特阿拉伯上。特朗普政府积极修复与沙特阿拉伯的友好关系。2017年5月，他打破了美国总统在首次出访中选择邻国的惯例，将沙特阿拉伯作为其海外访问的第一站，表现出对沙特阿拉伯非同寻常的重视。在此次访问中，特朗普与沙特阿拉伯就能源合作达成了高达500亿美元的合作协议。2018年3月，沙特阿拉伯王储穆罕默德·本·萨勒曼对美国进行了长达18天的访问，在此期间，美国公开表示要全力支持沙特阿拉伯"2030愿景"（Vision 2030）计划的实施。通过一系列高层互访与合作协议的签订，特朗普认为美沙关系正处于"历史最好时期"。"卡舒吉事件"发生后，虽然很多证据表明卡舒吉遇害与沙特阿拉伯高层有紧密联系，但特朗普出于维护美沙特殊关系的需要，一直强调沙特阿拉伯对美国的特殊意义，有意淡化"卡舒吉事件"的影响。同时，美国也对沙特阿拉伯进行了适度施压。特朗普曾多次表达对沙特阿拉伯以及欧佩克控制原油产量的不满。例如，2018年4月20日，特朗普在社交网站上指责欧佩克人为提升原油价格的行为；7月4日，他又要求欧佩克对持续高涨的天然气价格做出适当反应。他甚至直接声称欧佩克国家应该降低油气产品价格，以回报美国提供的安全保障。同月，特朗普还明确要求欧佩克每日增产200万桶。与此同时，美国还决定出售一半的战略储备原油。上述行动显然与当时"欧佩克+"正在实施的"减产保价"政策背道而驰。

相比之下，俄罗斯虽然在与美国的地缘政治竞争中处于相对劣势，但美国对俄罗斯能源政策的影响力较为有限。俄罗斯目前仍是欧盟国家最主要的油气进口来源国。在油气缺少替代进口来源的情况下，欧盟国家并不热衷于配合美国对俄罗斯采取制裁行动。与此同时，美国与俄罗斯之间目前仅维持着低水平的原油贸易。2018年，美国从俄罗斯进口的原油总量约为1.4亿桶，仅占美国总进口量的3.8%、俄罗斯总出口量的4.2%。这些都使得美国对俄罗斯的单独制裁难以产生明显效果。

不过，虽然美国难以对俄罗斯的能源政策施加影响，却正试图为制裁"欧佩克+"的产量控制行为创造法律基础。早在2000年，美国参议院就曾对《反原油生产和出口卡特尔法案》（*No Oil Producing and Exporting Cartels Act*）

进行讨论。该法案的修改版本在此后的第 106 届至第 112 届国会上均曾被提交。不过，在美国历届总统的反对下，该法案一直未能通过。2019 年 2 月，美国众议院司法委员会通过了该法案的最新版本，为其提交众议院表决扫清了障碍。与以往不同，特朗普本人曾多次表达对"欧佩克+"价格控制行为的不满，同时美国政府的多名高级官员也对该法案表示了支持。有观点认为，当时正是该法案获得通过的最好机会。如果该法案得以通过，那么任何国家团体通过限制原油、天然气或原油产品的生产或销售，进而影响其市场与价格的行为，都将被判定为违法。据此，美国将可以对"欧佩克+"机制的成员国提出起诉。该法案虽尚未通过，但已经对"欧佩克+"机制的运行带来了无形阻碍。"欧佩克+"的法律团队已经与伟凯律师事务所（White & Case LLP）商议对该法案的应对措施。在法律顾问的建议下，成员国在讨论政策时已避免直接讨论油价，转而采用"维护市场稳定"的表述。

总体而言，美国虽然在原油出口能力上与"欧佩克+"成员国之间存在着较大差距，但种种迹象表明，美国凭借其全面的政治影响力优势，仍在很大程度上维持着对国际原油市场的掌控力。有学者甚至认为，对于国际原油市场来说，美国对伊朗和委内瑞拉的原油制裁起到了比"欧佩克+"的产量控制更为重要的作用（王晋，2021；Omar、Lambe，2022）。事实上，在"欧佩克+"机制相关各方中，仅沙特阿拉伯、阿拉伯联合酋长国、科威特实行了较大幅度的主动减产；安哥拉、墨西哥的产量下降主要源于设备老化与管理不善等；而伊朗与委内瑞拉的产量下降则主要源于美国施加的制裁。包括俄罗斯在内的大多数国家均在原油生产上超出了协议的规定配额。如果排除上述的非自愿减产，"欧佩克+"机制对原油产量的调控作用实际上十分有限。此外，也有观点认为，"欧佩克+"机制在 2018 年 6 月的增产活动实际上是为了配合同期美国对伊朗的制裁，以降低预期中伊朗产量减少对国际原油市场的冲击。

2.5　全球能源地缘政治格局前景展望

"页岩油革命"的成功深刻地改变了世界能源格局。随着美国以主要产油国身份重回世界原油舞台，国际能源供应体系正在由欧佩克与俄罗斯等独立产油国对峙的两极体系过渡至沙特阿拉伯、俄罗斯、美国并立的三极体系（"三足鼎立"），全球能源新格局正在形成。

2.5.1　产油国能源博弈日益激烈

俄罗斯、沙特阿拉伯两国在能源政策上的巨大差异决定了"欧佩克+"难以成为长期性的合作机制。进入 2020 年以来，新型冠状病毒感染疫情导致世界原油消费低迷，在 3 月 6 日的"欧佩克+"会议上，沙特阿拉伯要求在第二季度增加每日 100 万~150 万桶的减产份额，并将目前每日 210 万桶的减产方案维持至 2020 年末。但沙特阿拉伯的提议遭到了俄罗斯的反对，双方最终未能就未来减产问题达成任何协议。

会谈破裂后，沙特阿拉伯发起了新一轮原油价格战。沙特阿拉伯不仅大幅调低了原油出口价格，同时宣布会将原油产量提升至每天 1 200 万桶的创纪录水平。国际油价应声下跌，其中布伦特原油价格单日大跌 24%，降至每桶 34.36 美元。原油市场的波动还蔓延到了金融市场，导致美国股市暴跌，数次触发熔断机制，而此前该机制仅在 1997 年 10 月 27 日因亚洲金融风暴触发过一次。

可见，随着主要产油国数量的增加，能源博弈中发生冲突的概率不可避免地上升了。世界原油供应体系可能正在进入有史以来最不稳定的时期。这种不稳定将阻碍原油市场的良性发展，并最终会损害包括原油进口国在内的各方利益。成立产量控制联盟或发动价格战均可被视为主要产油国在新的市场环境下寻找平衡点的努力，三极时代下的全球能源治理已经成为国际社会不可回避的重要议题。

2.5.2　俄乌军事冲突重塑全球能源格局

自俄乌军事冲突发生以来，在地缘政治风险和能源供需市场担忧情绪的双重刺激下，全球能源价格大幅上涨。随着军事冲突的持续以及以美国为首的西方国家与俄罗斯之间制裁和反制裁的政治博弈不断升级，全球能源格局将出现前所未有的深刻改变（Kuzemko et al.，2022；李晓依 等，2022；倪峰 等，2022）。就短期而言，俄乌军事冲突对全球能源市场将形成严重冲击。从长期来看，现有的国际能源体系将加速变革，虽然存在较大风险，但仍有机遇可寻。

首先，俄乌军事冲突导致的地缘政治局势紧张，将继续影响市场供需体系的平衡。出于制裁的目的，美国和英国已宣布停止进口俄罗斯原油，欧洲多国也表示将逐步削减对俄罗斯油气的依赖。但是，俄罗斯出口的原油占全球原油贸易量的 10%，出口的天然气占全球贸易量的近 20%。在短期内，无论是沙特阿拉伯还是美国，都不具备完全替代俄罗斯的可能性。为实现降低对俄依赖的目标，欧洲将加大从中东、北美和澳大利亚等地区寻找油气供应来源的努力，而俄罗斯则更加需要中国、印度等发展中经济体的能源消费市场。从长期来看，欧洲逐步减少对俄罗斯能源的依赖将导致全球油气贸易流向转变，供应来源多元化、流动性高和区域市场联动的全球油气供应体系，将被制裁和反制措施割裂，不排除出现两极体系或平行市场的可能性。

其次，全球能源供需紧张、西方国家的金融制裁以及俄罗斯以卢布结算能源资源产品的反制措施，正在严重冲击国际能源定价体系和结算体系。一方面，2021年下半年开始的油气供需紧张已造成价格大幅上涨，俄乌军事冲突和对俄制裁使全球油气价格持续维持在高位。2022年3月国际油价曾突破每桶130美元，欧洲天然气现货价格屡次刷新历史最高纪录，进一步推高了全球通货膨胀。另一方面，俄罗斯的反制措施使区域性能源市场出现严重的价格分化。比如，在断供风险威胁下，欧洲天然气现货价格暴涨，而印度则开始以折扣价格购买俄罗斯原油。此外，尽管短期内美元和欧元在全球大宗商品贸易中的地位仍然稳定，但在能源贸易中采用本币结算，将成为一些能源大国保障交易安全、分散风险的重要选择。

再次，全球能源投资体系将出现重大转向。近年来，为应对全球气候变化而进行的低碳转型正在加速，其中国际能源公司扮演了投资的主体角色，不断加大对可再生能源的投资，削减传统化石能源业务。俄乌军事冲突使国际原油公司在公众和政府的压力下退出或暂停在俄罗斯的油气业务，加大对可再生能源的投资，以降低对俄罗斯的依赖，并从客观上加速实现"碳中和"的目标。可以预见，西方国家对可再生能源的投资力度将加大，节能、储能等新技术的突破和市场规模的扩大将大大加速。比如，2022年3月初德国提出将100%实现可再生能源发电的目标提前至2035年。不过，由于可再生能源在地理、气候等方面的局限性，以及稀有金属价格的不稳定，能源市场的转型过程也将出现更频繁的波动。

最后，能源市场政治化趋势明显，博弈日趋激烈。一些国家在对外政策中利用能源工具，将特定地区的能源产品打上"不安全""不干净"的标签，使国际化的能源生产、消费和跨境运输面临障碍，技术壁垒更高。如果各国不能充分合作，应对全球气候变化和实现能源转型的难度将进一步加大。

但也应看到，在全球能源市场变革的过程中同样蕴藏着机遇。一方面，全球能源贸易流向的变化，将使中国有机会统筹管道气和液化天然气进口，协调中亚、俄罗斯和中东、澳大利亚等不同来源地的油气合约，通过市场机制优化资源配置布局，保障能源安全并获取经济效益，进一步提升全球贸易能力和定价能力；另一方面，全球能源加速转型将为中国经济的高质量发展提供新的机遇，从而促进中国"双碳"目标的实现，推动能源产业升级和技术进步。

2.5.3　中国对外能源战略的新机遇

国际能源格局大调整，能源市场供需大逆转，能源博弈出现新变化，使中国能源安全面临更加复杂的新形势，但从总体上来看，利大于弊。

首先，与"一带一路"建设沿线区域的能源贸易合作有望加速推进。美国在国际原油市场的崛起和新型冠状病毒感染疫情对全球能源供需造成的长期影响，正在迫使俄罗斯、沙特阿拉伯等国加速推进东进战略，竭力稳住亚太这一能源消费增长最快地区，中国成为它们的关注重点。

中俄能源合作自 2013 年"一带一路"倡议提出以来呈快速推进之势。2016—2018 年，俄罗斯连续 3 年成为中国原油进口的最大来源国。在中东地区，以能源为核心的双边合作持续深化。2017 年，中国原油集团与阿布扎比国家原油公司签署了陆上油田开采项目协议，这是中国首次在中东地区拿到上游权益。自 2018 年以来，沙特阿拉伯阿美原油公司通过在中国加强建设合资大型炼油厂等方式，大力巩固在华原油市场份额，终使沙特阿拉伯于 2019 年重新成为中国原油进口的最大来源国。2019 年 7 月，阿拉伯联合酋长国国家原油公司与中国海油集团签署协议，探索原油上下游领域及 LNG（液化天然气）领域的新合作机会。受近年来国际油价大幅波动影响，中东各国纷纷推出经济转型计划，如沙特阿拉伯的"2030 年愿景"、阿拉伯联合酋长国的"2050 年能源战略"等。中国作为中东油气的主要买方，在推动与中东各国非油气领域合作方面也具有天然优势，"一带一路"建设清洁能源、产能及金融合作有望获得较快发展。

2019 年，中国原油对外依存度达到 75%（见图 2-4）。未来，随着中国能源结构的清洁化转型，预计天然气对外依存度将从 2019 年的 45% 进一步上升，而且中国 80% 的能源进口需通过马六甲海峡，能源进口来源多元化需求迫切。过去几年，中国已经在有意识地逐步降低从中东进口能源的比重，并加快了与俄罗斯、中亚等地区的能源合作步伐。

尽管中美贸易摩擦和新型冠状病毒感染疫情在一定程度上影响了中美贸易往来，但随着中国经济逐渐恢复增速和需求的提升，中国从美国进口的能源数量有望超过农产品进口量，将在缓解中美贸易紧张、改变双边贸易失衡上发挥重要作用。2020 年 1 月，中、美达成第一阶段贸易协议，中国承诺以 2017 年自美国的进口额为基数，在未来两年内增购 2 000 亿美元的美国产品，其中包括增购 524 亿美元的能源产品，足见能源贸易在缓解中美贸易冲突中的重要作用。然而，全球新型冠状病毒感染疫情的大流行以及短期的经济衰退重创了全球贸易，最终中国只购买了它根据协议承诺在 2020—2021 年购买的美国商品和服务出口总额的 58%，其中，对覆盖能源产品的购买量达到第一阶段承诺的 47%。

图 2-4　2002—2021 年中国原油进口量及对外依存度
数据来源：国家统计局。

最后，中国话语权和地位上升。疫情导致的买方市场加速形成，以及美国对俄罗斯、伊朗、委内瑞拉等原油生产国的能源制裁，为中国提升能源安全、争取能源定价权奠定了优势地位。一方面，亚太国家因进口规模大，定价话语权可能会增加；另一方面，部分油气产出国如俄罗斯、伊朗等开始将油气出口结算从美元体系中剥离出来，也会增加亚太国家定价话语权。近年来，俄罗斯一反常态，向中国开放其境内上游油气开采权益，深化与中国的油气合作，这与俄罗斯因"乌克兰危机"遭到西方长期制裁不无关系。随着美、俄能源博弈加剧，尤其是美国大力打压以北溪 2 号天然气管道建设为标志的俄欧能源合作，在与俄罗斯围绕供油（气）价格、管道建设、油气田开发等方面的谈判中，中国可获得更有利的地位，或将深入参与俄能源产业上中下游。

对于中国而言，要借助疫情缓解后经济快速恢复的契机，彻底扭转长期以来油气进口的高价模式，打破"亚洲溢价"对油气进口的桎梏，扭转议价过程中的被动局面。另外，自上海石油天然气交易中心成立以来，经过 5 年多的运作，2020 年的天然气交易量达到 811.48 亿立方米，超过新加坡、东京、迪拜等油气交易中心，在亚太地区油气交易中的价格基准作用日渐增强。由此，我国应该建立科学的油气进口预判机制，充分发挥油气现货、期货在定价权中的作用，不断提升自身对全球油气定价的影响力。

原油作为一种特殊商品，在地缘政治中发挥着不可替代的重要作用。世界原油供给与消费的地理分布及空间运输通道是原油地缘政治格局形成的基本条件，国家、地区和国际组织对三者的影响力和控制力是原油地缘政治格局的决定因素。对格局演变影响力较大的国家、国际组织和地区组织主要有美国、OPEC、俄罗斯等，它们共同控制着原油市场。"页岩油革命"的发生深刻地改变了世界能源格局。随着美国以主要产油国身份重回世界原油舞台，国际能源供应体系正在由欧佩克与俄罗斯等独立产油国相互对峙的两极体系，过渡至沙特阿拉伯、俄罗斯、美国三足鼎立的三极体系。

新型冠状病毒感染疫情和俄乌军事冲突对国际能源市场形成严重冲击，全球原油地缘政治博弈不断升级，现有的国际能源体系将加速变革。未来中国的能源安全问题，要在完全不同的逆全球化背景之下展开。面对复杂的原油地缘政治形势，中国要把握对外能源合作新机遇，不断提升自身对全球油气定价的影响力，在能源资源供给、储备以及需求管理等方面及时进行谋划和调整，保障中国的能源安全。

3 "石油美元"定价体系

在国际原油市场上，原油通常是和美元联系在一起的，我们看到的原油价格也通常是以美元作为计价单位的。而对于"石油美元"来讲，计价单位和结算货币仅仅是一个方面，另外一个方面是指原油输出国在出售原油并获取美元后，购买美元债券等投资行为。在一定程度上来说，"石油美元"是美国操控全球政治、经济局势的工具之一，也是确立美元这个世界硬通货的重要手段。那么"石油美元"这个机制是如何形成的？其未来又会如何变化？要解答这些问题，我们需要从原油的基本属性和国际原油定价体系的历史说起。

3.1 原油定价体系

3.1.1 原油特有的商品属性

原油作为典型的大宗商品，具有一般商品的属性，其价值决定受市场供给和需求因素的影响，遵循商品价值决定的一般规律。与此同时，原油作为一种重要战略性资源，具有不可再生性和区域垄断性，也会受到更多复杂因素的影响，价格波动比一般商品更加剧烈。随着原油衍生品市场的发展，大量原油衍生品交易从最初的套期保值功能为主逐渐演化为以投机交易为主，更使得原油也具有了一定的金融产品属性。

3.1.1.1 稀缺商品属性

作为现代经济与社会的重要战略资源，原油是一种不可再生的自然资源，使得各个国家和众多产业对原油这种特殊商品产生了极大的依赖性，在资源型商品中有着不可替代的地位。按照传统的霍特林（Hotelling）法则，不可再生但在一定程度上可以被其他商品替代的资源，它的价格由其稀缺性和替代资源的成本来决定（林伯强、何晓萍，2008）。

3.1.1.2 贸易商品属性

原油是世界上最大宗的国际贸易商品。2020年，全球的原油产量为41.65亿吨，其中约一半被用于国际贸易。相比之下，2020年，全球的铁矿石贸易量为15.14亿吨，煤炭的全球贸易量为12.85亿吨。作为大宗贸易商品，原油的定价在一定程度上也会由国际市场的供需平衡来决定，边际需求与边际供应的变化都会对原油价格产生很大的影响。

3.1.1.3 垄断商品属性

原油资源在全球范围内的分布具有较强的不平衡特征。沙特阿拉伯、伊朗、伊拉克、科威特、阿拉伯联合酋长国、委内瑞拉、俄罗斯、利比亚、尼日利亚9个主要产油国拥有全球80%的原油储量，仅中东地区就拥有全球2/3的剩余探明储量。而在世界前十大能源消费国中，原油资源在大部分国家都存在需求缺口，除了"页岩油革命"成功之后的美国以外，仅有俄罗斯、加拿大和英国的原油能够满足本国需求，而其他能源消费大国的原油需求缺口都需要从其他国家进口。因此，对于许多产油国来说，影响原油生产量的事件很大程度上会影响全球原油价格，国际原油市场呈现出垄断与半垄断的特征。

自1859年在宾夕法尼亚州的第一口油井被成功钻采以来，以美国原油行业为代表的世界原油行业在经历了短期的竞争之后，很快就被美国的洛克菲勒集团垄断。1911年，美国根据《谢尔曼反托拉斯法》拆分了标准原油公司，但不到几年就形成了由西方七大原油公司组成的"七姐妹"寡头垄断。60年之后，由13个原油输出国组成的OPEC代替了"七姐妹"，对全球原油供应实行了寡头集团垄断。尽管这一寡头集团的垄断地位自20世纪80年代开始已经有所动摇，并曾经在1986年和1998年两度陷入崩溃的边缘，但作为全球大宗商品市场里唯一的卡特尔组织，OPEC还是对原油市场起着至关重要的作用。当前，OPEC占全球原油生产量的59%和出口量的66%，它为应对油价暴涨或暴跌所采取的集体增产或减产计划对国际油价产生了重要的影响。

3.1.1.4 地缘政治属性

原油资源的区域分布不均衡及垄断属性也导致了原油特有的地缘政治属性。在大原油产出国内部，原油是整个国家的国民收入与政府预算的主要来源，原油价格成为国家之间对抗和博弈的工具和武器，这就使得即便是作为商品的原油，它的价格也不完全遵守市场供求的一般规律，而是与国家经济安全联系在了一起，从一种普通的燃料演化为重要的战略资源之一，进而影响着世界经济的发展、国际政治格局的形成，乃至导致国家之间的冲突与联盟。

3.1.1.5 金融产品属性

进入21世纪之后，原油产品市场金融化逐步成为新的趋势，原油除了其商品属性以外，本身也具有金融投资产品的相应属性。随着原油交易市场的形成，原油价格几乎都是在世界上的几个大宗商品交易所如纽约商品交易所、洲际交易所（欧洲）的交易中产生的，而在这些交易所形成的标杆原油价格，如北海的布伦特原油和美国得克萨斯州的西得克萨斯轻质中间基原油（WTI）也作为标准价格影响着场外双边原油贸易。除此之外，在以美元为国际原油计价货币的市场上，美元相对于其他货币的汇率也在很大程度上影响着原油价格，这就使得美国的货币政策也在一定程度上对原油价格产生了影响。与此同时，各类原油衍生品价格也受着复杂而多变的投资环境的影响，并会对现货价格的产生起到重要的引领作用。

3.1.2　原油定价体系的历史演化

原油作为全球最重要的大宗商品之一，各国的原油储量、原油产量、原油出口量、原油消费量等多种因素共同决定了各国在全球原油贸易中的话语权和定价权，世界原油定价体系也在各国、各地区的长期博弈过程中不断演化。

1859 年，埃德温·德雷克上校成功地在美国宾夕法尼亚州钻出了第一口油井，标志着现代原油工业的产生。自此之后，在现代原油工业长达 160 多年的历史中，国际原油定价机制发生了多次演变。从 19 世纪中期到 20 世纪 20 年代末，早期的原油市场主要采取自由竞争的定价方式，原油没有体现出资源型大宗商品的特点，其定价模式与其他大宗商品类似，主要由市场的供需决定。自 1928 年开始，原油定价机制经历了跨国卡特尔公司定价、OPEC 定价，最终形成了当前市场化的定价体系。

3.1.2.1　国际原油卡特尔公司定价体系：1928—1972 年

自 1928 年到 1972 年，原油的定价权主要掌握在国际原油卡特尔"七姐妹"手中。开始的标志是 1928 年 Exxon、Mobil 和 Shell 在苏格兰签订了《阿奇纳卡里协定》，后来另外四家跨国原油公司也加入了这个协定。为了防止寡头之间的恶性价格竞争，协定划分了各协定签订方的市场份额，并规定了原油的定价方式：不论原油的原产地在哪里，原油价格均为墨西哥湾的离岸价格加上从墨西哥湾到目的地的运费。也就是说，原油无论是从南美、中东还是从世界其他任何地方销往消费国，都视同从美国墨西哥湾销往该国，因此，原油价格是墨西哥湾离岸价加上运费，只要将实际发生的运费和油价之和控制在墨西哥湾沿岸基价加运费以下就可获得盈利（王蕾、裴庆冰，2018）。后来，由于中东地区的原油产量增加，以及欧洲市场对原油定价标准的不满，又增加了波斯湾离岸价与目的地运费之和的标准。

在此阶段，原油卡特尔公司能够攫取国际原油定价体系定价权，具有一定的历史原因。首先，当时的国际原油供给几乎全部来自现在的 OPEC 地区，而原油的主要消费国则是欧美国家。两者相比，产油国的政治、经济、技术资源等方面与需求国都有较大的差距，很难在谈判中占据上风。特别是许多中东产油国都曾沦为西方列强的殖民地或半殖民地，当时这些新独立不久的国家处于弱势地位，很难获得平等的国际原油交易谈判地位。其次，国际原油卡特尔公司代表了欧美原油消费大国的利益，这些国家具有强烈的定价诉求和能力，希望获得稳定的低价原油资源，以保证本国的工业发展需要。再次，当时的特许权租金制度安排也对原油卡特尔公司攫取原油定价权提供了便利。该制度规定原油供给国的主要收入来源为原油资源开采的特许权租金，因此如果产油国希望获得更高的收入，只能寄希望于原油卡特尔公司的大量开采，所以为了保证收入的稳定性，产油国一般不敢干预原油市场价格。最后，技术水平上的限制。产油国较需求国技术落后，不具备大规模开采原油的能力，因此只能借助原油卡特尔公司来提高原油产量，从而保障稳定的原油开采收入。

因此，在这一阶段，原油卡特尔公司通过攫取定价权将油价长期压制在极低的水平。该定价模式过分强调原油需求国的利益，极大地侵害了原油资源国的利益，这种极度不公平的定价体系注定难以长期存在。随着产油国在政治、经济等方面地位的提升，为了维护自身在原油定价上的话语权，广泛开展了原油国有化运动，并且成立了与原油卡特尔公司相对抗的组织——OPEC。

3.1.2.2　OPEC 定价体系：1973 年至 20 世纪 80 年代中期

随着 20 世纪 60~70 年代西西伯利亚巨型油气田的发现，苏联也逐渐成为重要的原油出口国之一，并且其价格较中东原油更加便宜。苏联原油的巨大产量和较低的油价威胁到了"七姐妹"在原油市场上的垄断地位。为了维护原油市场份额，原油卡特尔公司被迫降低售价，这也导致中东产油国的利益受到损害，引发了产油国的不满。1960 年 9 月 14 日，伊朗、伊拉克、沙特阿拉伯、科威特和委内瑞拉五个国家决定成立一个原油产量及价格联盟，在原油定价上发出统一的声音，以维护本国的利益。

尽管 OPEC 在 1960 年就已经成立，但在最初的十年里，并没有成为国际原油价格制定的决定性力量，仅对价格的变动产生了一定的影响。在当时，"七姐妹"不能够再随意降低原油价格，如果想修改原油价格必须同各产油国进行协商。20 世纪 70 年代初，OPEC 开始尝试独立公布原油价格，即所谓的"官方价格"。随后，非 OPEC 产油国政府依据 OPEC 原油官方价格体系，结合本国的供需等状况开始独立公布油价。在这一时期，中东战争的发生引发了国际原油市场供给的极度不稳定，OPEC 趁机减产，大幅提高价格，并对美国实施原油禁运，各大原油卡特尔公司取消了对各个成员国的原油标价。1973 年，OPEC 单方面提高了阿拉伯轻质原油的定价，并且宣布收回对原油的定价权，标志着原油定价告别了需求方"单边定价"的模式。此外，20 世纪 70 年代中东地区的原油工业国有化同样对原油定价权的争夺起着重要作用，具体措施包括沙特阿拉伯等主要产油国通过提高参股比例将外国人占有的原油资源转为国有、委内瑞拉等国家取消租让制，然后将油田改由新成立的国家原油公司接管等（杨宇 等，2020）。OPEC 成员国的原油工业国有化措施改变了原油市场的供给结构，使得原油卡特尔公司的原油价格控制权被极大地削弱。

然而，OPEC 在国际原油价格体系中的决定作用并没能持续多久。自 1973 年原油禁运后，原油卡特尔公司充分认识到 OPEC 成员国减产在原油价格协商中的重大优势，因而加大了对非 OPEC 地区原油的勘探和开采力度。随着英国、墨西哥等非 OPEC 产油国的崛起，这些原油市场的新势力也在原油定价领域拥有了更大的话语权。在这一阶段，除了 OPEC 制定的官方原油价格之外，还出现了政府售价，该价格由非 OPEC 产油国政府参照官方价格，并结合本国原油供给和世界原油供需状况制定。与 OPEC 官方价格相比，政府售价不受限于非正式协议，这些价格更能够反映市场的供求水平，因此往往更加具有竞争力，使得原油市场内的交易主体日益多元化，OPEC 官方油价也逐渐失去了主导地位。

3.1.2.3 期货与现货结合的市场化定价体系：20 世纪 80 年代末期至今

国际原油现货市场诞生的重要节点之一是 1978 年底发生的伊朗革命，受到时局不稳定的影响，伊朗的原油产量从日产 600 万桶降到日产 50 万桶，导致全球原油供给短缺，同时还使得原有的行业内长期合约协议无法履行，市场陷入混乱。长期原油合约的失效迫使大量买家转向原油现货市场，OPEC 成员国在现货市场上失去合约束缚，拥有向独立的第三方出售原油的更大自主权利，这标志着长期合约即将退出历史舞台，而现货市场正逐步发展起来。1980—1985 年是国际原油定价竞争最为激烈的时期，OPEC 官方定价和非OPEC 国家的政府定价在市场上并存。为了提升竞争力，非 OPEC 国家的政府定价相对灵活，频繁发生变动，其价格也与现货市场价格更为接近。而 OPEC 则受制于定价的刚性，持续向市场提供过剩原油，甚至在现货市场上以折扣价格出售多余的原油，导致 OPEC 定价严重偏离原油真实价值，加速了原有定价体系的瓦解。1984 年，OPEC 制定的官方售价远远高于市场过度供给时应该表现出的正常价格，OPEC 的行动策略失误使其逐渐丧失对国际原油价格的控制。1985 年 9 月，沙特阿拉伯屈服于市场力量，将 OPEC 官方定价和现货市场价格关联起来，使得国际原油定价体系交由自由市场力量主导，现货价格取代 OPEC 官方价格和非 OPEC 政府售价而成为国际原油定价体系内的主导价格（施训鹏 等，2018）。

以现货价格为主导的市场化定价方式固然提升了原油价格的有效性，但是价格的频繁波动也催生了规避价格风险的要求，这为原油期货合约的推出奠定了基础。同时，在现货贸易中，确定现货价格时常常会依赖于一些先行价格，这也使得期货价格的确立成为必需。当原油期货价格作为原油交易的基准参考价格被确定后，由于期货市场的性质和参与者同现货市场存在较大差别，这就使得由现货市场中供需双方确定的原油价格演变为由期货市场和现货市场的参与者共同参与确定原油的交易价格。期货市场的发展给现货市场带来了巨大的改变：一方面，期货价格的确定提高了原油市场交易效率。受到当时运输水平的影响，油轮运输需要将近一个月的时间，有时会造成原油需求不能够及时得到满足，而通过期货市场交易商可以提前买入长期合约，满足其在日后的原油需求；另一方面，期货市场的套期保值与价格发现两大功能，使得原油不只是一种大宗商品，更是一种像股票和债券一样的金融资产，原油期货市场与股票市场、债券市场、外汇市场的互动性明显增强，即原油期货价格已不再单纯地受现货市场供求关系变化的影响，还受到其他金融市场的影响，这也进一步强化了原油期货对现货价格的影响。

3.1.3　原油价格决定理论

从原油作为商品的一般属性及特殊属性出发，其价格决定理论发源于一般商品的价格理论，核心是将原油作为普通商品，考察原油的勘探、开采和交易过程，同时从其稀缺性以及不可再生性两个方面进行补充。与此同时，随着原油市场的不断成熟和发展以及原油定价体系的不断更迭，原油定价理论也不断发展完善。

3.1.3.1　不可再生资源前提下的原油价格决定理论

由于原油具有稀缺性以及不可再生性，同时也是各国依赖性较强的战略资源，因此在早期就有较多学者从不可再生性的角度探讨原油价格的决定。其中，最早也最具代表性的是霍特林（Hotelling）提出的可耗竭资源理论。该理论是霍特林在 1929 年提出的，他认为可耗竭资源的价格是以市场利率为增长率而持续上涨的。如果资源价格上涨，就会使生产者加大开采力度，增加供给，从而导致价格迅速下降，回归到市场利率上；如果资源价格下降，就会使生产者放弃开采，暂时离开原油行业，供给减少，导致原油价格重新上涨，直到追上市场利率（Hotelling，1931）。与此同时，不同的市场结构对原油价格的影响也有所不同。在自由竞争市场下，厂商在不同时候所开采的原油资源所获收益的贴现值应该相等，否则厂商的最优化选择是在收益贴现值最大的时期把所有的原油资源都开采出来并且出售。如果原油的开采分散在不同的时期而不是集中在一个时期，原油价格的上升幅度就应当等于利率。如果原油价格上涨幅度大于利率，厂商就会减少当期原油开采，而让它在地下增值。当期原油供给减少，推动价格上涨。反之，厂商会增加当期的原油开采，使收益加速变现，供给增加，促使价格下降。而在垄断市场条件下，企业可以决定原油的价格，因此，厂商会最优化自己的决策，使其总收益的现值最大化，由最优产出决策确定其最优价格，使不同时期原油开采量的边际收益上涨速度等于利率。根据霍特林的分析，原油作为不可再生的自然资源，其价格应当由稀缺程度、替代成本、市场利率等确定。霍特林的理论在一定程度上解释了原油价格上涨的趋势，但无法解释原油价格短期波动的原因。

另一个基于原油不可再生性的价格决定理论是原油峰值理论。该理论最初源于著名地质学家哈伯特（Hubbert）在1949年所发现的矿物资源"中兴定律"曲线，即原油作为一种不可再生资源，任何地区的原油产量都会达到最高点并且在达到最高点之后会不断下降（Hubbert，1949）。爱尔兰地质学家坎贝尔（Campbell）发展了哈伯特的原油峰值理论，发现随着新油田的发现逐渐减少，现存的原油产量难以维持世界对于原油激增的需求，进而导致世界能源危机进一步逼近。同时，许多OPEC国家为了增加本国的配额或者从世界银行获得更多的贷款，其报告的原油储量会存在虚高的现象（Campbell、Laherrère，1998）。

20世纪70年代石油危机发生后，资源短缺问题日趋严重，对自然资源的有效利用越来越受到学术界的重视。这些问题的深层次原因在于自然资源本身所固有的不可再生性和稀缺性（林伯强 等，2012）。除了基于传统经济学的影子价格理论、机会成本理论与市场价值理论外，能值理论则是从自然资源本身所能发挥的作用出发，通过计算自然资源中所含有的总能量来确定自然资源价格，即计算自然资源所蕴含的总能量并将其折算成货币的一种资产定价模型。20世纪80年代后期，著名生态学家奥托姆（Odum）在对不同生态系统中的能量流动进行系统研究的基础上，根据不同自然资源对能量吸收转换的效率差异，提出能值转换率的概念，并以此作为评价自然资源和环境价值的尺度（Odum，1996）。

3.1.3.2　基于卡特尔模型的原油价格决定理论

作为原油最大的开采及外贸组织，OPEC具有典型的卡特尔组织的特点，以垄断市场结构为基础解释油价波动的相关研究，都把世界原油市场看成由OPEC这个卡特尔组织定价的垄断市场，而原油价格的波动则是OPEC国家的定价规则决定的。卡特尔是垄断组织的典型形式之一，是生产或销售某一同类商品的厂商通过在商品价格、产量和市场份额分配等方面达成协定从而形成的垄断性组织和关系。它们通过降低行业内商品供应数量，使价格提高到边际成本。原油资源在全球范围内的分布具有较强的不平衡特征，供给方与需求方之间存在空间上的分离，原油市场呈现出高度的卖方垄断特征。

以垄断市场结构为基础来解释原油价格的相关文献，虽然在模型的设定上有些差别，但它们都将世界原油市场看成OPEC这个卡特尔组织定价的垄断市场，原油的价格波动是由OPEC国家的不同定价规则导致的，但区别在于如何判定OPEC的定价规则。根据设定的卡特尔定价规则（焦建玲 等，2004），此类理论主要分为两种：财富最大化型和生产能力利用目标型。

财富最大化型定价是霍特林模型垄断部分的修正和改进。此类文献认为，OPEC或者OPEC中的某些重要国家作为产量的调节者，在不同的时期选择不同的原油产量并借此来影响原油价格，以实现原油收益的净现值最大化。此类理论内部逻辑自洽且论证逻辑缜密，从而成为最重要的原油定价理论之一。随着原油市场的不断发展和完善，这类定价理论也从初期的基本为静态模型发展到后期考虑了世界原油需求和非OPEC国家原油供应对价格存在滞后性反应的动态模型。但此类定价理论仍然存在着一些不足之处。由于市场的参与者仍存在着信息的不完全，如世界原油需求、需求弹性值等，而最优价格往往又严重依赖于设定的函数形式以及函数具体值，所以其理论和实际的参数值、供给函数形式等方面的差异将会严重影响所得到的结论。

生产能力利用目标型定价则主要从垄断者不能拥有完全信息也不能掌握最优定价路径的角度出发，假设OPEC不断通过最优生产能力目标来逼近最优价格路径。若实际的生产能力利用率高，说明市场供求紧张，应该提高价格，反之则降低价格。OPEC目标生产能力利用率根据已有的生产能力、预计产量变化和已经探明的储量等因素决定（焦建玲 等，2004）。此类理论优于财富最大化模型之处在于不用设定众多的参数值，但仍在其假设前提下面临着诸多挑战和质疑，例如不同时期具体的生产能力水平如何确定以及最优的生产能力利用目标区间如何设定等问题。

除了以上理论，萨伦特（Salant）从市场结构出发来研究国际原油价格（Salant，1976）。根据市场参与者、OPEC和非OPEC以及各个原油消费国之间的动态博弈结构来分析国际原油价格的大致走向，使用纳什—古诺（Nash-

Cournot）模型来研究可耗竭性资源以及产业结构，并成功地应用于世界原油市场。在这个模型中，假设除了卡特尔以外的世界原油储备平均分散于足够多的其他开采者手中。这些开采者在假定价格路径既定的情况下来选择不同开采路径以最大化自己的贴现利润。而卡特尔在假定其他开采者的开采路径既定的前提下，选择价格路径来最大化自己的贴现利润。如果存在均衡，这个均衡就是纳什—古诺均衡。萨伦特研究发现，在资源禀赋相同的情况下，非卡特尔将在不受任何约束的条件下追求高利润，从而率先耗尽资源，最后被卡特尔占领整个市场；但卡特尔的形成却使得非卡特尔得到的贴现利润大于卡特尔。卡特尔不但在一开始就提高原油价格，而且卡特尔在以后所有时期都会不断提高原油的垄断价格。

3.1.3.3 基于"石油美元"的价格决定理论

除了可耗竭性资源理论以及卡特尔模型所考虑的各类影响因素之外，原油价格还有一个重要的决定因素——美元。现有的众多研究表明，国际油价的变化受到美元汇率的影响，这一方面是因为美元是主要原油市场的标价货币，另一方面是因为美元汇率也从市场供给和市场需求两个维度影响着原油价格。

从原油需求角度而言，美元汇率导致的原油价格变动是通过对需求方本国价格机制的影响而产生的。美元汇率波动使得国际原油市场处于不均衡的状态，对于非美元国家和地区而言，美元贬值会使得原油价格相对于本国货币表示的价格降低，从而刺激对原油的需求，导致用美元标价的原油价格上升。除此之外，还有些理论从汇率制度出发，认为美元贬值使得包括原油生产国在内的钉住美元汇率制度的国家有必要实行宽松的货币政策，宽松的货币政策将刺激对原油的需求，进而推高了原油价格。从原油供给角度来看，美元汇率导致的原油价格变动主要是通过影响原油供给方的购买力而产生的。对于原油出口国而言，通常拥有较大的"石油美元"收入头寸，极易受到美元汇率的影响，当美元存在贬值倾向时，原油出口国为了稳定其原油出口收入用美元表示的购买力，它们有动机来提高出口价格，以抵消"石油美元"收入头寸的损失（Austvik，1987）。

3.1.3.4 基于市场投机的价格决定理论

随着原油现货市场和各类衍生品市场的发展，市场流动性的提高使得投机交易在大量市场上盛行，因此，原油所具有的金融产品属性使得投机行为不可避免地成为影响原油价格的因素之一。原油衍生品市场价格发现和风险规避功能的实现本身也依赖于大量的投机活动。投机活动能够把市场预期的变化转化为市场价格的变化，最终实现衍生品市场的价格发现功能。因此，市场投机活动会导致原油价格在短期内剧烈波动，油价泡沫的主要推手之一就是原油期货市场大量涌入的投机资金。相反，大量投机资金的逃离也是造成泡沫破裂、原油价格加速下滑的重要原因。因此，基于市场投机的价格决定理论能够通过市场预期的角度解释市场供需、美元贬值和地缘政治等因素都无法解释的过高或过低的原油价格水平。

3.2　原油的主要交易市场和主要价格

3.2.1　原油的主要现货交易市场

在全球范围内，原油生产地和消费地的分布具有地理位置上的不均衡性，形成了全球性的原油现货贸易流通市场。目前世界上主要有五个（不含中国）原油现货市场。

3.2.1.1　西北欧市场

目前欧洲主要有两个原油现货市场：西北欧市场和伦敦市场。与伦敦市场相比，西北欧市场规模较大，交易更为活跃，主要覆盖了阿姆斯特丹、鹿特丹、安特卫普等地区，其中鹿特丹是西北欧市场的核心。西北欧市场主要为德国、英国、荷兰、法国服务，这一地区集中了西欧重要的油港码头和炼油厂。西北欧市场交易的布伦特原油是世界上最活跃的原油现货之一，其不仅是英国北海产量最大的原油，也是国际自由市场非 OPEC 原油中产量最大的。这一市场大约有 10 个主要贸易商、20 个左右规模相对较小的贸易商，主要的原油公司和炼油厂在这一市场上也很活跃。

3.2.1.2　地中海市场

地中海市场分布在意大利的地中海沿岸，是欧洲的又一重要原油现货市场。该市场的油品供应主要来自沿海岸岛屿的独立炼油厂，特别是西意大利海岸的独立炼油厂，另外有部分来自经由黑海运输的独联体国家的原油。地中海市场发展比较平稳，随着该地区油田被不断发现，其重要性可能会在未来逐步提升。

3.2.1.3　加勒比海市场

与其他主要原油现货市场相比，加勒比海市场规模较小，但它对美国和欧洲原油的供需平衡起着重要的调节作用。该市场的原油及油品主要流入美国市场，当欧美原油价差增大时，也会有一部分流入欧洲市场。

3.2.1.4　新加坡市场

自 20 世纪 80 年代以来，亚太地区特别是东亚的原油市场随着经济的持续发展而迅速扩大，中国等国的原油消费持续增加。20 世纪 90 年代，世界原油需求的年均增长速度为 1.3%，而亚太地区的年均增长速度为 3.6%。21 世纪初，亚太地区的原油需求平均增长速度持续高于世界原油需求的平均增长速度。在亚洲市场上，新加坡市场是一个发展极为迅速的现货市场之一，它是现有的五大原油现货市场中最年轻的，但现在已成为南亚和东南亚原油交易的中心。这一地区的原油供应者主要由当地炼油厂和阿拉伯海湾国家炼油厂组成。该市场原油及油品来自中东和当地的炼油厂。由于日本的石脑油消费量很大，所以石脑油和燃料油在该市场也占有很大份额。

3.2.1.5　美国市场

美国是世界上最大的产油国之一，但其对原油的消耗量极大，因此也是重要的原油进口国之一，其进口的原油主要来自南美、英国和尼日利亚。美国的原油现货市场主要位于墨西哥湾沿岸与东海岸纽约港地区。该市场尽管与西北欧市场一样活跃，但也有一些不同的地方。例如，在美国，输油管道系统在全国范围内通畅，其货物批量的大小比欧洲用船运输进行贸易更加灵活，这使得其原油现货市场更加活跃，参与主体比欧洲更加多元化，而西北欧市场的参与主体通常需要具有雄厚的财力，所以主要是大型的油气公司。

3.2.1.6　中国市场

在此，我们顺便分析一下中国市场。目前中国的油气田主要属于中国石油天然气集团公司（简称"中国石油"或"中石油"）、中国石油化工股份有限公司（简称"中国石化"或"中石化"）和中国海洋石油集团有限公司（简称"中国海油"或"中海油"）三家企业。具体而言，中石油公司旗下有大庆油田、延长油田等；中石化公司旗下有胜利油田等；中海油公司旗下有中海油等油田；其中，大庆油田和胜利油田是我国最重要的两个油田。在原油的生产方面，我国东北、渤海湾、西北等地区生产了国内大部分原油。而消费是全国范围的，生产出来的原油被运输到各个地区进行供应，其中长三角地区、珠三角地区、环渤海地区消费量占比较大。虽然我国有一定的自有资源，但原油的供给远远不能满足国内消费的需要，从 1996 年起我国就已经成为原油的净进口国，并且对国外进口原油的依存度还在逐年攀升。作为全球最主要的原油进口国和消费国，我国原油产量在过去十年中的变化幅度不大，原油需求量却有显著的提升，这也直接导致我国从国外进口的原油量大幅度增加。总而言之，我国当前原油现货市场的发展仍不完善，面临着原油需求和供给之间的极度不平衡，对国外原油的依存度较高，因此通过发展期货市场来争取原油定价权就显得极为重要。

3.2.2　原油的主要期货交易市场

除了现货市场外，期货市场在原油交易中也起着重要作用。目前，全球范围内交易比较活跃的原油期货市场主要有英国伦敦洲际交易所（ICE）、美国纽约商品交易所（NYMEX）、新加坡交易所（SGX）、迪拜商品交易所（DME）、东京工业品交易所（TOCOM）以及我国的上海国际能源交易中心（INE）。影响力较大的原油期货合约主要有纽约商品交易所的轻质低硫原油即"西得克萨斯中质油"（WTI）期货合约、英国伦敦洲际交易所的布伦特原油（Brent）期货合约、新加坡交易所的中东原油（MECO）期货合约、迪拜商品交易所的阿曼（OMAN）酸性原油期货合约、上海国际能源交易中心的 INE 原油期货合约，而东京工业品交易所交易的原油以成品油为主，原油期货交易不活跃。全球各原油期货市场情况如表 3-1 所示。

表 3-1　全球主要原油期货交易所的期货合约

交易所	原油期货推出时间	原油期货品种
纽约商品交易所（NYMEX）	1983 年	轻质低硫原油期货合约
	1986 年	西得克萨斯中质油（WTI）期货合约
伦敦国际原油交易所（IPE），2001 年被伦敦洲际交易所（ICE）收购	1988 年	布伦特原油（Brent）期货合约
新加坡交易所（SGX）	2002 年	中东原油（MECO）期货合约
迪拜商品交易所（DME）	2007 年	迪拜阿曼（OMAN）原油期货合约
东京工业品交易所（TOCOM）	2001 年	中东原油（MECO）期货合约
上海国际能源交易中心（INE）	2018 年	INE 原油期货合约

WTI 原油产地位于加拿大和美国墨西哥湾区，是北美地区较为通用的一类原油，其期货合约也是世界上最具流动性、交易最为活跃的原油合约，该合约的成交价被视为全球原油市场的重要基准油价。目前 WTI 原油期货是世界最大的期货交易品种，美国页岩油技术的突破使得其国内原油产量快速增长，但受其管道运输与合约中实物交割设计的限制，不能有效地扩大市场需求，也导

致了 WTI 与 Brent 原油期货价差的出现。近年来，WTI 致力于改善国内原油储存与运输等相关基础设施建设，提升管道运输能力，增加市场需求，并且逐步缩小与 Brent 原油期货的价差。

Brent 原油产自北大西洋北海布伦特地区，是西欧市场上主要的进出口原油品种，也是欧洲地区的基准原油。1988 年，Brent 原油期货在 IPE 上市交易，该期货品种以 Brent 指数作为标的物。2001 年，伦敦国际原油交易所（IPE）被伦敦洲际交易所（ICE）收购。相比于 WTI 原油期货，Brent 原油期货合约的成交量较小，但是以 Brent 原油期货价格作为原油现货定价基准的国家占全球的 2/3。之所以 Brent 原油期货能够成为全球原油价格的最重要基石，是因为 Brent 原油相关产品种类丰富，不仅包括传统意义上的原油期货、现货，还在此基础上诞生了多种金融衍生品，可以满足不同投资者的不同投资需求，吸引了越来越多的实体企业投资者。相较于大部分金融机构利用原油期货进行投机的行为，与原油制造相关的实体企业掌握了原油供需市场的最新信息，由此形成的期货价格更能反映人们对全球原油供需关系的预期。

除 WTI 原油期货和 Brent 原油期货之外，其他原油期货的交易量相对较小，但也在全球原油市场上发挥着重要作用。OMAN 原油是一种中质含硫原油，占中东原油产量的大部分，在过去的几十年中一直是中东的重要基准原油，其期货价格也是重要的参考价格。OMAN 原油期货于 2007 年开始在迪拜商品交易所上市，与其他原油期货相比，OMAN 原油期货平均有超九成交割率，可以说是全球实物交割比率最高的原油期货，堪比现货市场。相较于欧美国家的原油期货，OMAN 原油期货价格偏高，这也导致中东地区国家只能在与议价能力较弱的亚洲国家交易时把 OMAN 原油期货价格作为定价基准，在与欧美国家进行交易时还需要参考 Brent 原油期货价格。由此可见，亚太地区国家原油定价也间接地受到 Brent 原油期货价格的影响。

2001 年，日本推出了 MECO 原油期货，主要交易品种为中东原油。但是 MECO 原油期货的定价单位并没有应用原油行业的通用标准，而是选择了国家标准单位"千升"（1 000 L），这样的合约设计对投资者特别是国外投资者进行交易造成了诸多不便。与此同时，日本国内并没有原油生产，其原油全部依赖进口，国内缺乏足够的原油现货来支撑原油期货市场的运行，日本原油期货的发展受到限制。在这些不利因素的影响下，日本原油期货上市以后，合约成交量一直较小，对国际原油价格的影响非常小。

2002 年，新加坡与日本东京工业品交易所（TOCOM）合作上市中东原油（MECO）期货合约。与日本类似，新加坡国内也没有原油生产，其最大的优势在于其地理位置。新加坡地处全球原油贸易运输的黄金位置，所以新加坡在原油贸易中主要提供转口贸易服务，并不是传统的原油供给方和需求方，因此相关实体企业对在新加坡进行原油交易的套期保值并没有太多需求，其原油期货合约推出之后对国际原油价格的影响也相对较小。

2018 年 3 月 26 日，中国推出的 INE 原油期货在上海期货交易所旗下的上海国际能源交易中心正式挂牌交易，截至 2018 年 12 月 31 日，INE 原油期货的双边日均交易量达 28.05 万手，日均成交额达 1 347.97 亿元，已赶超 OMAN 原油期货，成为仅次于 WTI 原油期货和 Brent 原油期货的世界第三大原油期货品种，成功迈出了争取亚太地区原油定价权的第一步。

与 WTI 和 Brent 不同，INE 原油期货合约所规定的交易品种为基准品质为 API［美国石油学会（API）制定的表示原油密度的单位］32、硫含量为 1.5% 的中质含硫原油，除产自阿拉伯联合酋长国、卡塔尔、也门、伊拉克等国的 6 种原油符合规定外，产自中国本土的胜利原油是唯一一个入选的国产原油。之所以选择了占据世界原油产量一半左右的中质含硫原油作为交割标的，一是为了避开与全球两大基准原油 WTI 和 Brent 的直接竞争；二是为了能够凸显中国在内的亚洲原油市场的定价能力，打造一个更具权威、更能反映亚洲中质原油市场需求的交易平台，同时提升国内胜利原油现货价格在中国原油市场作为定价标杆的影响力，继而提升中国在国际原油贸易体系中的地位和议价能力。然而，胜利原油虽作为我国唯一的原油现货交割品种，其开采、运输各方面的技术尚不完善，使得中国原油现货市场的发展遭遇瓶颈，这也同样对中国原油期货市场的发展带来了制约。

3.2.3 原油的主要市场价格

目前原油市场价格主要有三种：现货价格、期货价格和合同价格。其中，原油现货市场价格的确定主要有两种方式，一种是在现货市场上实时成交的价格，另一种是报价机构通过追踪市场评估得到的价格。反映现货市场价格的报价系统有普氏报价、路透社报价、美联社报价等。而原油期货市场的价格是在期货市场上买卖双方对原油期货标准合约各自出价撮合形成的均衡价格，反映了市场对未来原油价格的预期。期货市场有发现价格的功能，能够在一定程度上领先于现货价格。一般来说，原油现货价格与原油期货价格应该是同向波动的。

原油长期合同价格则是根据公式法参考现货或是期货价格确定的。在原油合同市场上，一般需要根据事先约定好的价格进行交易，目前较少使用固定价格作为原油合同的交易价格，大部分都采用公式法计算。即选取一种或者多种原油的加权平均价格作为基准油价（A）再加上升贴水（S）作为长期合同的交易价格。交易价格计算公式为：

$$P = A + S \tag{3-1}$$

其中，P 为原油结算价格，A 为基准原油的期货价格或现货价格，S 为升贴水，其数值取决于贸易合同中的油种和选定的基准原油之间的品质差别、加工收益、交通运输差异等。基准油价 A 的确定是参照某种原油价格或者某几种原油的加权价格来确定的，该参照价格不是原油的某个时间点的具体成交价格，而是联系交易时间前一段时间内的现货价格、期货价格或某报价机构的报价计算出来的价格。原油种类繁多，有时候所选用的基准原油没有参照价格，这时就需要根据有报价的原油进行升贴水调整。

在基准油价的确定方面，不同地区有不一样的习惯。根据地域划分，主要可以分为欧洲原油市场、北美原油市场、中东原油市场和亚太原油市场基准油价。

3.2.3.1 欧洲原油市场的基准油价

欧洲原油市场普遍使用 Brent 原油作为定价基础。在欧洲，北海布伦特原油市场发展比较早而且比较完善，布伦特原油既有现货市场又有期货市场，主要在 ICE 交易所交易，并配有衍生品的场外交易，成交非常活跃。在西北欧、北海、地中海、非洲以及部分中东国家等国家地区进行原油交易或者向这些地区出口原油，均以布伦特原油作为基准原油进行定价。

3.2.3.2 北美原油市场的基准油价

北美原油地区主要将 WTI 作为基准原油。与欧洲原油市场一样，美国和加拿大原油市场也已比较成熟，主要在 NYMEX 交易所交易，场外交易也有相当大的规模。在该地区交易或向该地区出口的原油定价主要参照 WTI。西半球出产的原油也主要挂靠 WTI 计价，包括美国的阿拉斯加北坡原油（ANS）、墨西哥的玛雅原油（MAYA）、厄瓜多尔的奥瑞特原油（ORIENTE）、委内瑞拉的圣塔芭芭拉原油（SANTA BARBARA）和阿根廷的埃斯克兰特原油（ESCALANTE）等。

3.2.3.3 中东原油市场的基准油价

中东产油国作为最重要的供应方力量，其对出口原油的定价机制有充分的话语权，目前中东原油市场的出口原油定价主要有两种方式。

一种方式是与基准原油挂钩。有些国家针对不同的出口市场会选用不同的基准原油。例如，出口北美地区的原油参照美国 WTI 原油期货价格定价，出口欧洲的原油则参照 Brent 原油定价，而对于出口远东地区的原油则参照 OMAN 和迪拜原油的价格定价。另外一些中东国家对于所有出口市场都选用同一种基准原油，但对不同市场使用不同的升贴水。如科威特对出口上述三个市场的原油，其参照定价原油都为阿拉伯中质油，但其对阿拉伯中质油的升贴水则不同。

另一种方式则是基于出口国自己公布的价格指数确定原油价格，即"官方销售价格指数"（OSP）。一些常见的价格指数包括：阿曼原油矿产部公布的 MPM 原油价格指数、卡塔尔国家原油公司公布的 QGPC 价格指数、阿布扎比国家原油公司公布的 ADNOC 价格指数等。这些价格指数每月公布一次，均为追溯性价格，反映了原油出口国政府对市场趋势的判断和相应采取的对策。OSP 是在 1986 年 OPEC 放弃固定价格之后才出现的，目前亚洲市场的许多原油现货交易也与 OSP 挂钩。

3.2.3.4　亚太原油市场的基准油价

亚太原油市场的原油定价一般基于相应的价格指数。这些价格指数来自某些市场认可报价机构对不同油种的报价，常见的价格指数包括普氏原油报价、阿格斯原油报价、亚洲原油价格指数（APPI）、印度尼西亚原油价格指数（ICP）、OSP 指数以及远东原油价格指数（FEOP）等。

3.3　美元与原油

3.3.1　国际货币体系的演化

国际货币体系是全球经济（贸易）不断发展的产物，随着国际经济（贸易）向广度、深度发展而不断演变。国际货币体系的本位制经历了从单一化到多元化、从低级到高级的演变过程。历史上，国际货币的形式主要包括国际实物货币、国际金属货币以及国际信用货币。国际货币体系则是各国政府为适应国际贸易与国际支付的需要，对货币在国际范围内发挥世界货币职能所确定的原则、采取的措施和建立的组织形式的总称。整体来说，国际货币体系的主要内容包括：各国货币比价的确定，包括汇率的确定原则、波动的限制、调整的幅度等；各国货币的兑换性与对国际收支平衡所采取的措施，如本国货币能否对外兑换以及是否限制对外支付等；国际储备资产的确定以及储备资产的供应方式；国际收支的调节方法，包括逆差国和顺差国承担的责任；国际金融事务的协调、磋商和有关的管理工作等。自黄金成为主要的金属货币之后，国际货币体系经过了多次更迭演化。

3.3.1.1 以金本位制为主的自发国际货币体系

真正意义上的国际货币体系是从国际金本位制的自发国际货币体系开始的，以一定成色及重量的黄金为本位货币的制度被认为是历史上第一个国际货币制度。这一国际货币体系并不是国际协议的结果，而是交易制度、交易习惯和国内法缓慢发展起来的结果，主要反映了英国在世界经济和国际贸易中的支配地位。

自发国际货币体系形成的历史背景主要是当时英国世界第一强国的地位正在逐渐形成。17世纪发生的欧洲大陆战争引发了对军需物资的大量需求，同时引发大量难民逃往海峡对面的英国。英国人抓住机会，利用这些劳动力和他们带来的技术，打下了扎实的工业基础，发展了军事力量，赢得了其后100多年征战欧洲、亚洲、美洲的国际战争，最终于18世纪后期成为国际政治格局中无可比拟的世界强国，并且通过工业革命，于19世纪中叶成为全球第一个经济霸权国家。同时，由于黄金比白银更适合远距离、大规模的国际贸易，英国率先通过法令规定英镑的黄金含量，正式开始采用金本位制度。

以伦敦和英镑为中心的国际贸易和支付网络覆盖全球，英镑凭借英国在国际贸易和金融方面的霸权地位而成为国际上主要的结算手段，甚至成为某些国家的储备货币。当时银价暴跌，引发大量的套利行为，造成银本位、金银复本位货币制度混乱，影响了发达国家国际贸易和国际信贷的发展，德国、美国、法国、荷兰、俄国、日本等国或是出于自愿或是迫于形势，先后确立了金本位制，以法令规定本国货币的含金量。在这种背景下，各国的金本位制在各国经济、政治力量对比的基础上逐步国际化，通过各国货币的法定含金量确定了货币关系，自发形成了以金本位制为主的国际货币体系。

金本位制的基本规则是：黄金是国际货币，各国货币规定含金量并作为兑换基础；国内货币供应量受黄金储备制约；黄金自由铸造、自由兑换、自由进出口。金本位制下的汇率安排机制是典型的固定汇率制，自发安排，市场自动调节，汇率波动以法定平价为基础，根据供求关系上下波动，但是波动幅度受黄金输送点限制。与此同时，黄金成为主要的国际储备货币，在实际运行中，英镑事实上发挥了同等作用，成为使用最广泛的贸易结算工具，进而成为各国中央银行国际储备货币的一部分或者全部。

金本位制在初期促进了国际贸易，但是其运行机制存在一定的内在矛盾。一是黄金作为一种自然资源，生产和供应具有不稳定性，价格动荡影响了其作为稳健货币的基础，同时也不能适应世界经济和贸易快速增长的需要；二是在金本位制背景下，一国国际收支不平衡时必须付出通货膨胀或经济紧缩的代价，影响国内的经济福利；三是金本位制的运行缺乏国际监督和保障机制，仅仅依靠各国自发承认国内经济服从对外平衡的运行规则。这些局限性注定了金本位制在主要资本主义国家发展的不平衡性加剧后必然解体。

1922年，在意大利热那亚召开的国际货币金融会议上，虚金本位制度被确定。虚金本位制度的基本内容包括：黄金依旧是国际货币体系的基础，各国纸币仍规定有含金量，代替黄金执行流通、清算和支付手段的职能；本国货币与黄金直接挂钩或通过另一种同黄金挂钩的货币与黄金间接挂钩，与黄金直接或间接保持固定的比价；在间接挂钩的条件下，本国货币只能兑换外汇来获取黄金，而不能直接兑换黄金；黄金只有在最后关头才能充当支付手段，以维持汇率稳定。相较于金本位制度，虚金本位制度节约了黄金的使用，弥补了金本位中黄金量不足的劣势。但是世界贸易的发展对黄金的需求和黄金产量的缺口仍然存在，尤其是在汇率频繁波动时，用黄金干预外汇市场来维系固定比价已显得力不从心。1929—1933年发生世界经济危机，国际虚金本位制度瓦解。1931年和1933年，英国、美国先后被迫废除金本位制，最终宣告这一货币体系结束。

3.3.1.2　布雷顿森林国际货币体系

从20世纪30年代到二战发生前，国际贸易体系进入了长达十几年的混乱时期，形成了以英、美、法三大国为中心的三个货币集团——英镑集团、美元集团、法国法郎集团，三大集团以各自国家的货币作为储备货币和国际清偿力的主要来源，同时展开了世界范围内争夺国际货币金融主导权的斗争，这种局面一直持续到二战结束。1944年7月，在美、英的推动下，同盟国在美国的布雷顿森林召开国际货币金融会议，通过了《国际货币基金组织协定》，建立起布雷顿森林国际货币体系，直至1971年美国总统尼克松宣布停止美元兑换黄金而解体。布雷顿森林国际货币体系是一种国际协定安排，反映的是美国的政治与经济霸权。

布雷顿森林国际货币体系的形成也是因为当时的国际经济环境需要一个稳定的国际货币秩序。两次世界大战和1929—1933年的世界经济危机，使得国际货币金融关系极度混乱和动荡，国际贸易、货币金融以及国际经济合作困难。战争结束后，各国为了恢复和发展经济，迫切需要一种统一的、稳定的、能有效运行的国际货币秩序为国际贸易和经济发展提供基本条件。

在这一阶段，美国凭借综合政治与经济实力取得了国际金融领域的主导权。两次世界大战使得远离战争中心的美国获得发展契机，成为战争中军需和战争结束后恢复中唯一的商品与资金供应国，从而得以迅速崛起；与之相反，英国经济在战争中遭到极大破坏而迅速衰落。实力对比悬殊使得英国虽不情愿但也不得不把新的国际货币制度的创立权交给美国。

布雷顿森林国际货币体系的运行机制依旧采取了本位机制，即规定美元兑黄金官方定价：1美元等于0.888 671克黄金（1盎司黄金＝35美元），参加国政府的中央银行可按照官方定价将所持有的美元向美国政府兑换黄金；参加国货币与美元挂钩，以美元的含金量为平价确定兑换率或者直接规定比价。在汇率安排机制上实行"可调节的钉住汇率安排机制"，各参加国货币按比价直接钉住美元，汇率平价一经确定便不能随意更改，汇率波动上下限各为1%，各国货币当局有义务维持波动极限；参加国汇率变动接受国际货币基金组织统一安排和监督，国际收支出现根本性不平衡时，可要求变更汇率，其中，幅度在10%内的可自行调整，幅度超过10%的需经国际货币基金组织批准。在货币储备机制方面，以黄金为基础的美元成为主要国际储备货币，美国保证提供用于国际储备和国际支付的美元，保证各国按官方定价向美国兑换黄金；国际货币基金组织创设特别提款权补充黄金、美元作为国际储备货币。在国际支付调节机制方面，参加国发生暂时性支付危机时，可按在国际货币基金组织的份额以贷款方式向国际货币基金组织借款，以平衡其国际收支，但每年的借款额不得超过其份额的25%，且累计借款额不得超过其份额的125%。

布雷顿森林国际货币体系奠定了美元的国际货币地位，但其也存在不可调和的缺陷。一是美元对外负债的增长快于美国黄金储备的增长，造成美元兑换黄金的基本规则无法执行。随着世界经济的增长，美国要保证参加国不断增加的对美元储备的需求，但是又要面临黄金因为生产因素供应不足的困境，使得美国陷入两难的困境。二是固定汇率的刚性和参加国国际收支调节的不对称性。为了维持汇率波动幅度，参加国无论顺差还是逆差都必须积累一定量的美元储备，特别是逆差国更要牺牲其国内经济目标，然而美国却是例外，它可以通过输出美元来弥补逆差，这种不对称性造成了各国的利益矛盾。这些缺陷随着美国经济相对衰落而暴露出来，美元危机频频发生，货币体系运行的前提和规则遭到破坏，在采取各种挽救措施仍无效后，最终于1971年停止了运行。

3.3.1.3　牙买加国际货币体系

布雷顿森林国际货币体系解体后，主要西方国家货币开始进入自由浮动汇率制度的阶段。1973年，石油危机发生，西方经济陷入混乱，浮动汇率却在衰退和混乱中表现良好。1975年，西方六国在首次首脑会议上纷纷表示接受现实，放弃重建固定汇率的尝试，并形成决议，要求国际货币基金组织修改章程，承认浮动汇率。1976年，国际货币基金组织理事会通过《牙买加协定》，承认了既成事实，正式开始了牙买加国际货币体系时期。

当时，虽然日本、联邦德国、法国等主要工业化国家经济实力快速增长，美国经济相对衰落，但是美国仍然是经济实力最强的国家，特别是美国在工业生产等领域仍远远领先于其他国家。同时，美国仍然是世界上最有实力的政治大国、最先进的军事大国，综合实力居世界首位。因此，以雄厚实力为基础的美元仍然享有很高的声誉，仍然是国际储备货币的主体、国际信贷和计价结算标准、国际清算支付手段，没有任何一种货币能取代它的地位。

牙买加国际货币体系在运行机制方面，其本位机制是国际美元制，美元与黄金脱钩，黄金不再是平价基础，而美元仍是国际货币体系中心货币，同时国际货币越来越多样化，各主要工业化国家直接将货币钉住美元，各国不再就黄金问题对国际货币基金组织履行义务。在汇率安排机制上，各国根据情况自由做出汇率安排，汇率体系容纳单独浮动、联合浮动、钉住某一货币等混合安排。美元是最重要的国际储备货币，日元、德国马克、黄金、国际货币基金组织特别提款权作为补充，越来越多样化（陆前进，2010）。在国际收支调节机制方面，参加国可以通过基金组织贷款、汇率机制、利率机制、国际政策协调、国际金融市场融资等多种方式平衡国际收支。

牙买加国际货币体系已经运行了近半个世纪，它的局限性也日益显现。首先，其本位机制受美国经济和美元信用影响，基础不稳定。美国经济在20世纪70年代以后被相对削弱，国际收支出现大量逆差，美元币值发生变动，导致各国特别是主要工业化国家的现实利益矛盾，不利于世界经济健康发展。其次，多种汇率制度并存，加剧了汇率体系运行的复杂性，汇率波动和汇率战不断发生，助长了国际金融投机活动，金融危机风险大增，国际贸易的发展受到影响。最后，国际收支调节机制在多样化的同时也暴露出不健康的一面，比如汇率调节机制受出口商品弹性限制、利率机制存在副作用、商业银行的逐利性竞争导致贷款约束放松并造成发展中国家的外债积累甚至危机。

纵观国际货币体系100多年来的演变历史，实质上是国际货币形态和汇率制度的变化过程。国际货币形态更替反映了经济霸权力量转移和世界经济格局的变化。

3.3.2　美元的国际货币霸权地位

从国际货币自身的性质和功能出发，货币金融霸权国的货币在价值尺度、流通手段、支付手段以及价值储藏手段方面，都为霸权国带来了巨大的收益。

一方面，霸权国的货币作为国际通用的结算货币，重要的物资都以该货币计价，世界大部分国家为保证国际贸易结算顺利进行，必须大量持有该货币；另一方面，霸权国可以通过大量印发本币来提高自身的购买能力，如此不但不会增加外债，反而可以刺激霸权国的出口和减少外债，所以霸权国在经济不景气的时候，有能力通过使货币贬值的办法向全世界转嫁危机，而且不需要与其他国家商量，这就相当于让其他国家承担了部分霸权国经济调整的成本。与此同时，货币金融霸权国还可以利用其货币塑造有利于该国发展的国际经济和政治秩序。该国货币在世界范围内的广泛使用，使得霸权国可以利用其他国家对其货币的大量需求和高度依赖，推行有利于自身的各种政策。比如霸权国可以利用对外投资和政府援助对落后国家和地区的经济进行广泛的渗透，并对其国内政治生活产生影响。对受援国来说，外资、援助和贷款必然使本国和霸权国之间形成依附关系，它们在获得投资和贷款的权益时，常常也被迫接受霸权国附带的苛刻还债条件和政治条件。当然，货币金融霸权也需要付出相应的成本，比如拥有货币金融霸权的国家必须承担维持币值稳定以及维护其他国家对其货币信心的责任，而这要求这个国家必须有强大的经济和军事实力作为后盾，以及拥有良好和可预期的经济发展状况，并提供稳定的国际安全环境。

从世界金融发展史来看，目前只有英镑和美元先后拥有过货币金融霸权地位。二战结束之后，美元的地位迅速上升，在价值尺度、流通手段、支付手段、储备货币等方面有着其他国家货币所不可比拟的优势，美国成了货币金融霸权国。作为美元这一霸权货币的管理者，美国充分利用这一优势，通过对外援助、发展贸易、改革金融体系等手段，积极地建立有利于自身的国际政治与经济秩序，并推行扩张的对外政策，从中获得了诸多经济和政治利益，推动了美国霸权在世界范围内的建立和巩固。美元霸权是美国维持全球霸权的重要基石，美国凭借压倒性的军事、经济、政治、科技等方面的综合实力，在国际货币体系中占据主导地位。

美元霸权体制是历史上最复杂的金融体制，世界历史上也首次出现了由一国不兑现纸币通过浮动汇率和自由兑换强加的货币霸权，全球化的金融市场使这种货币霸权的形成成为可能。20世纪40年代中期创建的布雷顿森林国际货币体系确立了美元与黄金挂钩、其他货币与美元直接挂钩的国际货币交易准则，由此奠定了美元作为资本主义世界的通货凌驾于世界其他货币之上的优势地位。1948年生效的《关贸总协定》确立了交易自由、市场开放的国际贸易准则，这推动了美元向全世界的流动。美元担当了全球金融与贸易的首要储备货币的角色，在全球外汇储备、外汇交易以及贸易结算中所占比重超过60%，实际上形成了美元本位制。在布雷顿森林国际货币体系中，美元需求国与美国之间形成供求关系，对美元的依赖和与美国的经济互动关系决定了国际经济格局的基本框架。作为国际货币供应国，美国通过国际收支逆差向国际社会供给美元，逆差扩大，则美元供给增加；反之，逆差缩小，则美元供给减少。与之相对应，其他国家的国际收支顺差形成对美元的需求，顺差扩大，则美元需求增加；顺差缩小，则美元需求减少。由于美国可以其本国货币对外进行支付，因此美国可以通过对外输出美元的方式来保持其国际收支逆差，只要其他国家愿意持有美元，美国就不会面临国际收支平衡的压力。

美元的国际地位是美元霸权的基础。首先，世界贸易中用美元计价结算的比重远高于其他货币，与美国无关的很多国际贸易也广泛采用美元计价和结算。其次，世界各国的外汇储备中美元储备平均占比65%以上，特别是新兴市场经济体的美元储备占比更高。再次，在外汇交易中，用美元交易的比重平均约为90%，有些外汇市场上的美元交易占比甚至高达99%。在国际金融市场上，美元的"货币锚"作用非常明显，各国货币的汇率制度以及各国中央银行和商业银行制定和调整汇率的时候通常会以钉住美元为主。最后，国际货币合作也是维持美元霸权的重要手段。在布雷顿森林国际货币体系下，国际货币合作基本上是围绕着维持美元汇率稳定展开的，在此基础上形成了浮动汇率制度下以美国为主导的新的合作方式，由来自美国、加拿大和欧洲等15个国家和地区的239家银行于1973年成立了国际资金清算系统（SWIFT）。美国在SWIFT系统的结算交易上，掌握了极大的主动权，该系统已经成为美元霸权的一部分。

美元的国际货币霸权已经成为美国进行扩张的重要手段，成为美国对外开展金融战的重要基础，实质上是美国霸权战略扩张的经济手段，也是其地缘政治拓展的金融工具。美国企图通过美元霸权向全世界推销美国自由市场的经济秩序、美国主导的西方价值观念和美国控制的全球霸权战略。自1971年以来，美元的国际储备货币地位并不是以黄金为基础的，而是建立在迫使所有关键商品都以美元标价的美国地缘政治实力之上的。从原油定价来看，也几乎都是以美元来标价的。

3.3.3　大国博弈下未来国际货币体系的展望

为解决牙买加国际货币体系存在的客观缺陷，探索更稳定的国际货币体系，目前人们对未来国际货币体系的设想归纳起来主要有六种：一是建立"第二代布雷顿森林国际货币体系"；二是实行"新金本位制"；三是创立独立的超主权货币；四是设立若干区域性的国际货币；五是建立多元化的主权国际货币体系；六是实行货币发行权的自由竞争，取消政府的货币发行垄断权。国际金融市场自身具有复杂性和不稳定性，周期性的经济危机成为资本主义世界的必然规律。在经济全球化发展的整体趋势下，各国普遍进行更为广泛的国际合作，共同稳定国际金融市场成为必然的发展趋势。从当前全球的经济格局来看，引入多种主权货币共同充当世界货币，形成多极货币体系，或将成为未来国际货币体系最为合适的发展方向。

从本质上讲，多极货币体系就是要取消单一主权货币的垄断地位，引进多种货币，实现相互的竞争和制衡。为了维持自己的国际货币地位，每个国家或地区都会谨慎行事，努力维持自己币值的稳定，从理论上说，滥发货币的问题可以得到有效解决。相较于单一主权货币担当世界货币，多极货币体系具有分散风险的作用，它将以前集中于中心国家的金融风险分散到了若干个国家或地区，进而降低了发生全球金融危机的可能性。在多极货币体系下，多个国家或地区在共同分享世界货币铸币税的同时，也必须共同承担维持体系稳定的责任，同时也将使得多边的合作更加有效。

根据国际货币基金组织 2022 年 3 月底公布的 COFER（官方外汇储备货币构成）数据，2021 年第四季度，全球以美元计价的外汇储备份额为 58.8%。以美元计价的外汇储备包括国债、美国公司债券、美国抵押贷款支持证券以及外国中央银行和其他外国官方机构持有的其他以美元计价的资产。相较于 2001 年，欧元货币还未正式到来，美元的份额是 71.5%。更早的 1970—1977 年，美元的份额更是在 80% 以上。2022 年第三季度，在全球外汇储备份额中处于第二位的货币是欧元，份额约为 20%，而其余的全球储备货币的份额都非常小，排在第三位和第四位的分别是日元和英镑。日元近年来所占份额不断缩小，英镑的比例则保持相对稳定。排名第五的人民币一直以较小的增长率保持稳定的趋势，2021 年第四季度达到了 2.8%，在两年内上涨了 90 个基点。人民币作为世界第二大经济体的法定货币，拥有较大的份额增长空间，但目前仍在一定程度上受限于资本管制。

尽管美元当前依然是世界最主要的经济结算货币，但是对于整个世界经济来说，国际货币体系正由单一货币霸权向多元货币体系发展，美元、欧元、英镑、日元、人民币等多极化国际货币新平衡这一新的趋势逐渐显现。一方面，美国在国际经济和国际贸易之中所占的比例开始下降；另一方面，美元最核心的"石油美元"供应体系也出现了问题，在俄乌军事冲突发生后，美国及其盟国对俄罗斯进行了冻结俄罗斯中央银行外汇储备、将其踢出 SWIFT 体系等经济制裁，而俄罗斯用卢布结算天然气，动摇了"石油美元"的霸权根基，很多能源结算的订单开始绕过美元，其最终的结果就是动摇美元的霸权地位。随着美国实力的相对衰落、欧洲经济一体化的加速实现和亚洲新兴经济体的崛起，多极世界的轮廓已经形成。各大国或地区都在努力推进本国货币的区域化、国际化，争取成为国际货币体系中的一极。

但是，目前以主权货币为支撑的多元化货币体系，依然存在"特里芬难题"。目前欧元区经济处于困境中，欧元区解体的风险有所上升，这也是多元化国际货币体系面临的挑战之一；日本受自身经济发展存在的问题影响，日元持续贬值，日元的国际货币地位逐渐衰落；中国提出"一带一路"倡议，有效地提高了人民币的国际影响力，但是资本账户管制依旧存在，在一定程度上限制了人民币国际化的步伐。因此，尽管多极化是世界发展的趋势，多极货币体系也将成为未来的发展趋势，但美元至今仍然是世界上最重要的国际货币。除了美国近代积累起来的高科技和超强的经济实力外，政治强权和军事霸权以及为维护其强权、霸权而建立起来的一整套经济贸易规则，即世界贸易组织、国际货币基金组织和世界银行，这些具有合法性的制度（机制）成为美国在全球推广资本主义自由市场经济体制的工具，美国依旧在这些组织中起着支配作用。因此，可以预见，在未来较长一段时间内，美元货币的霸主地位难以被撼动。

3.3.4 "石油美元"体系的诞生与发展

国际上，初级大宗商品贸易一般以主要的国际货币计价。在布雷顿森林国际货币体系崩溃后，美国凭借其强大的军事、政治与经济实力，与原油产出国合作，将美元作为原油的唯一计价货币，这对维持美元的国际货币霸权地位起到了非常重要的作用。"石油美元"最初是指 20 世纪 70 年代中期原油输出国在原油价格大幅提高后增加的原油收入扣除用于发展本国经济和国内其他支出后的盈余资金。原油在国际市场上是以美元计价和结算的，因此也有人把产油国的全部原油收入统称为"石油美元"。

全球大宗商品、贸易商品大多数以美元计价，美元、"石油美元""商品美元"三足鼎立的体系逐渐形成，并由此形成了中心国（美国）—资源出口国（OPEC 等国）—商品输出国（亚洲新兴经济体）的大循环。二战结束后，凭借美国的政治、经济霸主地位，美元成为最重要的国际储备和结算货币，美国能够无约束地大量发行美元，并在世界范围内采购商品与服务，而其他国家则需要通过出口换美元以进行对外支付。许多国家都对原油有着较高的进口依赖，必须从外汇储备中拿出相当一部分支付给原油输出国。原油输出国剩余的"石油美元"需要寻找投资渠道，而美国则拥有强大的经济实力和发达的资本市场，"石油美元"以回流的方式变成美国的银行存款以及股票、国债等证券资产，填补了美国的贸易与财政赤字，从而支撑着美国的经济发展。美国以其特殊的经济金融地位，维持着"石油美元"环流，使美国长期呈现消费膨胀、外贸逆差和大量吸收外资并存的局面，美国经济亦得以在这种特殊的格局中不断增长。

1973 年的中东战争，导致原油价格大幅度上涨，形成世界性的能源危机。1973 年 10 月，原油输出国组织宣布原油价格由每桶 3.011 美元提高至 5.11 美元，之后又再度提高到 11.65 美元，使得世界各国的国际收支结构发生了很大变化。因原油输出收入大增，原油输出国的国际收支出现巨额顺差；而原油消费国的国际收支因原油输入支出剧增，出现了巨额赤字。在原油消费国中，发达国家遭受的打击较为严重，发达国家的经常收支因原油提价而大多出现了巨大逆差。相反，原油输出国的经常账户则出现了巨额顺差，这就是"石油美元"。对于这种资金的规模，有多种不同的估计。不少学者推算，1974 年，原油输出国的原油输出总收入约为 1 150 亿美元，其经常输入则约为 400 亿美元，因而其盈余约为 750 亿美元。这项盈余，一方面表示原油消费国的外汇减少额，这也是一些发达国家国际收支出现巨额逆差的主要原因；另一方面则表示原油输出国拥有大量的"石油美元"。

这种巨额的"石油美元"，无论是对原油输入国还是对原油输出国甚至是对整个世界经济都有很大的影响。对原油输出国来说，"石油美元"为产油国提供了丰富的资金，促进了这些国家的经济发展，改变了它们长期存在的单一经济结构，逐步建立起独立自主的、完整的国民经济体系。原油输出国的"石油美元"收入庞大，而其国内投资市场狭小，不能完全吸纳这么多美元，必须以资本输出方式在国外运用。如果原油输出国将大量"石油美元"用于储蓄或投资全球资本市场，它们能为原油输入国的经常账户逆差提供资金，事实上等于是借钱让原油输入国消费高价原油。但这样就增加了对外国金融资产的需求，会提高相关资产的价格，压低原油输入国的债券收益率，有助于刺激原油输入国的经济活力。经验表明，大量"石油美元"对原油输出国的经济既可能是好事，也可能是坏事，问题在于如何使用这些美元。有专家认为，靠原油发横财会延缓原油输出国的经济改革。目前原油输出国的花费要比过去少，保留大量盈余，以偿付债务，增持资产。

对于西方发达国家来说，进口原油使对外支出大幅度增加，国际收支大多呈巨额逆差，倘若采取紧缩性措施，或限制输入原油等来谋求国际收支状况的改善，则可能导致经济衰退，并影响世界贸易的发展。因此，西方发达国家大多希望"石油美元"回流——由原油输出国回流到原油输入国，这就出现了"石油美元"的回流。"石油美元"的回流，在最初主要是流向欧洲货币市场、纽约金融市场、各国金融机构和国际金融机构等，其流入地区主要是西欧以及美国等国家。发展中国家也希望能利用"石油美元"来发展经济。但是，这种庞大的"石油美元"，又给国际金融市场带来了动荡。"石油美元"在性质上大多是国际短期资金，可能在国际大量而迅速地移动。"石油美元"被投放到国际市场上之后，一方面充实了国际信贷力量，满足了许多国家对长期或短期信贷资金的需要；另一方面又造成大量游资在各国之间流动，时而投资于股票，时而投资于黄金和各国货币，导致股票、黄金和外汇市场更加动荡不安。因此，世界各国都密切地注视着"石油美元"的变动情况。

总体来看，"石油美元"体系经历了三个发展阶段。第一个阶段为1972—1985年。1972年，美国总统尼克松和国务卿基辛格创立了"石油美元"循环机制，而在随后的1973—1974年，国际油价上涨了五倍，"石油美元"循环机制设定了美国与沙特阿拉伯原油贸易合作流程，沙特阿拉伯的"石油美元"被源源不断地运往美国联邦储备银行体系，尤其是纽约联邦储备银行，该阶段"石油美元"体系被美国和沙特阿拉伯主宰。第二个阶段为1986—1999年。克林顿就任美国总统后，美国经济持续增长，国家财政收支平衡，经济繁荣，"石油美元"循环机制进一步完善，但"石油美元"体系对于沙特阿拉伯的价值则逐渐弱化（能源，2014）。第三个阶段为2000年至今。在此期间，欧元也渐渐融入了逐渐扩大的"石油美元"循环过程，这也造成了货币流动性大幅提高的局面，从2008年开始的各式量化宽松货币政策降低了"石油美元"循环机制的地位。"石油美元"循环机制可以使美国在实现贸易和预算赤字的同时，保持国内低利率环境，并且能够阻止美元汇率崩盘，使得全球原油输入国继续囤积美元以购买原油，因此这一概念也逐渐被扩充至其他非原油类资产。但在最后一个发展阶段，油价巨幅波动和美国债务大幅飙升，导致美元的国际地位有所下滑，在美联储推出多轮量化宽松货币政策后，"石油美元"体系的地位已有所动摇。

3.4　原油定价体系的未来

3.4.1　"石油美元"的未来

从供给角度来看，美国在原油供给方面的作用对"石油美元"的地位起到了重要的巩固作用。美国"页岩油革命"的成功和"原油禁令"的取消改变了世界原油供给格局，2018年，美国一跃成为世界最大的原油生产国，形成了美国、OPEC、俄罗斯三家竞争的局面。美国原油供给显著增加，进一步稳固了"石油美元"的地位。首先，美元作为原油贸易结算货币的地位得到进一步稳固。原油等大宗商品的主要供给者对结算货币具有较大选择权，美国成为世界重要的原油输出国后，在国际原油贸易中的份额大幅增加，有利于维持国际原油市场使用美元进行结算。其次，美国对原油价格走势的控制力明显加强。充足的页岩油产量使美国可以及时调整全球原油供给水平。即使OPEC、俄罗斯由于经济问题、地缘政治等原因出现原油供给波动，美国也可以根据自身利益需求调整原油供给量，更好地控制国际原油价格走势。与此同时，随着开采技术的不断进步，美国页岩原油开采成本逐渐接近甚至低于传统原油开采成本，使美国拥有更大的控制国际原油价格的空间，也刺激了美国页岩油生产企业进一步加大对页岩油的勘探和开采力度，进一步巩固美国在国际原油市场上的地位，增强美国对原油价格的控制力。

从需求角度来看，原油需求的减缓和需求结构的调整对"石油美元"的地位造成了一定冲击。有人认为，原油消费绝对量将在2030年达到高峰，但受各类环境规制政策的影响，其相对份额不断减少。英国BP原油公司预测，2030年前后，原油消费的绝对量将达到高峰，之后保持平稳。尽管原油因为其运输便利性、开采低成本等优势，依旧将在未来世界能源消费格局中占据重要的地位，但新能源近年来发展迅速，在世界能源格局中的占比不断增加，有人认为，到2040年，新能源将占世界能源消费的1/4。新能源的发展势必会削弱原油在国际能源市场上的地位，减少原油贸易数量，压缩"石油美元"规模。美国如果无法实现"新能源—美元"资源货币的绑定，新能源的发展将成为改变美元在国际货币体系中地位的重要突破口。与此同时，得益于新兴经济体经济的快速发展及2008年全球金融危机后欧美等发达经济体复苏乏力等因素，以中国为代表的亚太地区在近十几年来能源需求快速增加，原油消费量逐年上升，以中国和印度为代表的亚洲原油需求大国在原油贸易中的占比逐渐增大。亚洲巨大的需求逐渐对现有"石油美元"体系产生冲击，亚洲在原油定价权上的影响力逐渐增加。亚洲国家能源结构的演化也将对世界能源格局产生巨大影响，一旦亚洲国家改变现有能源结构，大量使用新能源，原油在国际能源中的地位将受到严重冲击，"石油美元"机制将有可能被颠覆（陈卫东等，2020）。

从"石油美元"的环流变化来看，随着世界经济形势的加速演化，尤其是新兴市场国家金融市场的发展以及地缘政治的演变，"石油美元"的环流呈现出一系列新的特点。

3.4.1.1 "石油美元"逐渐转向

2008 年全球金融危机发生前，产油国的主权财富基金 85% 以上投资于美国、英国等发达经济体的资本市场。危机发生后，为分散风险和寻找高流动性和回报率的金融市场，不少产油国的主权财富基金开始分散过于集中的资金，把目光转向中国、非洲等新兴经济体的金融市场，驱使"石油美元"由"西"向"东"流动。亚洲新兴经济体经济保持快速增长，其金融市场对资本的吸引力正在逐渐增强，导致"石油美元"逐渐从西方发达国家金融市场撤离，流向亚洲经济高速发展的经济体。

3.4.1.2 "石油美元"投资渠道逐渐多元化

在早期，产油国的大部分主权财富基金流向银行、保险等金融行业以及房地产业、零售业等行业，流向比较单一和集中。2008 年全球金融危机发生后，流向金融行业的资金比重显著下降，流向其他领域，包括建筑材料、运营设备、基础设施建设、私人商务服务等领域的资金明显增加，投资领域呈现更加多元化和分散化的特点。

3.4.1.3 产油国经济结构转型导致"石油美元"规模下降

2008 年全球金融危机发生后，油价持续低迷，导致不少原油输出国原油收入锐减，纷纷开始从主权财富基金中撤资，用于支持国内经济增长，关注国内经济的结构性改革，以减少国家经济对于原油输出的依赖，避免陷入"资源诅咒"。产油国开始重视使用原油收益来振兴国内实体经济，实现多元化经济发展，减少过多依赖原油导致的经济脆弱性。全球主权财富基金资金撤离国际金融市场，产油国更多地将原油收入留在国内并重视战略化和长期化的投资，将直接影响"石油美元"的流出规模以及在全球的环流路径。

从"石油美元"的实际表现来看，美元指数与原油价格的脱钩趋势也逐渐明显。国际原油以美元计价和结算，原油价格在理论上应该与美元指数（反映美元汇率的综合指标）呈负相关关系，但是近年来，原油价格与美元指数脱钩的趋势日益明显，原油价格和美元指数负相关的程度在不断减弱。一方面，受地缘政治等因素影响，OPEC内部减产计划的执行力度不如预期，俄罗斯、美国为了维持市场份额，也不会轻易调整原油产量，导致原油价格与美元指数脱钩；另一方面，原油贸易"去美元化"也降低了美元与原油价格之间的关联度，很多原油输出国为了资产安全，已开始着手准备实施原油贸易"去美元化"。

综上所述，从未来的发展来看，尽管美元的国际货币霸权地位在较长一段时间内依旧不可撼动，但"石油美元"体系的地位已经有所动摇，无论是从原油的供需角度还是从"石油美元"的环流变化来看，"石油美元"体系的地位都已经被多元化能源需求和多元化资金流向所影响，原油价格和美元币值之间的关联性也在逐渐减弱。

3.4.2 中国在原油定价体系中的话语权

2017年，中国原油输入量达4.2亿吨，首度超过美国，成为全球第一大原油输入国。2018年3月26日，上海期货交易所子公司上海国际能源交易中心（INE）挂牌交易，以人民币计价的原油期货正式推出。INE的建立，有助于以人民币计价的原油期货价格的形成，同时INE独有的"人民币—黄金"兑换机制，有助于增加人民币原油期货对国际投资者的吸引力，为原油人民币的发展打下坚实的基础（陈卫东 等，2020）。

目前，人民币原油期货是世界第三大原油期货，仅次于以美元计价的WTI和布伦特原油期货。目前，已有近70个国际期货经纪公司推出人民币原油期货交易服务，参与者包括国内外原油公司、跨国贸易企业、投资银行、基金和资产管理公司以及其他基准公司，海外客户来自亚洲、非洲、欧洲、北美洲、南美洲和大洋洲六大洲的20多个国家和地区，备案的境外中介机构达75家，包括摩根大通、高盛、瑞穗证券、巴黎银行、兴业银行等国际投资者。

中国原油期货自2018年在上海期货交易所上市以来，市场成交量稳步上升。2021年，中国原油期货累计成交量为4 264.52万手，同比增长2.55%；累计成交额为18.50万亿元，同比增长54.63%。经过五年多的发展，人民币原油期货正在扩大对亚欧市场的定价能力，原油人民币的市场占有率在增加。人民币原油期货市场规模的稳步增长以及更多机构和国际原油参与方的深入参与，使人民币原油期货能够更有效地反映除全球供求外的区域市场供求特征。作为全球最大的原油消费国，中国正在设法稳定全球原油价格，人民币原油期货的定价功能已逐渐显现，成为全球原油价格的支柱，特别是在东北亚地区，已成为从事原油生产和运营的能源公司对冲油价大幅波动风险的有效工具。

与此同时，上海期货交易所和上海国际能源交易中心也均已被纳入欧洲证券及市场管理局的正面清单，降低了欧盟投资者参与中国原油期货市场交易的合规及运营成本，同时也说明中国维持了人民币的较高价值。目前，人民币原油期货的定价功能已经在亚欧原油市场上显现。上海原油期货在交易时区上更与纽约、伦敦三地组成 24 小时连续交易区间。此外，中国也在稳步推动引进合格的机构投资者（QFII）和合格的外国机构投资者（RQFII）参与到大宗商品期货和期权交易中，QFII 已经被允许在以人民币计价的期货交易场所交易商品期货、期权以及股票指数期权合同，加速了中国能源期货市场与国际市场一体化的步伐。国外投资者的积极参与，将进一步提高中国原油期货市场的定价能力。

4 原油市场金融化

从传统意义上来讲，原油作为一种重要的能源产品，其价值是由市场的供需关系决定的。虽然受各种市场供需因素中的不确定性冲击，原油的短期价格会偏离其核心价值，但是长期来讲，价格会围绕着其价值上下波动。随着近年来资本大量进入国际原油市场以及金融工具的创新和发展，原油市场出现了金融化的趋势，这在 2008 年全球金融危机发生之后表现得更为明显：油价波动更为剧烈，价格走势大幅偏离供需关系背后的价值因素。原油市场金融化的趋势不仅对预测原油价格造成了挑战，也向原油市场风险管理提出了新的要求。

4.1 原油市场金融化的特征

4.1.1 原油市场的金融化发展

第一次工业革命发生以来，以原油为代表的能源产品对经济的发展起到了越来越重要的作用，并且每一次原油价格的巨幅波动都伴随着全球经济产出的大幅波动。以原油为代表的能源产业的发展已经关系到整个社会与经济的发展。原油市场与金融市场的融合，有效地整合了能源资源和金融资源，提高了资金的配置效率，为原油现货市场提供了有效的风险管理工具和价格发现载体，与此同时也提供了重要的投资和投机场所。原油市场金融化发展的直接载体就是各类原油衍生品市场以及在场内和场外交易的各类衍生金融产品，即基础资产为原油或原油价格的衍生金融产品，主要包括原油期货、原油远期、原油期权、原油互换等。

20 世纪 70 年代初，随着世界各国经济的快速发展，全球对原油的需求量迅速增加，导致原油一度出现短缺的现象。OPEC 成员国作为原油生产国，为了增加其自身的收益，开始采取提价的行动，并且一致限制了原油的供应量。当时 OPEC 成员国的原油生产量几乎可以达到世界原油总产量的一半，它们的减产提价行为导致原油价格从每桶 3 美元骤升到每桶 10 美元以上，主要经济体对于原油存在高依赖性，纷纷受到严重影响，第一次石油危机发生。1978 年底，原油产出大国伊朗国内发生了革命，这一变化也引起了全球原油供应的显著下降，国际原油价格出现了剧烈波动，特别是在沙特阿拉伯提高其轻质油价格之后，原油价格出现快速上涨，发生了第二次石油危机。两次石油危机给大量原油消费国造成了严重的冲击，也导致大量西方国家的经济出现衰退，给世界经济带来了巨大的影响，同时也使得各类经济主体迫切地需要找到应对原油价格波动的风险管理工具。

为了应对原油价格波动的巨大风险，主要原油消费国开始探索新的应对方式，期望设计一种工具来降低原油价格的波动性，管理原油价格风险。在此背景下，伦敦国际原油交易所（International Petrelum Exchange，IPE）于 1980 年建立。1981 年，IPE 就推出了轻质柴油期货，这也是欧洲第一份能源期货合约，其一上市就受到市场的普遍关注。1983 年，美国纽约商品交易所（NY-MEX）也推出了轻质低硫原油期货合约，这也是世界上第一份原油期货合约，也被称为"西得克萨斯中质原油"（WTI）期货合约。1988 年，IPE 又推出了布伦特（BRENT）原油期货合约，布伦特原油供应具有稳定性、安全性和市场的完善性，布伦特原油期货价格成了全球重要的原油定价基准之一（李忠民、邹明东，2009）。IPE 的布伦特原油期货和 NYMEX 的 WTI 期货吸引了大量的投资者和投机者，而两个市场之间的联动性也引起了大批跨市场套利者的关注，原油变成了真正的金融市场交易对象。此后，原油期货、原油期权、原油远期、原油掉期等金融衍生品被不断推出。与此同时，原油市场的参与者也从原油需求方和供应方、贸易方等实体企业为主，变成了大量的银行、对冲基金、共同基金、私募基金和投资银行、保险公司等金融机构共同参与。相关的原油金融衍生品迅猛发展，也让原油消费国再次争回定价话语权，原油市场的定价规则变得更加复杂。

原油和金融逐渐融合与 2000 年后新兴市场国家高速发展带动大宗商品走强的情况密不可分。当全球经济的强劲增长造成需求与供给的平衡比较紧张的时候，来自金融投资者的需求将快速推高相关的商品价格，并从中牟取暴利。随着经济与金融市场的全球化，资源价格的波动也受到全球范围内流动性过剩的影响。全球金融市场上资本的流动性过剩，金融市场上的投资者将这些过剩流动性中的一部分资本转移到了原油市场并积极交易。随着原油市场与金融市场的相互渗透与融合，原油的"准金融产品"特征日益彰显。进入 2000 年以来，原油衍生品市场的交易量逐年放大，共同基金、对冲基金乃至养老基金都积极投资原油衍生品市场以谋取利润，其中投资银行和商业银行既可以作为经纪商也可以作为自营商参与衍生品市场，通过多方共同发力，提高了原油衍生品市场的交易量和流动性。

原油衍生品市场参与者日益增加，交易日趋活跃，推动了原油期货、原油互换、原油期权等一系列相关衍生工具的迅猛发展。原油期货交易市场、原油现货交易市场、原油其他衍生品市场、"石油美元"市场的互动，已经使原油经济系统变成一个具有高复杂性、高风险性、非线性运行的金融市场。国际原油市场已不再是简单的货物交易市场，而是成为全球金融市场的一个重要组成部分。以原油期货市场为例，在原油期货的主要交易者中，保险基金、养老基金、对冲基金等大类资产配置资金的总量和市场份额不断上升，国内以原油期货为标的的结构性存款产品也快速增长（张峥、许经彤，2018）。原油作为影响通货膨胀的最重要商品，受到大量资产配置资金的追捧，使用固定收益的全部或部分利息来购买原油期货或期权，在保本的同时获得接近油价变动率的收益，可以有效地对冲通货膨胀的影响。这类资金是原油期货的长期多头，在一定程度上推动了油价上涨。

综上所述，随着金融创新不断加快，世界原油市场经历了现货市场、远期市场、期货市场到多种原油衍生品市场和现货市场融合发展的演变过程。在该过程中，原油市场的参与者不断扩充，原油的金融产品属性也得到确立（张程、范立夫，2017）。原油除了满足工业生产的需要外，作为金融衍生品，在价格发现、规避风险及套期保值中也发挥着重要的作用，原油期货的交易量已经远远超过现货市场的供需规模。

4.1.2　原油价格与供需关系的偏离

原油的早期定价遵循普通定价模式，即根据供需关系定价。然而随着原油市场的金融化，原油市场参与者种类和数量的增加导致其市场性质发生了根本性变化，不仅市场规模大幅扩大，而且市场规则也发生了颠覆性变化。传统实体经济市场的交易是按照边际成本由买卖双方的供求关系决定的。但是，当原油市场变成一个类似于金融资产的投资市场，市场参与者大多出于投资甚至投机目的时，金融市场的杠杆效应、买空卖空机制以及资金高度流动性等特征就会影响原油价格，使得具有金融属性的原油定价权逐步被大的金融机构和投资基金控制，原油主要的生产者和需求者对原油价格的决定作用有所下降。

在原油市场金融化的推动下，原油由普通的商品变成了一种虚拟资产，具备了资产储存、变现和增值的功能，能够达到"以钱生钱"的效果。资本对原油相关市场的流入流出和各类投机因素对原油价格的影响日益增加，只要有大量资金流入原油期货市场，原油期货的价格就会不断攀升，远离其成本价格和由其市场供需所决定的理论价格。只要有源源不断的资金流入，这种价格的上升就会持续。与此同时，基于供需基本面各类题材的炒作因素也会通过影响市场投资者的预期间接影响油价。这都使得原油价格逐渐偏离供给需求平衡的理论价格，甚至产生严重的资产泡沫，反映了原油作为大宗商品的金融产品属性。作为最重要的大宗商品，原油价格的变化越来越多地反映资本市场的理性投资和投机炒作等因素对宏观经济、政治形势发展的判断，而非真实的原油现货市场的供需水平变化（侯明扬，2013）。原油期货价格已经成为市场定价的主要依据，原油期货的交易量远远超过现货市场的实际供求量，期货价格对现货价格的影响日益显著。

4.2 原油的金融产品属性

原油对世界各国而言都是重要的战略性资源，在世界范围内进行着广泛的贸易，因此具有了一定的价值尺度功能，在一定程度上体现了其金融产品属性。随着原油市场的金融化，大量与原油相关的金融衍生品具有了与其他金融产品类似的价值特征，又因为这些原油衍生品的价格很大程度上会对现货市场价格产生影响，因此，对未来市场基本面的预期越来越成为原油定价的重要因素。

4.2.1 隐性的实物货币属性

4.2.1.1 原油具有价值尺度和世界货币的职能

按照马克思的劳动价值论，在技术水平不变的条件下，任何内含了劳动价值的商品都有作为价值尺度的职能。原油作为各国普遍使用的重要生产资料，自然也具有价值尺度的职能。而按照西方经济学的观点，任何具有稀缺性的有使用价值的商品都有作为价值标准的职能，但真正能作为实物货币被接受，则需要在某一地区内具备广泛的接受性。在人类进入工业化时代以前，原油在经济中并不具备广泛的接受性，因此在历史上，原油并没有像黄金和白银那样成为实物货币。但是，在第二次工业革命发生之后，内燃机得到广泛应用，原油作为最主要的内燃机燃料，自然而然地成了最为重要的一次性能源。随着现代化工业的发展，原油已经渗透到人类衣、食、住、行以及社会与经济生活的各个方面，这使得原油作为一种商品不但在一国内部被广泛接受，甚至在世界范围内也被用于国际支付、购买和财富转移等（张宇燕、管清友，2013）。现代工业的发展使得原油不但在国内具有了价值尺度职能，在国际上也具备了一定的世界货币职能。

4.2.1.2 原油具备流通手段和支付手段的职能

从物理特征来看，原油本身不方便携带，并且单位价值较低，因此不具备作为交易媒介的便利性，但这种制约随着标准化的原油相关衍生品合约的出现而不复存在。原油期货、原油期权等原油衍生品的标准化合约相对于原油现货商品而言，类似于一份凭证，其所有者可以通过该凭证拥有未来以某一价格购买或出售原油的权利。因此，依附于这些原油衍生品合约，原油作为实物资产，不再受到便携性差、易于分割和单位价值过低等因素的制约，使得原油间接地具备了流通手段和支付手段的职能。原油相关衍生品标准化合约在原油行业甚至在国际资本流动中已经作为重要的金融工具被视为资本流动的载体，通过这些载体，可以实现资产的套期保值、资产的优化配置等目的。

4.2.1.3 原油具备储藏手段的职能

随着贸易的发展，人类社会为了突破金属货币稀缺性的制约，从金本位制过渡到了信用货币制度。信用货币不再具有内在价值，而是由货币的购买力来体现其内在价值，因此信用货币在理论上已经基本失去了金属货币所具有的价值储藏的职能。在这一背景下，原来由金属货币所行使的价值储藏职能不可避免地要寻求其他价值相对稳定而又具有普遍接受性的实物资产作为载体，这其中的首选实物资产就是黄金。虽然牙买加国际货币体系建立之后黄金不再与货币挂钩，但其依然是价值储藏职能的最佳承担者。黄金的稀缺性使其不能继续充当世界货币，同样使其不可能独自承担价值储藏职能，因此，在国际流动资本泛滥的背景下，具有实物货币属性的原油也逐渐成为价值储藏职能的一种重要载体。

4.2.2 原油具备金融资产属性

4.2.2.1 原油价格更多地取决于金融市场而非现货商品市场

随着原油市场金融化的快速发展，各类原油相关的衍生金融产品种类日益丰富，市场上纯粹的金融资产的投资者和投机者数量也在不断增加，这就使得原油金融市场和原油现货市场的地位开始发生转变。原油期货等原油衍生品最初出现的目的，是规避原油现货价格剧烈波动给相关经济主体带来的市场风险，其最重要的功能就是进行套期保值，因此期货的价格在一定程度上取决于现货的价格、现货的储藏成本、货币的时间价值等因素，即理论上现货的价格将决定期货的价格。早期的原油衍生品交易者以需要对冲原油价格上涨或下跌风险的以原油作为产出品或原材料的经济主体为主。但随着原油市场金融化的不断发展，越来越多的金融机构进入原油市场，大量经济主体参与原油衍生品市场交易并非为了套期保值，而是进行投资和投机交易，通过价差赚取收益（曾康霖 等，2005）。随着衍生品市场交易量的不断增大，其流动性远超现货市场，其价格发现功能逐渐显现。期货市场的价格波动会对现货市场造成影响，期货市场的投机行为导致的价格剧烈波动也会影响到现货市场，导致原油价格更多地取决于金融市场的资金量而非现货商品市场的供需情况。这逐步导致原油价格波动更多地表现出金融特征而非商品特征。以 21 世纪初的原油价格巨幅波动为例，2003—2009 年，原油价格从每桶 20 美元上涨至近 140 美元，之后又快速回落至 40 美元。但在这一时间段内，世界原油生产量和消费量均未出现明显缺口，这说明原油价格的波动反映了原油金融市场上资金供求的变动，而不是反映了原油商品市场上商品供需的变动。

4.2.2.2　原油具备了金融资产所具有的投资/投机功能

随着原油金融市场的发展，原油衍生品已经成为金融市场的重要组成部分，不仅发挥着套期保值和价格发现的功能，同时也发挥了投资和投机的功能。对于原油的消费商而言，购入原油金融合约可以实现套期保值，避免原油价格波动的风险。当前绝大部分原油消费商，尤其是大型原油消费商如远洋货运公司、航空公司等越来越重视原油金融合约的套期保值功能。对于普通投资者而言，原油可以实现投资职能。在全球流动性泛滥的背景下，信用货币相较于实物货币逐渐贬值，原油、黄金等具备内在价值的实物货币被许多投资者视为货币贬值时的"避风港"。对于投机者而言，原油衍生品市场具有较高的流动性并大多采取杠杆交易方式，因此原油衍生品是方便的投机工具，受到国际游资的偏爱。

4.3　原油市场与其他资本市场的联动

4.3.1　原油价格影响全球资本流动与配置

第一，原油价格波动会引发资本在不同产业间逐利。这种资本流动在国内表现为资本在原油行业和其他产业间流动，在国际上表现为资本在原油需求国和原油生产国之间流动，即当预期原油价格上涨时，资本流向原油输出国，反之则流出原油输出国。

第二，原油价格波动会引发资本在高油价国和低油价国之间流动。当原油价格出现波动时，原油终端产品价格的变动可能导致国际投资的平衡点发生变动，从而影响国际资本的流动。举例来说，当原油价格上涨时，在A国投资的B国制造行业的企业，不但面临生产成本大幅增加的压力，还面临产品运输成本增加的压力，此外还将长期面临成本推动型通货膨胀带来的人力资本和生产成本增加的压力，当这种成本增加超过一定幅度时，可能导致B国企业将生产撤回本土或寻求其他生产基地。

第三，原油价格波动引发资本在能源利用效率不同的国家间流动。仅就原油行业而言，当原油价格上涨时，原油资源利用效率高的国家将获得相对优势，吸引资本流入。就整体能源领域而言，当原油价格上涨而其他能源价格保持稳定时，能源结构合理、能源可替代性强的国家获得相对优势，可以吸引资本流入。

4.3.2 原油市场与金融市场的整体关联机制

在经济繁荣时期或是经济发展过热期，金融市场也高速发展，迅速膨胀，经常伴随着出现股市情绪高涨、货币供给量上升、实际汇率上升等经济现象，金融市场整体处于扩张状态，此时的经济发展规模不断扩大，从而导致对原油的需求量不断增加，原油价格上涨。若经济持续过热发展，原油的需求泡沫不断增大，此时，原油的买方市场再也承受不了高成本的原油交易，而且大量的投资资本都集中在原油市场上，导致其他经济市场资金回流速度慢，资金供应链中断，由此导致买方市场出现原油输入危机，甚至金融市场崩溃。此时就表现为一定程度上的经济衰退和金融体系收缩，于是原油的投资价格得不到实现，油价下跌。

随着原油市场呈现出金融化的特征，原油越来越多地被视为一种重要的金融资产，被投资者和投机者作为资产配置的重要组成部分。因此，当原油价格波动引发投资收益率波动时，就会通过风险—收益机制进行平衡，跟其他金融资产产生替代效应和财富效应，从而影响其他金融资产的收益率，导致资本在不同金融资产间重新配置。例如，当市场预期原油价格上涨时，原油金融产品投资收益升高时，原油会吸引大量资本进入，进而推高原油价格并引发其他金融资产收益率相对下降，产生一定的替代效应；反之，当市场预期原油价格下跌时，原油投资风险相对升高，资本会从原油金融市场流向其他金融市场。因此，原油市场与全球金融市场存在密切的联系。在多种资本市场中，与原油收益率波动关联最明显的资产之一就是黄金。近几十年来，尽管以美元标价的原油和黄金价格虽然都出现了大幅波动，但是原油和黄金本身一直保持着相对稳定的比价，大概以 1 盎司黄金等于 10 桶原油的比值为基准，在一定范围内波动。当此比值长期大于 10 时，资金就会出现从黄金投资转向原油投资的趋势；反之，当该比值在一段时间内都低于 10 时，资金就会出现从原油投资转向黄金投资的趋势。

4.3.3 原油市场与外汇市场的联动

4.3.3.1 原油市场与美元汇率之间的联动

原油价格与美元汇率之间存在着双向互动的影响关系，从油价对美元的影响来看，基于原油的商品属性，油价变动会通过贸易条件渠道和"石油美元"环流渠道影响美元汇率。

在贸易条件渠道方面，原油在全球大宗商品贸易中占有重要地位，油价变动是影响一国贸易条件的重要因素（王盼盼 等，2020）。以原油输入国为例，在其他条件不变的情况下，油价上涨会削弱原油输入国的外部竞争力，使其贸易条件恶化，汇率贬值，产生原油和美元之间的负向联动关系。近年来，美国页岩油开采技术提升，原油生产能力提高，2018 年后美国成为全球第一大产油国。在美国从原油净需求国转为重要产油国的背景下，油价变动通过贸易条件渠道对美元的负向影响受到一定程度削弱。

在"石油美元"环流渠道方面，油价上涨会使原油输入国的财富转移到原油输出国，而国际原油交易主要以美元计价、结算，并且原油输出国输出原油的美元收益大多又回流美国并投资于美元资产，因此，油价上涨会通过"石油美元"环流渠道提高原油输出国对美元资产的需求，推动美元升值，产生原油和美元之间的正向联动关系（王盼盼 等，2020）。从美元对油价的影响来看，美元汇率变动会通过计价、结算和价值储藏效应影响油价。

在计价效应方面，由于原油交易以美元计价，因此美元汇率波动会影响以其他货币计价的原油价格，从而通过供需层面影响油价走势。在需求层面，美元贬值会使以非美元计价的原油价格变得相对便宜，降低非美元本位币国家的原油输入成本，提高原油需求，推高油价；在供给层面，美元贬值会导致原油输出国美元收益的购买力下降，为弥补损失，原油输出国会通过减产等方式压缩原油供给，推高油价。因此，在计价效应下，美元对油价的影响是基于原油的商品属性而发挥作用的，从而形成原油和美元之间的负向联动关系。美国页岩油产量大幅增加，降低了以 OPEC 为代表的传统原油输出国通过限产影响油价走势的有效性。随着美国原油产量的增加，即使 OPEC 通过限产压缩原油供给，油价仍有可能下跌。页岩油挤占了传统原油输出国的市场份额，围绕页岩油的价格博弈会削弱传统原油输出国对油价的影响，在一定程度上扭曲美元基于原油供给层面的计价效应对油价的负向影响。

在结算效应方面，与计价效应下美元贬值会推动油价上涨不同，原油交易以美元结算，油价上涨就意味着购买等量原油的美元需求量也会上升，这将提升原油输入国的美元储备需求，推动美元升值。而在计价效应下，美元升值又会驱动油价下跌。因此，在结算效应下，美元对油价的影响还是基于原油的商品属性而发挥作用的，从而形成原油和美元之间的正向联动关系。

在价值储藏效应方面，美元主要通过金融渠道影响油价。由于原油交易以美元计价和结算，原油便成了对冲美元资产损失的有效工具。当美元贬值、美元资产回报率降低时，原油资产回报率相对提高，吸引资金流入原油期货市场，推动油价上涨。美元贬值还会提高通货膨胀风险，提升投资者对原油等具有抗通货膨胀属性的实物资产的需求，促进油价上涨。因此，在价值储藏效应之下，美元对油价的影响是基于原油的金融属性而发挥作用的，从而形成原油与美元之间的负向联动关系。

与此同时，原油市场与美元外汇市场之间的关联还与世界经济运行态势密切相关，国际经济金融中一些重要因素的变化会同时影响美元和油价，从而形成原油和美元之间的联动关系。比如基于原油的金融产品属性，美元资产价格上涨会吸引资金流入美国，推动美元升值，促使投资者从原油期货市场撤出并转向美元资产市场，导致油价下跌，从而形成原油和美元之间的负向联动关系。而当金融市场风险厌恶水平上升时，也会吸引投资者从全球风险资产撤出并转向美元资产避险，推动美元升值；同时，撤出全球风险资产预示着在未来世界经济增长放缓和原油需求下降，投资者从原油期货市场撤出，导致油价下跌，从而形成原油和美元之间的负向联动关系。

美联储货币政策也会同时影响原油和美元，从而形成二者的联动关系。基于利率平价机制，美联储收紧货币政策会使美元升值，而加息一般意味着未来一定时期内，经济处于复苏或上行周期，这通常会伴随着原油需求上升、油价上涨现象。美联储货币政策变化既会基于原油的商品属性预示未来油价走势，也会通过原油的金融产品属性而直接影响油价。基于原油的金融产品属性，美联储货币政策收紧，预示未来油价上涨，资金被吸引进入原油期货市场，推高油价。基于原油的商品属性和金融产品属性，美联储货币政策变化会形成原油和美元之间的正向联动关系。

4.3.3.2　原油价格与其他国家汇率的联动

原油价格的变化对原油输出国和原油输入国的影响存在一定的异质性。当原油价格上涨时，对于原油输入国而言，将会造成其原油需求成本增加，原油进出口收支的失衡将会造成贸易赤字。一时的赤字可能由国外资本的流入弥补，导致本国货币贬值。如果严重的外贸收支赤字长期存在，就会导致严重的国际收支逆差，引发汇率的大幅贬值乃至汇率危机。对于原油输出国而言，原油价格的上涨会给其带来更多的外贸收入，通过国际收支渠道引起本币升值（Wang et al.，2021）。

4.4　原油市场金融化的风险与中国的应对

4.4.1　原油市场金融化的风险特征

随着原油市场的金融化发展，原油市场上各类衍生品的交易量已经远远脱离了实物原油现货的供应量和需求量，市场上活跃的大量国际金融资本在很大程度上决定着国际油价的走势。原油市场的金融化还进一步体现为原油和汇率的紧密结合、投机基金和原油基金的运作。原油市场和金融市场的特征使它们完美结合起来，呈现出原油与金融一体化的发展趋势。原油现货交易市场、远期交易市场、期货交易市场、以期权和掉期为核心的场外交易市场共同组成了一个多层次的原油交易市场。近年来，原油期货、原油互换、原油基差期权等衍生金融工具得到了迅猛发展，当前原油衍生品的结构是所有衍生品里最为复杂的，几乎涵盖了所有金融衍生品的种类，无论是从交易规模、交易种类、交易方式、参与者还是从市场功能来看，原油衍生品市场不仅把原油市场、金融市场和资本市场连接在一起，而且自身还成了其中不可或缺的一部分。这一方面为大量实体企业和机构进行套期保值和自身经营、投资风险对冲提供了工具，也为大量的投资者提供了多样化的投资标的，提高了资金的使用效率；另一方面，多层次原油市场的发展使得各市场之间的风险传染以及与其他金融市场间的风险传染变得更加迅速，使得原油市场金融化的风险呈现出几类典型的特征（单卫国，2011）。

4.4.1.1　风险的复杂性

原油的价格不仅受到市场供求关系、自然条件、地缘政治等因素的影响，随着原油市场的不断金融化，其价格还更多地受到市场预期和投机因素的影响。与此同时，原油市场本身具有多样性，不仅具有现货市场、场内交易的衍生品市场，还拥有大量通过场外柜台交易的衍生品市场，其交易主体既包括了与原油产业相关的供给方、需求方和贸易商，同时也包括了来自全球的各类投资者和投机者，特别是这些以投资或投机为目的参与原油市场的交易者，他们风险偏好各异、投资期限长短不同、投资目标和投资策略也千差万别，加之原油价格波动的复杂性，导致各类参与主体往往凭借其信息和经验做出截然不同的投资决策。原油市场内部各种异质参与主体的互动又进一步加剧了原油市场金融化风险的复杂性，使得市场通常呈现出非线性、自组织性等复杂系统所具有的特点。

4.4.1.2 风险的跨市场传染性

随着原油市场金融化的不断发展，原油市场的流动性不断增强，与其他市场之间的关联也日趋紧密。从上文可以看出，原油市场会通过投资组合渠道与其他金融资产的子市场通过风险—收益机制产生关联，同时也会通过其特殊的定价机制与美元汇率产生关联。因此，在原油市场金融化的背景下，市场规模被进一步放大，市场交易也更加活跃，原油市场的风险也会迅速传导至金融市场的其他领域，并进而会传导至实体经济领域。与此同时，其他金融市场的风险也会在一定程度上影响原油市场。从整体上看，在原油市场金融化的背景下，风险呈现出高度的跨市场传染性。

4.4.1.3 风险的易操纵性

一方面，原油作为一般商品，其生产和销售本身具有一定的区域集中性和垄断性，使得原油价格容易受到一些价格联盟和垄断组织的操纵；另一方面，金融资本也具有集聚效应，随着原油市场的金融化发展，各类原油衍生品市场的发展又进一步为利益集团操纵市场价格提供了场所，使得原油市场金融化风险的易操纵性特征进一步明显。

4.4.2 原油市场金融化的风险类型

随着原油市场与金融市场的联系日益紧密，大量的原油交易通过金融市场来完成，原油价格也更多地取决于金融市场。当原油变成一种投机和投资商品时，任何会影响金融市场的相关因素，如消费的增加或减少、汇率的升高或降低、地缘政治因素、自然灾害等都有可能成为市场波动的重要原因。原油市场金融化带来的风险主要包括市场风险、汇率风险、利率风险，这三种风险都是通过作用于原油的市场价格而产生的。除此之外，在原油市场金融化的背景下，各类原油衍生品合约日趋多样化和复杂化，特别是部分衍生品采用场外交易的方式，这也带来了一定的信用风险和操作风险。

4.4.2.1　市场风险

市场风险也叫价格风险，主要是市场上价格波动给参与者带来的风险。投机资金是全球原油金融市场的重要参与者，对价格的波动有着很大的影响。比如在原油期货交易中，约有 70% 属于投机行为，活跃在原油期货市场上的对冲基金的交易量相当于总交易量的 60%，其控制的资金大约有 1 万亿美元，这不仅使它们通过投机获得了大量的收入，也促使它们在原油市场上有着一定的左右价格的能力，从而导致原油价格剧烈波动的市场风险。

从历史角度来看，从 2004 年开始的美元疲软、利率以及股市的下跌导致了以对冲基金为代表的大量机构投资者云集于国际原油金融市场进行投机炒作，进而给投机者提供了哄抬油价的机会。OPEC 也多次指出，高油价已经超出了它们的控制范围，而造成当时油价上涨的主要原因就是投机资金。

原油金融市场的投机交易具有明显的高风险、高收益的特征。原油价格受到多种因素的影响，容易频繁波动，以至于期货与现货价格呈现反向变动趋势。期货市场的保证金制度使得期货市场交易具有"以小搏大"的特点，容易导致交易者过度投机（杜伟，2007）。而这种投机行为如果管理不当，就必然会导致正常秩序的混乱，从而造成油价的非正常波动和高风险。除了投机者的管理之外，原油价格的波动还会受国际政治、经济、自然等因素的影响，这些因素的变化也都会不同程度地加剧原油价格的波动，造成较高的市场风险。

4.4.2.2　汇率风险

自从美国与 OPEC 达成协议，将美元作为原油的唯一结算货币，形成"石油美元"以来，国际原油价格的波动就和美元的波动密不可分了，美元的表现也成为国际油价的"晴雨表"之一（彭民、孙彦彬，2009）。美元在国际货币体系中居于主导地位，美元汇率和原油价格的相对变动关系影响着原油生产国和消费国的收入与成本（刘莹 等，2007）。

首先，原油价格上涨会引起生产和生活成本上升，从而引起通货膨胀水平上升，而通货膨胀又会提高名义货币需求、增加国内信贷需求，进而吸引大量外资流入美国，外资的注入使得美元汇率上升。同时，为了控制油价引起的通货膨胀，国家必定会采取一系列紧缩性的货币政策，而这些政策在一定程度上会助推美元升值。

其次，原油输出国因为油价上涨出现了收入盈余，以美元为主的外汇储备增加，产生"石油美元"。出于逐利的需要，这些"石油美元"会进入国际金融市场大量购买美元资产，从而导致美元汇率上升。

最后，油价的持续上涨会导致世界经济衰退，使得原油输入国的国际收支出现不确定性。为了维持汇率稳定，这些国家就会纷纷提高它们的外汇储备中美元资产的比例，这就进一步增加了对美元的需求，导致汇率上升。

在以上三种影响机制的作用下，原油价格的上升导致了美元汇率的上升，也就意味着原油价格的波动会产生美元汇率风险。

4.4.2.3 利率风险

利率风险是采用浮动利率制度的国家经常需要面对的问题，它主要受资金的供求、经济状况、对未来经济的预期以及一国货币政策的影响。一旦利率发生变动，那么银行的信贷资金就会受到影响，从而传导到实体经济领域，具体到原油企业中，就表现为原油行业无法筹备足够的资金来保证原油市场的正常运行。美联储将利率上调会维持美国现有的经济复苏势头，提升美元的投资信心，以更加有利于美国经济的良性运行，而这种取向则会使美国经济的复苏提高对原油产品的依存度，从而促使原油价格波动（张程、范立夫，2017）。这具体表现在以下两个方面：

首先，美联储的利率政策与"热钱"的投机取向密切相关。美国作为世界上最大的经济体，它的经济情况对全球都有着重要的影响。以2008年的全球金融危机为例，美国经济的崩溃引发了全球的金融海啸，以至于至今全球经济仍然处于低迷状态当中。而作为美国掌管货币政策大权的美联储来说，经常通过采取适度的货币政策和调整利率来促进经济的发展，可以说是美国经济发展方向的指引者。如2001—2002年，美国经济陷入了低谷。为了缓解这一情况，美联储采取了调低利率的措施，将美国经济从低谷当中拉了出来。而同时，随着美国经济的恢复和利率水平的降低，原油期货市场上出现了大牛市的行情。正是在这种低利率水平的政策下，金融市场的参与者不得不产生通货膨胀预期心理，这种心理促使大量"热钱"逐步转向商品投资，以期实现资金的保值和增值。

其次，美联储利率政策会间接地影响原油价格的定位。一国的利率与汇率间存在着密切的联动关系，主要表现是回报率较高，高利率的货币政策会促使汇率升值；反之，则会引起贬值。自20世纪原油输出国组织开始用美元作为原油交易的计价货币以来，所有的输入国都必须使用美元才能购买原油，这也使得美元与各个国家的经济水平直接挂钩，一旦美元贬值，就会使输出国在进行原油交易时面临可能的购买力下降以及通货膨胀问题。

4.4.3 原油市场金融化背景下中国的应对

原油市场金融化背后是以金融资源为手段的全球原油资源争夺，是大国之间金融战略的较量，西方发达国家在这场争夺中已经占据先发优势地位。在全球金融与原油市场环境变迁中，中国应积极融入这股不断发展的原油市场金融化浪潮，采取多种金融渠道和手段获取原油资源，增加对国内的供给，同时成为国际原油金融市场规则的影响者和制定者，分享原油市场金融化的利益。

虽然原油金融体系的运行扩大了原油产业资本与金融资本的容量，加强了两者之间的互动融合，提高了资金集聚效率，但两者本身市场的脆弱性和战略性，极易引发原油与金融、实体经济与虚拟经济的跨市场风险传递。在 2008 年全球金融危机中，原油期货市场的价格走势经历了"过山车"般的动荡，原油期货价格在多个阶段都已经呈现出脱离供求基本面的独立走势，并且与其他金融市场的关联性进一步增强，形成一体化变动的格局，原油金融市场泡沫风险不容忽视（张峻晓、谭小芬，2015）。中国原油企业、金融机构等主体在参与国际原油金融市场的过程中，应积极防范原油金融市场风险传递对实体经济的负面影响，提高原油价格波动风险的应对能力，加强对"石油美元"引发的资产泡沫风险的预警机制建设，化被动承担风险为主动防范和化解风险。

4.4.3.1　宏观层面

从宏观层面出发，中国应进一步完善原油金融市场，建立战略原油储备体系以应对原油市场风险，防止原油风险传递。

现代国际原油市场不仅是拥有大宗商品的现货交易市场，更是包含了大量复杂衍生品交易的金融市场，所以在原油与金融渐趋一体化的背景下，为了减小外部金融市场风险和原油价格风险对中国的影响，中国也要建立起完善的原油金融体系。一方面，依靠各种金融衍生品和金融工具对风险进行规避，给投资者提供一个获利和套期保值的场所，在金融市场与原油市场之间建立起一道"防火墙"，避免风险在两个市场间传递，进一步完善和发展原油产业；另一方面，依赖于原油相关衍生品市场的发展，进一步提高中国在国际原油定价权方面的影响力。相较于欧美等已建立起完善的原油衍生品市场的发达国家来说，中国目前的原油金融市场还比较落后，原油金融产品也比较单一，所以在原油金融市场上，我们应建立以一个原油战略体系为核心，期货、外汇、基金以及银行四项原油金融服务为支柱的战略性原油安全体系。

战略原油储备一般是发达国家应对石油危机的手段，从发达国家设立战略原油储备的时间来看，主要是为了应对暂时性的石油危机，作为经济冲击的缓冲器，并没有发挥其应有的金融价值。在原油市场金融化发展的大趋势下，中国应当建立合理的战略原油储备体系并最大限度地发挥战略原油储备应对各类原油市场金融风险的作用。2004 年，中国开始建设首批 4 个战略原油储备基地，基地选址分别在浙江的镇海、舟山，辽宁的大连和山东的黄岛，2006 年，我国首个原油储备基地——镇海基地已经建成并且开始注油，这表明中国的战略原油储备已经开始运作并迈出了坚实的步伐。从长期可持续发展的角度来看，国家层面要通过相关部门和地方政府，积极协调原油企业与银行和外汇储备机构以及投资基金之间的关系，鼓励原油企业和金融机构联合出资建立战略储备。同时，对民营原油企业应给予一定的优惠条件和政策，鼓励它们购买原油，参与原油开发技术的创新，提供充足的贷款，并且专款专用，通过多种资金来源增加中国战略原油储备，提高中国原油企业的整体竞争力。

4.4.3.2 产业层面

从原油相关产业层面出发，中国相关企业应用多元化战略应对原油风险。在"双碳"目标的约束下，相关企业应加强碳捕获等技术的研发，加强油气资源低碳、高附加值转化技术的开发和利用，提高资源的综合利用率；凭借原油企业在天然气制氢、氢储运以及终端加氢站等方面的优势，加大对氢能、充电储能、生物质能等领域的投资，发展可再生能源制氢、煤制氢等产业。与此同时，针对原油市场金融化的特征，相关企业应做好应对金融市场风险的准备，合理利用各类金融衍生品进行企业各类风险的对冲、转移与管理。随着低碳理念被投资者和金融市场认可，高碳排放企业股价波动、评级下调、被剔除出指数等事件可能时有发生，相关企业需提前做好风险研判和应对准备，并从长期战略上加强对企业 ESG（环境、社会和公司治理）管理的重视。

4.4.3.3 投资者层面

从原油投资者层面出发，原油投资与其他金融产品的投资类似，都应结合风险偏好、投资目的和投资期限进行综合的风险—收益分析，注意规避原油市场金融化的市场风险、信用风险和操作风险等。

原油相关衍生品投资同任何一种金融产品一样，风险与收益并存，投资者必须结合自身的风险偏好情况和资金流动性水平进行策略设计，选择合适的产品和合理的投资期限，并进行适当的风险对冲，尽量减小投资的风险敞口。原油衍生品投资大多采用保证金的杠杆交易模式，风险和收益都会被放大数倍，特别是在市场行情波动剧烈的情况下，投资者若没有控制好仓位，极易发生爆仓，导致投资策略无法实现。对于中国的机构投资者来说，当与外国对手进行非标准化合约交易时，要着重针对合约条款的合法性和公平性进行考量。

5 "页岩油革命"

进入 21 世纪以来，国际原油市场上最大的一个变化就是美国所引领的"页岩油革命"，导致其一举成为全球最大的原油生产国，2021 年，其原油产量为每日 1 887.5 万桶，超过沙特阿拉伯的 1 083.5 万桶。可以说"页岩油革命"从根本上改变了国际原油市场的传统格局，也造成了当前三方博弈的状况。因此，我们认为有必要从页岩油的历史出发，介绍其发展历程以及对国际原油市场的冲击。

5.1 页岩油概述

5.1.1 页岩油的定义

页岩油（shale oil）的概念最早是从油页岩引申而来的，专指利用人工处理的方式从富含有机质但未有效生成烃的页岩中提取出的原油。随着勘探和开采技术的进步，页岩油的指代对象更加明确，主要是指储存于富含有机质、纳米级孔径为主页岩地层中的原油，是成熟有机质页岩原油的简称。在早期，依据储集空间、沉积岩性、有机质成熟度、丰度等不同，人们给出了多个定义，可大致归为两类：①狭义的页岩油，指富含有机质泥页岩（源内）中自生自储型的原油聚集；②广义的页岩油，泛指蕴藏在页岩层系中页岩及致密砂岩和碳酸盐岩等含油层中（近源、源内）的原油资源，包括自生自储型和短距离运移型的原油聚集。美国能源信息署（EIA）起初称之为"页岩油"（shale oil），2014 年后改称为致密油（tight oil）。加拿大自然资源协会（NRC）称之为致密页岩油（tight shale oil）或致密轻质油（tight light oil）。2020 年 10 月 1 日起我国实施的《页岩油地质评价方法》（GB/T38718-2020）国家标准中将页岩油定义为赋存于富含有机质页岩层系中的原油：页岩层系中粉砂岩、细砂岩、碳酸盐岩单层厚度不大于 5 米，累计厚度占页岩层系总厚度比例小于

30%；无自然产能或低于工业原油产量下限，需采用特殊工艺技术措施才能获得工业原油产量。

页岩油以吸附态和游离态存在，一般油质较轻、黏度较低，主要储集于纳米级孔和裂缝系统中，大多沿着片状层理面和与其平行的微裂缝分布。具体来说，页岩油赋存的孔隙类型主要有矿物颗粒间孔隙、溶蚀孔隙、晶间孔隙、黏土矿物孔隙、黄铁矿孔隙和有机质孔隙等。也可归为无机质孔隙和有机质孔隙两大类，无机质孔隙包括黏土矿物孔隙、脆性矿物颗粒间隙和矿物粒内孔隙，有机质孔隙包括干酪根原生生物结构孔隙、固体干酪根次生孔隙以及固体沥青再演化形成的孔隙等。而以上这些储集页岩油的富含有机质页岩一般连续聚集于大面积盆地的中心地带，具有整体普遍含油、资源规模大的特点。因此，页岩油资源的分布区域具有以下特征：源储一体，滞留聚集；富含有机质，成熟度高；发育纳米级孔、裂缝系统，有利于页岩油聚集；储集层脆性指数高，适宜压裂改造；地面压力高、油质较轻，易于流动开采；大面积连续分布，开采潜力大。

实际上，页岩油最早是通过处理油页岩得到的，因此也是首先被人类使用的矿物油，其历史可以追溯到14世纪早期的瑞士和奥地利。1596年，神圣罗马帝国符腾堡公爵的私人医生记录下了它的治疗功效。英国国王还曾在1694年把一个专利授予3个人，专利的内容是从某种石头中提取沥青和焦油。不久后，这3人推出产品英国贝顿矿物油（Betton's British Oil）。现代的油页岩提取工业建立于19世纪30年代的法国和19世纪40年代的苏格兰地区。当时人们将提取出来的页岩油用作燃料、提炼沥青以及作为灯油以替代极为昂贵的鲸油。而不久后，现代原油开采技术的出现和发展，使得页岩油在成本上无法与前者竞争并逐渐衰落。但时过境迁，随着原油储量愈发紧张和油气勘探理论的不断成熟，页岩油再次回到了历史舞台上。

5.1.2 页岩油勘探与开采关键技术

目前页岩油的勘探与开采主要依赖两项技术：水力压裂和水平井，同时还涉及甜点识别定量评价、微地震井中监测等重点技术手段。

5.1.2.1 水平井技术

页岩油开采与页岩气开采类似，主要依赖先进高效的水平井技术进行勘探与开采。目前最先进的水平井钻探技术被称为井工厂技术，即使用同一个可移动钻井平台，按照顺序批量完成多口径的表层、直井段和水平段的钻井作业，通过流水化作业，大大提高了钻井作业效率，实现了页岩油藏的安全、经济、高效开采。

井工厂技术可以实现在同一井组中不同钻井的相同井段配置同样的钻机和钻具组合，节省大量更换钻具的时间。多口井依次一开、固井，依次二开、固井，从而使钻井、固井、测井设备连续运转，减少非生产时间，提高作业效率。井工厂可以实现钻井液重复利用，减少钻井液的更换，尤其是减少了油基钻井液回收及岩屑处理时间，降低了单井钻井液费用。此外，充分利用一次井场，通过共用土地、钻井设备、泥浆罐、水处理系统也可以降低作业成本，实现区块总体效益的提升。路透社报道称，2014 年，美国巴肯页岩区带上有超过 90%的页岩油钻井采用井工厂技术，每个平台可实现钻井 12~16 口，能够将钻井成本降至 750 万美元/口。在井工厂流水线作业的基础上，为了降低完钻成本，一些页岩油开采商还简化了井身结构，以进一步降低成本。目前，在开采中，有些区块将井身从三层套管简化为两层，并从三开完钻减少为二开完钻。通过简化井身结构，在 Eagle Ford 区块的页岩油建井时间节约了 10%，完钻成本降低了 15%。此外，高精度的井眼轨迹控制技术、有针对性的钻井液技术、钻井液循环利用技术甚至天然气燃料钻机都能够有效降低页岩油开采成本，提高总体经济效益。实际上，对工程技术成本锚铢必较是页岩油实现商业化开采的法宝，非常值得借鉴。

5.1.2.2　水力压裂技术

页岩油需要经过对储层的大规模人工改造后才能有效开采，这种改造就是水力压裂技术。人们利用地面的高压泵，通过井筒向油层挤注具有较高黏性的压裂液，使致密的页岩储层破裂，并利用压裂液中的支撑剂维持裂缝通道，以此形成流体通道，提高页岩油采收率。压裂液一般需要大量用水，因此压裂过程也称为水力压裂。为了得到较多的人造裂缝，压裂技术得到了飞速发展，常规直接压裂已经不能满足人们的需要。

目前页岩油压裂的主流技术手段包括水平井分段压裂技术、水平井同步压裂技术、无水压裂技术和近年来出现的高速流道水力压裂技术。水平井分段压裂已经成为页岩油井开采的标准做法，可分为可钻桥塞分段压裂、封隔器分段压裂和水力喷射分段压裂。水平井同步压裂技术是利用两口井或多口井的同步压裂形成复杂的网状裂缝，从而增加页岩油气产量的一种手段。目前该技术已经非常成熟，在巴肯区段已被多次使用。无水压裂技术是用已经交联凝胶凝固的液化石油气（liquefied petroleum gas，LPG）压裂液替代常规压裂液的一种压裂方式，压裂液主要成分是丙烷和丁烷。这种压裂方式可以在环保压力较大和水源较少的井场使用。

高速流道水力压裂技术（HiWAY flow-channel hydraulic fracturing technique）是近年来出现的一种新技术，它打破传统水力压裂依靠支撑剂导流能力增产的理念，通过采用非连续支撑技术和高强度凝胶压裂液在储层内形成开放的流道，并利用一种新型的纤维添加物来使流道保持稳定分布。高速流道水力压裂技术在开采致密油气方面极具潜力，已经在美国、加拿大、俄罗斯、阿根廷、墨西哥等20多个国家的非常规油气开采中得到成功应用，累计压裂级数达24 000多级，平均增产超过20%。据统计①，相较于一般水力压裂处理技术，采用该技术约能减少用水量25%，减少CO_2排放量近3 200万磅（1磅＝0.453 6千克）。

另外，重复压裂技术正成为作业者提高产能、降低作业成本的一种有效方法。重复压裂即在已经投产的页岩油井中，通过机械或化学手段恢复已被关闭的裂缝，并打开新裂缝的一种技术手段。重复压裂成本是新钻井成本的20%~35%，压后能恢复31%~76%的初产量，具有较好的经济效益。北美页岩油开采实践显示，重复压裂能够有效提高产能。在某些区块，重复压裂井的初始产能甚至高于新井初始产能。

5.1.3 页岩油勘探与开采成本

从美国"页岩油革命"的发展历程出发，我们不难看出，每一次国际油价的大幅下跌，页岩油行业都要面临一次巨大的冲击和洗牌。因此，目前对页岩油行业来说，尽量降低成本是未来发展需要突破的第一个瓶颈。页岩油的勘探与开采包括矿权获取、钻井、完井、油田基础设施建设、油气的采集和处理、运输、污水处理等过程，我们据此将整个过程的成本分为以下4个部分：

（1）矿权购置成本，占30%~40%，不确定性较高，风险与收益并存。

（2）完钻成本，占55%~65%，有形成本：管道、井口、钻机；无形成本：人员效率、配套服务。

（3）基础设施成本，占5%左右，包括起重机、存储池等。

（4）运营成本，成本可变不固定，包括运输、加工、弃置和恢复成本等。

5.1.3.1 矿权获取成本

从事页岩油勘探与开采必须先获得矿权，在美国现行矿产资源法案框架下，原油开采公司获得页岩油区矿权的方式有4种：

----

① 方圆，张万益，马芬，等. 全球页岩油资源分布与开发现状［J］. 矿产保护与利用，2019，39（5）：126-134.

（1）早期战略性购置。这类区块缺少成功的勘探和商业生产案例，可能面临后续勘探不成功、无法实现商业化开采的风险，其风险较大，但获取成本一般较低，通常在200~400美元/公顷。

（2）常规矿权扩展。目前美国主要页岩油区均位于成熟盆地内，有较长的常规油气勘探与开采历史，有些公司的页岩油矿权是通过早期收购或前期持有的常规油气区块而获得的。这类页岩油矿权获取方式的费用几乎可忽略不计，持有者有一定的成本优势。

（3）快速跟进购置。没有能力独立获取页岩油区块的公司，可能会选择与已有相关资产的公司组建合资企业的方式获得进入机会。这通常出现在目标区块内已有页岩油勘探与开采成功案例，相关风险大幅降低之后。但此时甜点区尚不明确，存在所进入区块无经济生产潜力的风险。通过这种方式获得页岩油矿权所需的成本是第一种方式的10~20倍，单井费用通常会增加100万~200万美元。

（4）晚期跟随介入。这是指在页岩油区带已有成功案例，且甜点已查明后购入矿权。此时页岩油盆地或区块的风险已极低，但矿权购置成本是最高的，通常会是快速跟进购置时所需费用的3~4倍。

5.1.3.2 完钻成本

完钻成本包括用钻机将一口井钻至目标层过程中所需的全部费用，可分为有形成本和无形成本两大类。前者包括套管、尾管等费用，后者包括钻头、钻机租赁、钻井液、测录井服务、燃料等费用。页岩油气水平井的单井成本与地质情况、深度、设计方案等有关，不同区带之间有较大差异。目前美国陆上页岩油气水平井的单井钻井费用为180万~260万美元。

完井成本包括完井过程中的射孔、压裂、供水及水处理等所发生的费用，也包括有形成本和无形成本两大类。前者包括尾管、油管、采油树、封隔器等费用，后者包括各类压裂支撑剂、压裂液（包括化合物、瓜尔胶、水等）、大型压裂设备租赁、作业服务、水处理等费用。目前美国陆上页岩油气水平井的单井完井费用为290万~560万美元。

钻井和完井成本约占页岩油勘探与开采井口成本的60%左右。美国页岩区带的钻井完井成本主要受五大因素影响，即与钻机有关的费用、套管和固井费用、水力压裂设备费用、完井液和返排液处理费用、支撑剂费用。其中与钻机有关的费用与钻井效率、井深、钻机日租费用、钻井液用量和动力费用有关，套管与固井费用主要受钢材价格、井身结构和地层压力影响，水力压裂设备费用主要与所需设备的马力和压裂段数有关，完井液费用主要受用水量、所使用的化学剂及压裂液类型（如瓜尔胶、交联凝胶或滑溜水）影响，支撑剂费用与支撑剂类型、来源和用量有关。通常在较浅和压力较低的井中会使用天然砂含量较高的支撑剂，在较深和压力较高的井中会使用更多的人造支撑剂。

5.1.3.3 基础设施成本

油田基础设施包括道路与井场建设、地表设备（储罐、分离器、干燥器等）及人工举升设备等。目前，美国页岩油气区内的基础设施费用一般在几十万美元，占页岩油气井总成本的2%~8%，平均为6%。

5.1.3.4 运营成本

运营成本是开发运营过程中发生的各种费用，会因产液类型、作业位置、井的规模和产量水平而有差异。一般而言，陆上页岩油气井的运营成本包括固定成本和可变成本两大类。前者是将油气采至井口的费用，主要包括人工举升、油气井维护、修井等费用，也被称为开采成本；后者是将油气从井口运至采购点、交易中心或炼油厂过程中所发生的费用，主要包括采集、处理、运输等费用。在美国，输送油气的中游设施一般由第三方公司运营，上游生产者根据输油气量向中游公司支付费用。

（1）开采成本。不同页岩区带甚至同一页岩区带不同地区的开采成本差距较大。对于页岩油而言，其开采成本主要是人工举升费用。目前，美国页岩区带的开采成本为2~14.5美元/桶。就页岩油井整个生命周期而言，产量越高，所需的开采成本也越高。

（2）采集、处理与运输成本。这是指页岩油气生产商向中游公司支付的费用，不同公司间差异较大，通常在某一地区占据主要份额的生产商能够享受较低的费率。

5.2 全球页岩油发展现状和潜力

5.2.1 全球页岩油资源概况

根据现有的评估结果，全球页岩油资源十分丰富。美国能源信息署（EIA）和美国先进资源国际公司（ARI）发布的评估报告显示，2017年底，全球页岩油地质资源总量（risked oil in-Place）为9 368.35亿吨，技术可采资源量（technically recoverable）为618.47亿吨。页岩油全球分布情况见图5-1。

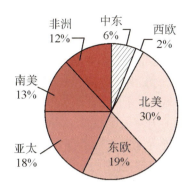

图 5-1 页岩油全球分布情况

从区域分布上来看，北美拥有全球最丰富的页岩油资源，北美地区页岩油技术可采资源量为 183.68 亿吨，约占全球资源量的 30%。欧亚大陆和亚太地区的页岩油资源量仅次于北美，东欧地区和亚太地区技术可采资源量分别为 114.73 亿吨和 112.69 亿吨，分别约占全球总量的 19% 和 18%。

从国家分布上来看，全球页岩油资源分布广泛。美国页岩油资源最丰富，技术可采资源量达 153.75 亿吨，约占全球的 21%。美国页岩油资源量较高的占比很大程度上源于美国页岩油的勘探程度远高于世界其他各国。随着页岩油开采在全球范围内的兴起，其他国家的技术可采资源量也将大幅上升。2017年底，俄罗斯位列世界第二，页岩油技术可采资源量为 101.77 亿吨，约占全球的 14%；中国排名世界第三，页岩油技术可采资源量为 43.93 亿吨，约占全球的 6%。

在页岩油资源量方面，不同国家和评估单位的统计口径往往不尽相同，因此产量也是十分重要的指标。

5.2.2 全球页岩油开采现状

在商业化开采领域，全球仅有北美实现了页岩油的大规模商业化开采，美国的产量最大，页岩油生产直接使美国从原油净输入国变成了原油输出国；加拿大的页岩油产量也在不断增加。其他国家如中国、俄罗斯、阿根廷等，对页岩油的开采仍然处于早期的实验性开采阶段。

具体来看，美国页岩油产量主要来自二叠盆地、巴肯和伊格尔福特三大页岩油区，目前其产量占全美页岩油产量的近 80%；有利的地质条件是这三大页岩油区发展的基础。受 2014 年油价暴跌影响，美国页岩油气作业钻机明显减少，页岩油产量有所下降；但自 2016 年中期开始，产量恢复增长，屡创新高；

2017 年的平均产量已恢复至 2015 年的峰值水平，2018 年继续大幅增长，全年平均产量已达 643.6 万桶/天。

加拿大是全球第二大页岩油生产国。加拿大同样位于北美地区，具备与美国类似的诸多页岩油开采优势，加拿大也拥有众多敢于冒险的独立油气生产商和强大的资本市场，且资源禀赋条件与美国类似，众多优质的页岩油资源分布在人口稀少的地区，且拥有开采页岩油所必需的丰富水资源。早在 2005 年，加拿大就在与美国接壤的巴肯地区进行了页岩油的商业化开采，产量达 1.96 万吨/天。随着页岩油勘探与开采技术的发展，2014 年，加拿大页岩油产量达到 5.95 万吨/天的峰值。此后，随着国际油价的大幅下跌，加拿大页岩油钻机和产量逐渐下降。2018 年，加拿大页岩油产量为 4.69 万吨/天。此外，壳牌、康菲和雪佛龙等国际原油公司都在加拿大开展了页岩油开采项目。

俄罗斯针对页岩油资源的勘探与开采也从未停滞。2016 年，位于西伯利亚盆地的巴热诺夫组有 146 口垂直井在进行测试，在活跃天数范围内平均日产油流量为 10.8 吨；有 36 口水平井在进行测试，在活跃天数范围内平均日产油流量为 7.5 吨。俄罗斯天然气工业股份有限公司在 2018 年成立了巴热诺夫技术中心，目前已将水力压裂所需的时间减少了 50%，单位生产成本减少了 40%。在俄罗斯开发页岩油资源享受矿产开采零税率，不少油田地质资料充分、相互之间距离不远且基础设施完善，未来俄罗斯页岩油有望实现商业化开采。

不同于美国和俄罗斯的海相页岩油资源，我国的页岩油储量基本都以陆相页岩油的形式存在。这些资源富集在准噶尔、鄂尔多斯及渤海湾等区域。近年来，中国石油、中国石化等企业陆续开展了多项页岩油勘探与开采工作，相继在新疆、长庆及大庆等油田开展了页岩油储层评价、地质甜点预测等相关探究。自 2010 年起，中国油企在多个区块进行了页岩油试采，拉开了我国页岩油勘探与开采的序幕。2022 年底，在鄂尔多斯、准噶尔、松辽等盆地已经实现了陆相页岩油勘探与开采的重大突破，页岩油探明储量稳步增长。

另外，阿根廷、澳大利亚和日本等国也都开展了一定程度的实验性商业化开采。根据阿根廷能源部发布的数据，2018 年 7 月，阿根廷页岩油产量为 0.72 万吨/天，约占全国 6.6 万吨/天原油总产量的 10.91%。

总的来说，世界各国在页岩油开采领域面临的情况是不同的，但是各个国家页岩油行业的发展都离不开技术的进步。

5.3 美国"页岩油革命"的发展历程、成功原因及影响

5.3.1 美国"页岩油革命"的发展历程

"页岩油革命"与"页岩气革命"一起被称为"页岩革命"（shale revolution），实际上是油气工业的第三次革命。前两次分别是从地表或浅层寻找集中的、易勘探的、易开采的构造油气藏转向通过"背斜理论""圈闭理论"等地质学发现寻找隐蔽地层油气藏的第一次革命，以及转向寻找非常规油气藏（无明显圈闭界限且不能自然开采的连续型油气聚集）的第二次革命。而从早期非常规油气（如油砂、致密油、"可燃冰"等）转向页岩油、页岩气则是第三次革命。

页岩油的开采使得美国在 2019 年结束了长达 70 多年的原油净输入历史，一跃而为主要原油国之一，由此可见页岩油对美国能源行业的巨大的颠覆性效应。2022 年，美国是全球页岩油产量最高的国家。目前世界上其他国家和地区的页岩油开采都还没有达到足以冲击油气供需格局乃至被称为"革命"的程度，所以我们在此特别关注美国的"页岩油革命"。

美国的"页岩油革命"主要可以分为三个阶段：准备与探索、发展与突破、增长与成熟，具体如图 5-2 所示。

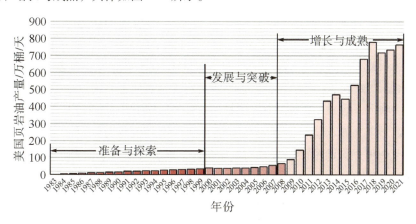

图 5-2　美国"页岩油革命"的三个阶段

5.3.1.1 准备与探索阶段

1953—1999 年是美国"页岩油革命"的第一阶段。此时的页岩油勘探与

开采活动集中在北部的威利斯顿盆地，以寻找泥岩裂缝油藏为目标。1953 年发现的 Antelope 油田是美国历史上第一个页岩油藏，产层是形成于 3 亿年前左右的海相暗色页岩，即威利斯段盆地的巴肯区带上段，建成后获得了 27 吨/日的产量。但直到 20 世纪 80~90 年代，逐步成熟的水力压裂和水平井技术为开采活动提供了技术准备，页岩油的商业化开采才开始崭露头角。1992 年，针对巴肯区带上段的页岩油勘探的开采活动明显增加，有 20 多家公司参与其中。但此后，国际油价走低和难以进行可靠的产量预测，使得该区带的页岩油勘探与开采活动大幅减少，未形成大规模的产能。

5.3.1.2　发展与突破阶段

2000—2007 年是美国"页岩油革命"的第二阶段。此时的页岩油勘探与开采活动虽然仍集中在巴肯页岩区，但目标已转为巴肯区带中段的白云岩和粉砂岩等脆性层段，以便充分利用突破性的水力压裂技术。这一阶段的始末分别是两个标志性的时间节点：前者即 2000 年是 Elm Coulee 油田的发现时间，这是以巴肯区带中段为勘探目标后发现的第一个油田，在页岩油产业发展中具有里程碑式的意义；后者即 2007 年通过水平井分段压裂手段，使巴肯区带页岩油产量超过 2 万桶/天的时间，同年全美页岩油产量首次超过 100 万吨/年，这意味着美国的页岩油正式开始进入规模化商业化开采阶段。

5.3.1.3　增长与成熟阶段

2008 年至今是美国"页岩油革命"的第三阶段。一方面，页岩气价格的走低使许多之前从事页岩气勘探与开采的公司纷纷转向页岩油领域，同时巴肯区带的快速发展带来了"溢出效应"，墨西哥湾盆地的伊格尔福特（Eagle Ford）页岩区、二叠盆地（Permian）页岩区甚至后来居上，成了新的页岩油勘探热点地区。但另一方面，国际原油价格在 2015 年前后受到多重因素的综合影响，下跌到 30 美元/桶，低于当时所有美国页岩油开采企业的生产成本，这给美国页岩油产业造成了巨大的打击。页岩油气生产商通过在金融市场套期保值锁定未来现金流，并通过技术创新和资产并购等方式降（成）本增效（益），以度过低油价的困难时期。如今，美国页岩油产业已经具备了一定的低油价生存能力。

5.3.2　美国"页岩油革命"成功的原因

美国"页岩油革命"成功的原因有：

5.3.2.1　良好的自然资源禀赋

在非常规油气开采方面，美国具有非常有利的自然条件。首先，美国拥有丰富的页岩油资源。据美国能源信息署（EIA）统计，美国页岩油技术可采资源量达 782 亿桶，占全球技术可采资源量的 19%，位列全球第一。其次，美国页岩油主要储存在海相地层中，相对容易开采。与常规油气类似，页岩油既能储存在海相地层中，又能储存在陆相地层中。相较于陆相地层，海相地层的油气开采更具优势。一方面，海洋咸水的缺氧还原环境更有利于有机质生成油气，使得海相盆地含有相对丰富的油气资源；另一方面，海相盆地具有规模大和构造活动相对稳定的特点，油气在海相盆地中分布面积更大，且埋藏深度较浅。因此，美国开采海相页岩油的技术要求更低，开采成本也更低。最后，美国的页岩区带多分布在广袤的平原之上，平坦的地势和丰富的水资源也非常有利于进行大规模开采作业。

5.3.2.2 先进的勘探与开采技术

作为技术强国，美国的测井、地震和油藏数模等常规技术都非常先进，更重要的是，在页岩油气开采的两大核心技术——水平井和水力压裂的研究和应用上，也处于世界领先水平。这些先进技术是美国页岩油开采成功的关键，能够帮助美国实现页岩油增储上产和降本增效。早在 1953 年，美国便开始生产页岩油，但受技术限制，产量一直很低。20 世纪 80 年代，具有工业应用价值的水平井诞生，自此以后，水平井技术在美国迅速发展，并得到越来越广泛的应用。2003 年，美国"页岩革命之父"乔治·米歇尔经过近 20 年的努力，首次使用水力压裂技术开采出页岩气，破译了页岩气开采的世界性难题。随着水平井和水力压裂技术在页岩气开采中的成功应用，相关技术被引入页岩油开采，美国页岩油开采也取得了突破，产量迅速增长。此后，美国更是通过甜点评价、"一趟钻"钻井、超长水平井、立体井网布井、细切割及重复水力压裂等技术创新和技术组合不断降低页岩油开采成本。据 EIA 统计，美国五大主要页岩油产区的盈亏平衡价格已从早期的超过 100 美元/桶降至 2018 年的 45～60 美元/桶。持续的技术进步为美国页岩油产业的可持续发展增添了动力。

5.3.2.3 高油价带来的利润空间

页岩油作为非常规原油，开采成本较高，因此油价对页岩油开采的经济性起到了决定性作用。在 2000 年以前很长一段时间内，国际油价都保持在低位，因此尽管美国政府鼓励开采非常规能源，但是页岩油行业并未引起市场的广泛关注。自 2000 年起，国际原油进入供不应求阶段，国际油价持续上涨，涨势一直持续至 2008 年，一度超过 100 美元/桶。油价上涨的趋势吸引了越来越多的公司进入页岩油勘探领域。2008 年，国际金融危机导致油价回落，但此后国际油价又迅速恢复增长势头。2011—2014 年，油价一直维持在 90 美元/桶以上，高油价足以弥补非常规原油较高的开采成本，为页岩油商业化开采带来了利润空间，推动了页岩油行业的蓬勃发展。

5.3.2.4 资本市场的持续支持

页岩油井的衰减速度非常快，只有不断的资金流入才能维持页岩油产量，因此资本市场在美国"页岩油革命"中发挥了重要作用，华尔街投资机构一直以来为页岩油开采活动提供大量的资金支持。在"页岩油革命"开始后的很长一段时间内，页岩油生产商的现金流持续为负，只能依赖资本市场的资金注入维持钻探活动。一方面，美国发达的资本市场条件为页岩油生产商提供了灵活的融资方式，保障了页岩油开采活动的资金来源；另一方面，低利率环境也为银行和私募股权提供了将资金借贷给页岩油公司的动力。2014 年下半年，欧洲和中国经济增速放缓，大宗商品需求量降低，且美国页岩油产量增长大幅超出预期，全球原油市场供过于求，导致国际油价暴跌。在低油价背景下，资本市场继续支持页岩油生产商渡过难关，并要求页岩油生产商加速改善经营效率。自 2015 年起，美国页岩油行业效益开始明显提升。2018 年，美国页岩油行业的自由现金流首次为正，标志着"页岩油革命"进入新的阶段。

5.3.2.5 完善的行业政策

美国"页岩油革命"的成功离不开国家体制和政策的支持，具体表现为以下几个方面：

首先，美国具有私有制的土地产权与矿业权，为中小型公司开拓页岩油市场提供了更多机会。美国的页岩油开采活动主要发生在私有土地产权地区，多数私有土地的矿业权附属于土地产权，油气生产商能够通过与土地所有者签署协议而便利地获得地下矿产和油气的开采权。因此，美国油气生产商在开采权上面临着更小的法律障碍，并且能够快速定位和转移钻探区块，便于迅速扩张和提升产量。而且这种产权制度降低了页岩油气市场门槛，为小公司进行商业化油气开采提供了条件。据美国独立原油协会（Independent Petroleum Association of America）统计，美国大约有 9 000 家独立的油气生产商，这些独立生产商开采了美国约 91% 的油井，生产了美国约 83% 的原油和约 90% 的天然气。在页岩油气开采的早期阶段，非常规能源对大型能源公司缺少吸引力，中小型公司在页岩油气行业发挥了更多的开拓性作用。中小型独立能源公司通常拥有专业技术，且决策更加灵活，对页岩油气产量突破发挥了至关重要的作用。

其次，美国政府对非常规能源开采的激励措施很大程度上鼓励了私营部门进行页岩油气开采。在美国，原油行业享有大量的税收优惠政策，生产商可以通过无形钻井成本、有形钻井成本和租赁成本等减少它们的纳税义务。美国政府还为小型油气生产商提供税收减免，将原油和天然气井总收入的15%排除在税收之外。特别地，两次石油危机使美国意识到了非常规能源对于实现美国能源独立的重要战略地位，政府开始出台有关非常规能源的税收减免和财政补贴政策。1973年，中东战争引发第一次石油危机，时任总统尼克松首次提出"能源独立"的设想。1978年底发生的伊朗革命引发了第二次石油危机，推动了美国在1980年通过《原油暴利税法案》，该法案向常规油气生产商因油价上涨获得的额外利润征收30%~70%的原油暴利税，并将税收用于非常规燃料开采的税收抵免，以支持新型能源的勘探与开采。随后，1990年的《税收分配综合协调法案》、1992年的《能源税收法案》和1997年的《纳税人减负法案》都提出了有关非常规能源税收减免的条款。2005年的《能源政策法案》还对非常规油气开采进行直接补贴，每桶油当量可获得高达3美元的补贴。

最后，美国政府在早期资助了大量有关非常规能源的研发工作，为"页岩革命"的成功打下了坚实的基础。自1976年起，美国能源部就启动了非常规能源的研究计划，包括东部含气页岩项目、西部含气砂岩项目和煤层气回收项目。其中东部页岩气项目投入了大量资金用于研究非常规油气开采技术，重点研发水平钻井、压裂技术和3D地震技术开采，形成了300多份技术报告。东部页岩气项目还通过与油气公司合作钻井和输送技术人员的方式将非常规油气开采技术引入行业实践。1978年，联邦政府成立了燃气研究所（Gas Research Institue），该组织侧重于非常规油气技术的部署和商业化，与私营部门在研发微地震裂缝测绘以及测试新的钻井材料和技术等领域进行合作。1978—1992年，美国能源部在非常规油气技术研发和开采方面累计支出约2.2亿美元，为页岩油气行业的技术发展做出了重要的贡献。

5.3.3　美国"页岩革命"对其内部的影响

5.3.3.1　助推美国实现能源独立

"页岩革命"大幅增加了美国国内油气产量，助推美国实现能源独立，有助于维护能源安全。一直以来，中东地区是美国重要的原油供给来源地，但中东地区频繁发生政局动荡，对美国的能源安全形成了很大的威胁。在1973年的第一次石油危机中，中东产油国通过减产提高原油价格，并对美国等西方国家实施原油禁运，以惩罚西方国家对以色列进行庇护的行为。20世纪70年代的两次石油危机引发了美国对国内能源安全的担忧。一方面，美国非常重视中东地区的稳定，频频通过发动海外战争来控制中东政局和掠夺中东资源；另一方面，美国开始走上追求能源独立的道路，以维护本国的能源供应安全。自

1973 年尼克松总统提出能源独立的设想后，此后的每一届政府都将能源独立作为一个长期重要目标，不断颁布各项政策以推动国内能源部门在技术创新、市场培育和投资引导等方面的进步。然而，在"页岩革命"以前，美国在能源独立目标上迟迟没有大的进展。根据原油峰值理论，美国的常规原油开采已经在 1970 年达到峰值，此后常规原油产量会逐渐下降，需要通过原油输入来满足国内仍在增长的能源需求。美国的能源供求矛盾使其原油对外依存度不断上升。直到"页岩革命"出现，美国开启了"后半桶原油"时代，为美国实现能源独立目标带来了转机。"页岩革命"使美国非常规油气产量爆发式增长，原油输入量大大减少。2000—2010 年，美国原油对外依存度一直保持在 50% 以上，2006 年最高达到 61%。在"页岩革命"成功以后，美国原油对外依存度迅速下降。2020 年，美国原油输出量为 812 万桶/天，输入量为 786 万桶/天，首次由原油净输入国转变为原油净输出国，实现了能源独立。

5.3.3.2 促进美国经济复苏

"页岩革命"在很大程度上促进了美国的经济增长，尤其是推动了美国在全球金融危机之后的经济复苏。根据达拉斯联邦储备银行的研究，2010—2015 年，"页岩革命"贡献了美国 GDP 1% 的增长率。与油气采矿业密切相关的化工产业更是获得了巨大的增长。美国化学委员会 2013 年的报告显示，"页岩革命"推动了近百家化学公司上马新的化工项目，总值达到千亿美元。具体来说，"页岩革命"可以通过影响就业和促进制造业回流两种方式推动美国经济复苏。

首先，"页岩革命"拉动了美国的就业增长。页岩油气产业能够直接或间接地创造更多就业机会。研究表明，在美国，每增加一个页岩气工业部门的直接就业岗位，就会同时增加三个服务于页岩气产业的就业岗位。据美国劳工局统计数据，自 2000 年以来，美国油气开采业就业人数持续增长。2002—2008 年年均增长率达 8%，2008 年受全球金融危机影响，就业增长下滑，但很快就恢复快速增长趋势，2014 年就业人数最高达到 108.8 万人。在美国页岩油气产量最大的两个州，页岩油气产业对就业的积极影响更加明显，得克萨斯州和北达科他州在"页岩革命"发生之初经历了强劲的就业增长，即使在 2008 年全球金融危机期间也没有出现就业负增长。

其次，"页岩革命"推动了美国再工业化，吸引制造业回流美国。20 世纪 80 年代，美国劳动力成本上升，美国开始实行"去工业化"政策，将中低端产业转移到其他国家市场，转而着力进行本国的产业升级。然而，2008 年的全球金融危机暴露了美国"去工业化"带来的产业结构空洞化问题，过度的金融扩张和创新使房地产市场泡沫破灭，国家经济遭受重创，美国由此意识到了实体经济对一国经济可持续发展的重要性。因此，奥巴马政府提出"再工业化"战略，让美国回归实体经济，重新发展国内制造业。页岩油气产业的发展降低了美国能源要素成本，抵消了发展中国家市场低廉的劳动力成本，赋予美国工业更多价格竞争优势。波士顿咨询公司在2013年对美国市值10亿美元以上公司的高管进行了一项调查，超过半数的受调查者表示正在考虑或已经规划将生产转移回美国，这个比例是2012年的两倍。

"页岩革命"直接推动了采矿、油气服务和化工等上下游产业的增长，并通过降低生产要素成本，间接促进了美国工业的发展，让美国经济在经历金融危机的低谷后重新焕发了生机。

5.3.3.3　加强美国能源权力

能源市场影响力与地缘政治权力息息相关，因此，"页岩革命"不仅提高了美国在国际能源市场上的地位，更是加强了美国的能源权力，巩固了其霸权地位。能源在世界经济和地缘政治中具有重要作用，美国一直以来都试图扩大其对全球能源体系的影响力。在资源方面，美国是世界上最早进行原油开采和利用的国家；在通道方面，美国通过海军力量和海外军事基地控制世界油气运输要道；在市场方面，"石油美元"机制更是加强了美国的货币霸权，使得美国能够通过本国货币政策影响国际原油市场。除了保障本国能源供应安全外，美国还有着凭借能源权力实现地缘政治目的的历史。在二战中，美国停止对日本的原油出口以制约日本的军事力量。在美苏"冷战"中，美国联合沙特阿拉伯增加原油生产和出口，导致国际油价下跌，沉重地打击了苏联经济。能源权力是美国打击国际竞争对手和实现全球霸权的重要工具。在"页岩革命"成功后，美国的能源战略目标已经逐渐从"能源独立"转向"能源统治"，美国企图进一步利用本国能源权力影响全球政治格局。特朗普政府发布的《国家安全战略报告》指出，美国已经成为一个在全球占有能源支配地位的国家，并表明美国将帮助其盟友和伙伴更灵活地应对那些使用能源来威慑他人的国家的挑战。2018年，美国要求别的国家全面停止从伊朗进口原油，否则相关国家和企业将面临美国的经济制裁，同时，美国扩大页岩油产量以弥补供应缺口。2022年，俄乌发生军事冲突，美国联合其盟友禁止进口俄罗斯能源资源，并将液化天然气出口至欧盟。尽管在两次能源制裁中，美国的页岩油气产量并不能完全弥补国际能源市场的供应短缺，但页岩油气出口在一定程度上增加了美国的地缘政治筹码，推动美国采取更为激进的能源外交政策。

5.3.4 美国"页岩油革命"对全球能源格局的影响

美国"页岩油革命"的成功改变了全球能源格局，推动国际原油市场从卖方市场转向买方市场。在"页岩油革命"之前，国际原油市场定价主要由欧佩克主导，"页岩油革命"的成功使国际原油供应向多极化发展。自2011年以来，美国页岩油产量迅速提升。据EIA统计，美国原油产量从2011年的500万桶/天最高涨至2019年的1231万桶/天。2015年，奥巴马政府取消了长达40年的原油出口禁令，美国原油出口量迅速增长。随着美国原油产量和出口量的攀升，传统产油国的市场份额受到挤压，欧佩克对国际油价的控制能力大大降低。具体来说，在面对国际油价下跌时，欧佩克很难再通过降低原油产量来提高油价。相较于常规原油，美国页岩油的生产方式更加灵活，不受减产条件约束，一旦欧佩克推高油价，页岩油生产商很快就能恢复生产，欧佩克的市场份额将进一步降低。因此，面对2014年国际原油市场供给过剩引发的油价下跌，欧佩克宣布不会降低生产目标。随着2016年以来欧佩克和俄罗斯等产油国实施的减产协议，以及美国页岩油行业的稳步发展，2019年，美国原油产量超过俄罗斯和沙特阿拉伯，成为当年全球第一大产油国。美国页岩油行业的繁荣发展创造出了新的国际原油秩序，在主要产油国的博弈之中，国际原油市场逐步形成了美国、沙特阿拉伯和俄罗斯"三足鼎立"的格局。

相较于油气供给端的多元化发展，需求端呈现集中化增长，"页岩革命"使油气贸易中心加速东移。近年来，欧洲和北美地区原油需求增长已经进入瓶颈期，亚太地区尤其是中国和印度成为全球原油需求的重要增长点。2017年，中国原油进口量达到1024万桶/天，首次超过美国的1014万桶/天，成为全球最大的原油进口国。2010—2019年，中国原油需求量增长占全球原油需求量的44.8%，印度原油需求量增长占全球原油需求量的16.4%，是全球最具潜力的两大原油消费市场。在美国"页岩革命"的冲击下，传统油气生产国开始为本国油气产品寻找新的市场。2014年2月，俄罗斯能源部发布了《2035年前俄罗斯能源战略（草案）》，草案提出到2034年将把原油产量的32%和天然气产量的31%出口至亚太地区，对亚太地区的能源出口将占俄罗斯能源总出口的23%。2014年5月，中、俄两国通过了为期30年的天然气购销协议。协议表明，俄罗斯将从2018年起通过中俄天然气管道东线向中国供气，合同总价值达4000亿美元。中俄天然气谈判始于1996年，历经十余年之久，双方终于在管线走向和定价方式等关键方面达成了一致。此外，俄、印两国也有多个油气运输管道和走廊在建，俄、印能源合作在持续推进。美国"页岩革命"的成功使能源需求国面临更多选择，在国际油气贸易中，买方市场加速形成。

5.4 中国页岩油产业发展现状及展望

5.4.1 中国页岩油资源类型及潜力

不同于美国"页岩油革命"中的中—高成熟度海相古生界页岩油，中国页岩油主要发育在中—新生界的陆相湖盆中，地层时代较新，烃源岩成熟度也相对较低。根据页岩有机质成熟度差异，可以将中国陆相页岩油主要分为中—高成熟度和中—低成熟度两类。其中，中—高成熟度页岩油主要分布在松辽盆地和渤海湾盆地等，中—低成熟度页岩油主要分布在鄂尔多斯盆地、松辽盆地和准噶尔盆地等。不同成熟度页岩的有机质转化程度和赋存特征不同，开采方法和难度也有所不同。中—高成熟度页岩油主要由低密度原油和少量未转化有机质组成，该页岩油具有油质轻和流动性好的特点，且地层中脆性矿物含量高，因此能够通过水平井和体积压裂技术进行经济开发。中—低成熟度页岩油主要由高密度原油和未转化的固体有机质组成，具有油质重和流动性低的特点，且地层中脆性矿物含量低，因此很难通过体积压裂技术在页岩中形成裂缝网络，单井产量较低，实现大规模商业化开采的技术难度更大。地下原位加热转化是一种可以将中—低成熟度页岩油中的重质油、沥青和各类有机质转化为轻质油、凝析油和天然气的技术，只有采用地下原位加热转化技术才能获得中—低成熟度页岩油的经济产量。

国内和国际机构以及一些学者相继对我国页岩油资源潜力进行了评价。2012 年，国土资源部油气资源战略研究中心评价数据显示，我国页岩油地质资源量为 402.67 亿吨，技术可采资源量为 37.06 亿吨，主要分布在松辽盆地白垩系、东部断陷盆地古近系、鄂尔多斯盆地三叠系、准噶尔盆地二叠系和四川盆地侏罗系。2014 年，中国石化评估认为中国页岩油技术可采资源量为 204 亿吨。2015 年，EIA 和 ARI 对中国页岩资源的评估报告显示，中国页岩油技术可采资源量为 43.93 亿吨，主要分布在四川盆地、塔里木盆地、准噶尔盆地、松辽盆地、扬子地台、江汉盆地和苏北盆地。2016 年，中国石油评估认为中国页岩油技术可采资源量为 214.5 亿吨。赵文智等（2020）估计我国中—低成熟度页岩油地下原位转化技术可采资源量为 700 亿~900 亿吨，中—高成熟度页岩油地质资源量在 100 亿吨左右。赵文智等（2022）认为我国重点盆地中—高成熟度页岩油地质资源量为 131 亿~163 亿吨，中等油价条件下（60 美元/桶）经济性偏好的地质资源量为 67 亿~84 亿吨。尽管不同评价单位对页岩油资源规模的评估结果差异较大，但毋庸置疑，我国具有非常丰富的页岩油资源，开发潜力巨大。

5.4.2 中国页岩油勘探与开采现状

在美国"页岩革命"成功以前，中国的油气勘探聚焦于常规油气，对于非常规油气的勘探仅限于常规油气勘探之余的兼探，在鄂尔多斯、渤海湾和江汉盆地等泥页岩地层中均发现有油气显示。受美国"页岩革命"成功的启发，自 2010 年以来，中国石油和中国石化等国内原油公司陆续开展了一系列页岩油勘探与开采工作，在准噶尔、鄂尔多斯、渤海湾和松辽等多个盆地的页岩油试采中均获得了工业油流，并在准噶尔盆地吉木萨尔凹陷和鄂尔多斯盆地延长组 7 段实现了规模效益开采。

准噶尔盆地中—下二叠统是新疆常规油藏的主要烃源岩之一，同时也是国内非常规油气勘探的重要领域。2011 年，中国石油新疆油田公司在准噶尔盆地的吉木萨尔凹陷、玛湖凹陷西斜坡和沙帐—石树沟凹陷分别部署吉 25 井、火北 2 井和风南 7 井，均获得工业油流。根据对构造背景、烃源岩以及保存条件等因素的综合评价，中国石油新疆油田公司优选吉木萨尔凹陷二叠系芦草沟组作为重点勘探区域，从此开启了吉木萨尔页岩油勘探的探索和攻关。2012 年，吉木萨尔页岩油勘探实现重大突破，首口水平井吉 172-H 通过体积压裂技术获得日产油流 69.5 吨，落实资源量 11.12 亿吨。2020 年 1 月，新疆吉木萨尔陆相页岩油示范区成为中国首个国家级页岩油示范区。经过十年的努力，2021 年吉木萨尔页岩油油田实现全年产量 42.6 万吨，平均单井日产油达 42.5吨，钻井和压裂成本大幅下降，初步实现了陆相页岩油的规模效益开采。

鄂尔多斯盆地的页岩油勘探历程最早可以追溯到 20 世纪 70 年代，而集中的技术攻关和大规模的勘探与开采工作发生于美国"页岩革命"成功之后。早在 20 世纪 70 年代，在鄂尔多斯盆地中生界油气勘探过程中，40 余口井在陇东地区延长组 7 段发现油气显示，其中 6 口井获工业油流，但当时人们的地质认识和技术水平有限，该区域油藏被认为没有开采价值。随后，油源对比分析以及生烃能力评价表明，长 7 段烃源岩为鄂尔多斯盆地中生界最重要的烃源岩。自 20 世纪 90 年代起，中国石油新疆油田公司开始在长 8 段勘探过程中对长 7 段进行兼探，2010 年底共有超 200 口工业油流井。自 2011 年起，中国石油新疆油田公司借鉴美国页岩油勘探与开采成功经验，采用水平井和体积压裂技术进行试验钻探，25 口水平井平均日产油超百吨，实现了页岩油的有效开采。2019 年，中国石油新疆油田公司在鄂尔多斯盆地三叠系长 7 段发现 10 亿吨级庆城页岩油大油田，其中探明储量为 3.58 亿吨，探明储量与预测地质储量合计超 10 亿吨。经过两年多的持续攻关，2021 年，庆城油田累计探明储量 10.52 亿吨，成为我国探明储量规模最大的页岩油油田。2021 年庆城油田页岩油年产量达到 133.7 万吨，标志着鄂尔多斯盆地实现了页岩油的规模效益开采。

渤海湾盆地的多个凹陷具有良好的陆上页岩油气成藏条件，古近系泥页岩是主要的烃源岩。早在 20 世纪，在大量钻探渤海湾盆地泥页岩层的过程中就发现了油气显示，但未引起人们的足够重视。在渤海湾济阳坳陷常规油气钻探过程中，有 320 余口井发现泥质油气显示，其中 25 口井获得工业油流，平均日产油 29.9 吨，东营凹陷河 54 井产能最高，日产油达 91.4 吨；在黄骅坳陷沧东凹陷油气勘探过程中，钻遇孔二段泥页岩层的 111 口井均可见油气显示，其中 11 口井经测试出油，但未获得工业油流；在黄骅坳陷歧口凹陷，钻遇沙三段泥页岩层的 34 口井均可见油气显示，其中 10 口井少量出油。在 2010 年以后，中国石化和中国石油相继在济阳坳陷和黄骅坳陷等区域开展老井复查工作，多口直井经过压裂改造与试油测试获得工业油流，表明济阳坳陷和黄骅坳陷页岩油具有进一步开采的潜力。在总结前期勘探经验的基础上，中国石油和中国石化进一步加大了济阳坳陷和黄骅坳陷页岩油勘探与开采力度，中国石油已经在沧东凹陷孔二段建成了年产 10 万吨的页岩油规模生产区。

松辽盆地北部页岩厚度相对较大，北部的白垩系青山口组湖相页岩是整个盆地的主要烃源岩。1981 年，中国石油大庆油田公司部署的井 D12 在青山口组一段和二段获得工业油流，首次发现青山口组泥页岩油藏。此后，大庆油田针对青山口组井 D12 建立页岩油试验区，开展现场试验和技术攻关，所部署的水平井获工业油流，日产油达 1.51 吨，但当时受到增产工艺技术的限制，页岩油勘探与开采工作被暂时搁置。直到 2010 年，大庆油田重启青山口组泥页岩油藏勘探工作，采用纤维转向压裂技术增加油井产量，获得日产 3.58 吨的工业油流。在"十三五"时期，自然资源部中国地质调查局与中国石油和中国石化合作，在松辽盆地白垩系青山口组开展陆相页岩油地质理论和工程技术攻关，部署在齐家—古龙凹陷和长岭凹陷的 3 口水平井均获得工业油流，经压裂测试日产油超 10 立方米，在三肇凹陷部署的直井压裂获得日产 3.46 立方米的工业油流。此外，经综合评价，松辽盆地青山口组页岩油地质资源量达 75 亿吨，具有广阔的开发前景。2021 年，大庆油田实现松辽盆地古龙页岩油勘探的重大战略性突破，落实含油面积 1 413 平方千米，新增页岩油预测地质储量 12.68 亿吨。

5.4.3　中国页岩油发展面临的挑战

页岩油勘探与开采对于中国能源战略具有重要意义。自 2010 年以来，中国对页岩油的勘探与开采已经进行了十余年的探索，但当前国内页岩油产业仍处于起步阶段，在基础研究、技术和装备以及开采经济性上仍面临着很多挑战。

5.4.3.1　基础研究薄弱，缺少适合陆相页岩油的理论体系

中国页岩油资源主要储存在陆相地层中，陆相含油气盆地构造活动较多，有发育淡水、半咸水和咸水湖泊等多种页岩类型。在横向上，陆相泥页岩分布面积较小，岩性变化较快；在纵向上，埋深较大，多种岩性地层分布复杂，呈夹层、互层和韵律性纹层，非均质性强；陆相页岩有机质热演化程度普遍偏低，原油具有密度大、含蜡量高和可流动性差等特点。我国页岩油地质基础与北美存在较大差异，北美海相页岩油的相关理论无法有效指导中国陆相页岩油的勘探与开采，因此，要实现我国页岩油的规模效益开采需要构建立足于中国地质条件的陆相页岩油勘探与开采理论体系。当前我国页岩油勘探与开采尚处于起步阶段，基础研究较弱，理论认识缺乏系统性。在富集理论方面，陆相页岩油突破了常规油气富集理论，我国科研人员对陆相页岩油的富集机理和主控因素尚不明晰，没有形成系统性认知。在资源潜力方面，尽管许多国内外机构已经对我国页岩油资源潜力进行过评价，但评价标准和评价方法不一，评价结果差异较大。总之，陆相页岩油富集理论和资源潜力研究薄弱，制约了我国页岩油的勘探部署。

5.4.3.2　勘探实践较少，尚未形成陆相页岩油适应性开采技术

北美海相页岩油开采技术在我国陆相页岩油勘探与开采中存在适应性问题，实现中国陆相页岩油的有效开采，需要在借鉴北美经验的同时，基于中国资源禀赋特征开展关键技术和重点装备的研究，并针对不同页岩油类型和地质条件形成配套页岩油勘探与开采技术系列。当前，中国页岩油开采技术面临甜点评价优选难、压裂改造难度大和工程技术装备要求高等问题。在甜点评价方面，页岩油甜点评价和选择涉及岩性及组合、有机质含量及成熟度、页岩孔隙度、裂缝发育程度以及埋藏深度等多项地质参数，甜点主控因素复杂，且陆相页岩油岩性多样，纵横向非均质性强，导致甜点综合预测难度较大，亟须建立陆相页岩油甜点区和甜点段评价标准和方法。在压裂改造方面，我国不同陆相页岩油盆地的地质条件各异，各类压裂参数与效益的关系需要优化。例如，在吐哈油田条湖组的现场试验中，井距从 400 米缩小至 100 米，未发现井间裂

缝，而长庆油田页岩油井距在 200 米处出现较多井间裂缝。因此，我国需要针对不同页岩油储层裂缝控制储量和流体流动规律，对井距、裂缝间距和压裂规模等参数进行优化，以实现单井产量和经济效益的提高。在工程技术装备方面，我国水平井钻完井部分关键技术和装备还需要进口，易受到外部复杂环境的影响。目前，我国陆相中—高成熟度页岩油的开采已经在鄂尔多斯、新疆和大庆等地取得初步突破和进展，但是还没有形成能够全面推广应用的勘探与开采工程一体化的技术系列与配套装备。中—低成熟度页岩油需要采用地下原位加热转化技术，在鄂尔多斯盆地和松辽盆地已经启动该技术的先导实验，但仍处于基础研究和模拟试验阶段，目前在监测和控制地下原位生排烃、热场及传热、孔渗性及裂缝、催化及防腐蚀以及生态地质环境等方面还存在很大挑战，需要技术突破和高端装备制造的支持。

5.4.3.3　勘探与开采投入成本高，规模效益开采面临挑战

页岩油属于典型的资本密集型产业，勘探项目往往投资规模较大，且需要长期的资本支持，在规模效益开采方面面临很大挑战。相较于常规油气资源，非常规油气资源开采难度更大，勘探与开采阶段的资本支出更高，规模量产后可将前期成本在油田生命周期内摊薄。但页岩油井生命周期较短，投产后产量降幅较快，因此不得不持续钻探新井以维持稳定的产量，这需要密集的资本驱动。在美国，大量的中小型油气生产商在通过土地收购获得地下资源开采权后，往往能够通过多样化的金融渠道获得资金支持和对冲风险，并与油气服务公司合作以获得技术和设备支持，同时，政府也向非常规油气开采提供了大量的税收优惠。因此，在高油价到来时，美国页岩油产业在竞争的市场机制、良好的投融资环境、专业化的分工服务和优惠的产业政策共同作用下迅速增长。在这些有利条件支撑下，美国页岩油产业经过十余年降本增效的努力，直至 2018 年才首次实现现金流的由负转正。在中国，陆相盆地页岩油埋深较大，地质条件更加复杂，因此页岩油开采项目需要更高的资金投入。以沧东凹陷为例，孔二段页岩层埋深为 3 200 ~ 4 300 米，按照水平段长度为 1 500 米计算，单口井钻探试油投资费用将超过 7 000 万元。在市场层面，国内油气公司通过多轮次招投标和签订产量与效益挂钩的服务合同等方式降低页岩油开采成本，但中国页岩油开采主要由国有原油公司和政府推动，市场化程度方面还有很大的提升空间。在政策层面，国内有关页岩油的财税激励和补贴政策仍不明朗。总而言之，我国页岩油产业与规模效益开采还有很长的一段距离，且面临诸多挑战。

5.4.4 中国页岩油产业发展建议

中国的资源禀赋条件与北美存在较大差异，发展模式也有所不同。例如，北美"页岩革命"是由中小油气生产商和油气服务公司主导的，中国页岩油气迄今为止的发展是由国有大型油气公司推动的。但北美"页岩革命"的成功路径对于我国页岩油产业的发展仍然具有重要的借鉴意义，比如技术进步和政策扶持在北美页岩油产业发展中发挥的关键作用。在页岩油产业最初发展的很长一段时间内，都需要有国家政策的大力支持，尤其是在关键技术的攻关上，需要加强国家级科技支撑，以推动"陆相页岩油革命"在我国尽早实现。基于中国自然、经济和社会环境实际，结合北美"页岩革命"的成功经验，我们提出以下几点建议：

5.4.4.1 加强地质基础研究

加强页岩油富集机理和资源可动用性等方面的地质基础研究，为页岩油勘探与开采技术与实践打下良好基础。首先，加强页岩油富集机理研究，深化认识细粒沉积岩的形成机理以及页岩油的赋存机制和微运移机制，对生烃母质类型与含油量评价、纹层结构与储层非均质性、烃类赋存状态与流体可动性机理、力学品质与裂缝响应特征等方面展开重点研究。其次，在国家层面制定科学的页岩油地质评价标准，并在统一标准和方法体系下对全国陆相页岩油资源潜力开展分级评价，建立地质资源、技术可采资源和经济可采资源的分类评价体系，落实国内页岩油资源潜力和分布，以便开展有利区优选工作。

5.4.4.2 探索陆相页岩油勘探与开采配套技术

立足我国地质实际，创新性地开展陆相页岩油勘探技术研究。针对陆相页岩油储层的复杂结构和非均质性等特征，明确甜点主控因素，建立甜点识别和预测的有效方法和技术；针对陆相页岩油的不同类型和地质条件，探索适应性页岩油勘探与开采技术，如研究不同有机物热演化程度和不同地层压力页岩油的开采技术。此外，可以通过国家实验室等平台，加强国家层面的技术交流和成果共享，更好地发挥国内科技创新引领作用，同时，还可以通过与国际能源企业合作，引入北美能源企业投资，学习国际页岩油开采的先进技术。

5.4.4.3 推动陆相页岩油工程试验

在鄂尔多斯、准噶尔、渤海湾及松辽等重点盆地开展有利资源优选工作，建立勘探与开采重点示范工程。将页岩油勘探与开采技术进行综合集成，针对我国陆相页岩油的不同类型开展适应性技术示范，形成能够全面推广应用的勘探与开采工程一体化的技术系列与配套装备，为我国页岩油产业的工业化发展奠定坚实基础。根据近中期产量增长和中长期资源接替双重目标开展工程试验，近中期聚焦中—高成熟度页岩油，加快人工压裂油藏工业化发展，中远期聚焦中—低成熟度页岩油，开展地下原位转化开采先导试验。此外，页岩油示范区不仅要进行技术示范，也要加强体制机制的创新和管理模式的优化。

5.4.4.4　出台页岩油产业发展激励政策

页岩油产业发展具有较长的准备期，需要国家政策长期的大力扶持，营造全社会支持页岩油发展的外部环境。应从国家能源战略上明确页岩油为战略接替资源，并制定中国页岩油发展战略规划，设置国家专项基金，加强政府部门、研究机构和油气公司合作，以支持页岩油相关技术攻关和资源开发。应当出台减税降费行业激励政策，为企业持续的页岩油勘探与开采创造利润空间。此外，应完善相关行业政策，以培育竞争性的市场机制体制，支持页岩油开采的降本增效和规模性增长。在土地利用和矿权设置方面，出台法律法规保障市场主体产权，制定适应页岩油勘探与开采规律的产权政策；积极打破行业准入，完善页岩气矿产开采的招投标管理制度，鼓励中小型市场主体参与竞争，激发企业的创新意识和企业家精神；出台金融支持政策，以满足非常规油气企业的融资需求和风险对冲需求。

5.4.4.5　发挥政府环境风险监管作用

在用水和环保层面，建立健全相关法律法规和标准，制定严格的监管政策，积极发挥政府事前、事中和事后监管作用。综合考虑资源可动用性和开采活动对环境的影响，科学设置页岩油开采区域，从源头上避免对居民区的污染；完善相关的法律法规，针对页岩油开采制定专项环保标准；严格控制压裂液中化学物质的使用和水资源的取用，倡导使用雨水、生活废水等液体开展水力压裂活动；实施返排液处理轨迹的路径监管，严格防范返排液污染地表土壤和地下清洁水层；建立环境信息披露和环境污染反馈制度，披露开采区周边用水和土壤等环境质量信息，充分保障周边群众的知情权和监督权，最大限度地降低页岩油开采对居民生活的影响。

6　危机事件冲击下的国际原油市场

国际原油市场作为全球最重要的大宗商品市场，受到经济危机、自然灾害、原油输出国组织欧佩克减产和增产协议、恐怖袭击、疫情、中东战乱及俄乌军事冲突等重大危机事件的冲击（刘明磊 等，2014；Ji、Guo，2015；Brown、Huntington，2017；张跃军、李书慧，2020；Wen et al.，2021；Alonso-Alvarez et al.，2022；卢全莹 等，2022a）。危机事件的发生在很多时候会引起国际原油市场发生剧烈变化，从而导致国际原油价格的剧烈波动，包括国际原油价格在短期内快速上涨或者快速下跌（杨博宇 等，2023）。进一步地，国际原油价格的剧烈波动对原油输出国和输入国的宏观经济活动带来了巨大的冲击。因此，危机事件对国际原油市场的冲击，引起了能源政策制定者和市场投资者的广泛关注（Guo、Ji，2013）。本章将梳理不同类别的危机事件对国际原油市场的冲击及影响，主要包括经济金融危机对国际原油市场的冲击及影响、突发危机事件对国际原油市场的冲击及影响、战争危机对国际原油市场的冲击及影响，通过梳理不同危机事件对国际原油市场的冲击及影响，分析危机事件冲击国际原油市场的渠道及其应对措施。

6.1　经济金融危机对国际原油市场的冲击

全球性或者区域性的经济金融危机不仅对全球或区域的经济活动及金融体系造成巨大冲击，同时也会对国际原油市场造成重大影响（Salisu et al.，2022）。经济金融危机对国际原油市场产生影响的传导机制主要是经济金融危机的发生向金融市场释放不良资产信号，扰乱金融体系的正常运作，造成经济行业和经济活动衰退，甚至导致经济活动大规模停滞。目前化石能源在各国能源消费中仍占很大比例，原油作为经济活动的主要能源载体，担负着保障经济活动正常稳定运行的重要任务，经济活动的疲软势必会减少包括原油在内的化石能源的需求。全球或者区域经济活动对原油等化石能源的依赖减少，势必会从原油需求端冲击国际原油市场，从而引发国际原油价格下跌。本节梳理2000年以来发生过的典型的全球或者区域性的经济金融危机事件，分析这些重大经济金融危机事件对国际原油市场的冲击机制。典型的全球性或区域性经济金融危机事件主要包括2008年9月发生的全球金融危机和2010年初发生的欧洲债务危机。

6.1.1 2008年全球金融危机对国际原油市场的冲击

这次全球金融危机发生于2008年中至2009年初，其始于2007年美国的房地产市场次贷危机事件。美国房地产市场的低迷是这场全球金融危机的催化剂，美国的次贷危机进一步发酵，通过全球金融市场传导到全球各国经济体和地区，从而引发了全球金融危机。这场全球金融危机扰乱了全球金融市场和银行体系，世界各地的许多银行遭受了巨大损失。这次全球金融危机使得世界经济严重衰退，对全球金融市场产生了重大冲击，同时也引发了全球大宗商品价格的暴跌。在国际大宗商品市场上，国际原油市场占有主导地位，同时国际原油市场具有很强的金融属性，因此，国际原油市场对此次全球金融危机冲击的反应最为迅速。在此次全球金融危机发生前后，国际原油市场发生了剧烈的波动，其主要表现是国际原油价格在全球金融危机发生前后出现了暴涨暴跌。

图6-1为2008年全球金融危机冲击下美国西得克萨斯轻质原油（West Texas Intermediate，WTI）现货价格变化趋势。WTI原油价格在2008年全球金融危机发生前短时间内快速上涨，然后在危机期间及危机结束后短时间内快速下跌。在危机发生前，WTI原油价格从2007年1月的54.51美元/桶在短期内快速上涨到2008年6月的133.88美元/桶，在大约一年半的时间内快速上涨了约145.61%。其中，2008年6月WTI原油价格133.88美元/桶，为危机发生前原油的最高价格。其主要原因是美国次贷危机进一步扰乱全球金融体系，引发市场投资者避险情绪高涨，从而使得国际原油价格在短期内飞速上涨。随后，在全球金融危机的巨大负向冲击之下，WTI原油价格在2008年7月到2009年2月，从最高价格133.88美元/桶快速下跌到39.09美元/桶，在不到一年的时间内国际原油价格下跌了近70%。其中，2009年2月国际原油价格39.09美元/桶，为2008年全球金融危机结束后一段时间内国际原油市场的最低价格。其主要原因是受到全球金融危机的重大冲击，包括发达国家和新兴经济体在内的许多国家的宏观经济处于下行趋势，宏观经济的衰退使得许多国家的原油需求在危机期间和危机结束后急剧下降，从而使得国际原油价格出现急剧下跌趋势。

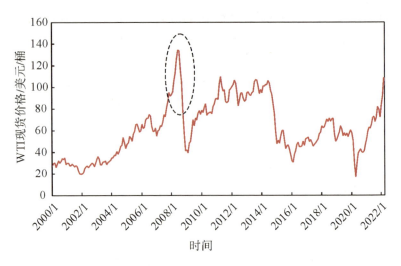

图 6-1　2008 年全球金融危机冲击下 WTI 原油现货价格变化趋势

数据来源：美国能源信息署（Energy Information Administration，EIA）．

6.1.2　2010 年欧洲债务危机对国际原油市场的冲击

2010 年，由希腊债务危机引发的欧洲债务危机对国际原油市场产生了一定程度的冲击。2008 年 9 月发生的全球金融危机给全球经济带来了巨大的负向冲击，全球很多国家经济处于疲软甚至是停滞状态。此次的全球金融危机波及欧洲国家，希腊的经济活动与金融市场受到不可避免的负向影响，于 2009 年 12 月发生了非常严重的国家债务危机，希腊面临着欧洲银行数百亿美元贷款的信用违约风险，希腊的宏观经济形势在此时处于崩溃的边缘。希腊债务违约严重损害到许多欧洲主要银行的生存能力，这些银行已经因全球经济活动放缓和衰退而遭遇流动性短缺。大量债务违约问题的出现迅速蔓延到意大利、西班牙、葡萄牙、爱尔兰以及比利时等国，多个国家的信用危机一触即发。对希腊债务危机进程的担忧搅动了外汇市场和股票市场，进一步，欧盟内部市场发生了一系列的连锁反应，希腊债务危机引发了欧洲债务危机，直到 2010 年末，欧洲债务危机才慢慢缓和。欧洲债务危机的发生使得很多欧洲国家的宏观经济活动处于下行状态，欧洲经济活动的疲软使得欧洲国家对原油的需求在短期内出现下行趋势。欧洲债务危机的发生对国际原油价格和原油需求产生负向冲击，国际原油价格呈现出一定的下跌趋势。由此可见，国际原油价格在欧洲债务危机期间呈现下跌趋势，其主要原因是希腊债务危机以及由此引发的欧洲债务危机。

图 6-2 为欧洲债务危机冲击下 WTI 原油现货价格变化趋势。2008 年全球

金融危机发生一段时间之后，全球经济开始回暖，原油需求也逐步回升，WTI原油现货价格触底后开始逐渐反弹。但在 2009 年 12 月发生的希腊债务危机及其引发的欧洲债务危机对欧洲经济产生了重大的负向冲击，并进一步冲击国际原油市场。刚刚回升的 WTI 原油价格在欧洲债务危机的巨大冲击下开始下跌。随后，为了应对欧洲债务危机带来的巨大经济冲击，二十国集团开始实施一系列的宏观经济刺激政策。在这些稳定市场的经济政策的激励下，欧洲各国经济开始回暖，对原油的需求开始逐步上升，并进一步传导到国际原油市场，国际原油价格在欧洲一系列经济刺激政策实施后也有所回升。

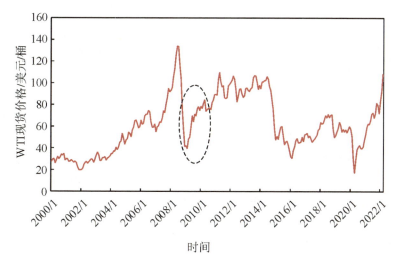

图 6-2 欧洲债务危机冲击下 WTI 原油现货价格变化趋势

数据来源：美国能源信息署（Energy Information Administration，EIA）.

本节梳理和分析了 2008 年 9 月发生的全球金融危机和 2010 年初发生的欧洲债务危机对国际原油市场的冲击和影响机制。从中可以看出，不管是全球性的金融危机还是区域性的欧洲债务危机，其发生后均对国际原油市场产生了冲击，主要是经济金融危机事件的发生造成经济衰退，各大经济体减少对原油的需求，从而导致原油供给大于需求，国际原油价格出现下跌。尤其是全球金融危机冲击对国际原油市场的影响力度最为显著、影响程度最为深远。主要经济体的经济在危机结束后开始复苏时，对原油的需求逐渐增加，国际原油价格也逐渐止跌并开始上涨。

6.2 突发危机对国际原油市场的冲击

在社会与经济活动中，突发危机事件时有发生，对社会与经济造成巨大冲击。作为经济活动中非常重要的一部分，国际原油市场也不可避免地会受到突发危机事件的影响（Ji、Fan，2016；卢全莹 等，2022b）。本节梳理对国际原油市场有冲击的突发危机事件，分析这些突发危机事件对国际原油市场的影响程度。这些突发危机事件主要分为自然灾害危机事件、供给冲击危机事件、恐怖袭击危机事件、疫情冲击危机事件等。自然灾害危机事件主要包括飓风灾害危机事件；供给冲击危机事件主要包括原油输出国组织 OPEC 减产或增产协议及主要经济体战略储备原油释放事件；恐怖袭击危机事件主要包括美国"9·11"恐怖袭击事件、沙特阿拉伯油田袭击事件和美伊冲突事件；疫情冲击危机事件主要指新型冠状病毒感染疫情危机事件。不同的突发危机事件对国际原油市场的影响机制有所差异。自然灾害突发危机事件特别是飓风灾害事件的发生会摧毁原油产地及供应商的原油储备及运输管道基础设施，从而有可能造成部分原油生产及供应中断，原油供应突然减少可能会对国际原油市场带来冲击。供给危机事件的发生如 OPEC 组织发布原油减产或者增产协议，属于不可预期的突发危机事件，会对国际原油市场造成直接冲击。恐怖袭击危机事件的影响差异较大：美国"9·11"恐怖袭击事件造成美国经济疲软，从而直接造成原油需求下降；沙特阿拉伯油田袭击突发危机事件和美伊冲突突发危机事件造成原油生产及供给基础设施损毁，短期减少了原油供应。疫情冲击危机事件的发生造成全球经济大规模停滞，全球经济大规模疲软，减少了全球原油需求，从而引发国际原油价格呈现下跌趋势。

6.2.1 自然灾害的冲击

自然灾害的发生特别是飓风灾害的发生，对国际原油市场具有重大的冲击作用（Fink et al.，2010）。飓风是亚太地区非常常见的季节性极端天气，同时亚太地区飓风很有可能对位于美国墨西哥湾的原油生产基础设施造成重大损毁。飓风可能会损毁原油生产商及供应商的原油开采设备和炼油厂等相关基础设施，也可能造成原油输送管道的重大损坏。这些都有可能对原油供应的市场预期造成负面的冲击影响，从而引发国际原油市场需求端恐慌情绪上升，在短期内引发国际原油价格快速上涨。

本节主要分析 2000 年以来发生的主要飓风灾害事件对国际原油市场的冲击

影响。美国墨西哥湾的飓风灾害通常会影响到美国的原油生产和供应。墨西哥湾是美国最大的油气生产基地，其原油产量占据了美国原油供应量的30%。墨西哥湾有4 000个钻井平台和超过50 000千米的输油管道（Cruz、Krausmann，2008）。飓风的发生会使得这些区域的重要钻采和储运原油的基础设施受到严重损毁从而被关停，主要包括炼油厂、港口、水上通道和输油管道等。有时炼油厂商在飓风袭击来临之前会关闭炼油厂从而避免飓风袭击造成的重大损失。在飓风袭击之后，炼油基础设施遭到损毁，需要经过一段时间才能够恢复。这表明飓风袭击对原油市场的影响具有一定的滞后性，即飓风袭击对原油市场的冲击影响通常发生在飓风袭击后的一段时间，使得国际原油价格在飓风灾害事件发生后出现上涨趋势。表6-1梳理了2000年以来美国发生的主要飓风灾害事件。

表6-1 2000年以来对美国墨西哥湾沿岸造成冲击的主要飓风灾害事件

序号	飓风事件	发生时间
1	飓风"伊万"	2004年9月
2	飓风"丽塔"	2005年6月
3	飓风"卡特里娜"	2005年8月
4	飓风"艾克"	2008年9月
5	飓风"古斯塔夫"	2008年9月
6	飓风"艾琳"	2011年8月
7	飓风"桑迪"	2012年10月
8	飓风"哈维"	2017年8月
9	飓风"佛罗伦斯"	2018年9月
10	飓风"巴里"	2019年7月
11	飓风"马尔科"	2020年8月
12	飓风"德尔塔"	2020年10月
13	飓风"泽塔"	2020年10月
14	飓风"艾达"	2021年8月

飓风灾害事件主要会导致美国墨西哥湾的原油产量在短期内迅速下降，从而对国际原油市场产生冲击。图6-3为2012—2022年历次飓风灾害事件冲击下美国墨西哥湾原油产量变化趋势。从图6-3中可以看出，历次飓风灾害事件冲击均导致了美国墨西哥湾原油产量在短时间内出现急剧减少的情况。2012年10月发生的飓风"桑迪"灾害事件，导致墨西哥湾原油产量在短期内从137.8万桶/天下降到112.2万桶/天，原油产量下降了18.58%。2017年8月发生的飓风"哈维"灾害事件，导致墨西哥湾原油产量在短期内从175.7

万桶/天下降到 148.2 万桶/天，原油产量下降了 15.65%。2018 年 9 月发生的飓风"佛罗伦斯"灾害事件，导致墨西哥湾原油产量在短期内从 195.5 万桶/天下降到 175.2 万桶/天，原油产量下降了 10.38%。2019 年 7 月发生的飓风"巴里"灾害事件，导致墨西哥湾原油产量在短期内从 196.3 万桶/天下降到 153.1 万桶/天，原油产量下降了 22.01%。2020 年 8 月和 10 月发生的飓风"马尔科"、飓风"德尔塔"和飓风"泽塔"灾害事件，导致墨西哥湾原油产量在短期内从 199.5 万桶/天下降到 105.0 万桶/天，原油产量下降了 47.37%。2021 年 8 月发生的飓风"艾达"灾害事件，导致墨西哥湾原油产量在短期内从 185.2 万桶/天下降到 106.2 万桶/天，原油产量下降了 42.66%。我们可以发现，从 2012 年起，飓风灾害事件的发生，使得美国墨西哥湾原油产量减少的比例均在 10% 以上。特别是近年来，飓风灾害事件的发生对美国墨西哥湾原油产量的影响程度显著增强，导致墨西哥湾原油日产量在短期内下降接近一半，尤其是 2020 年 8 月与 10 月发生的飓风"马尔科"、飓风"德尔塔"和飓风"泽塔"灾害事件，使得美国墨西哥原油产量下降了接近 50%。这也进一步说明了美国墨西哥湾发生的飓风灾害事件会对美国原油产量造成巨大的负向冲击。美国墨西哥湾原油产量在短期内急剧减少，势必对国际原油市场产生冲击，短期内原油供给量的快速减少可能会使得国际原油价格呈现上涨趋势。

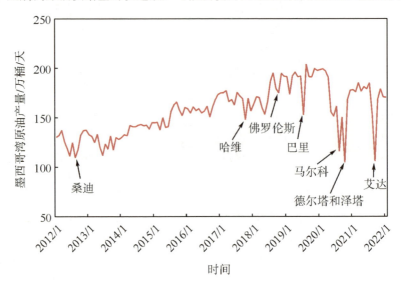

图 6-3　历次飓风灾害事件冲击与美国墨西哥湾原油产量变化趋势（2012/1—2022/1）

数据来源：美国能源信息署（Energy Information Administration，EIA）.

图 6-4 为历次飓风灾害事件冲击与 WTI 原油现货价格变化趋势。2012 年 10 月发生的飓风"桑迪"灾害事件,导致 WTI 原油价格在短期内从 82.3 美元/桶上涨到 95.31 美元/桶,上涨幅度为 15.81%。2017 年 8 月发生的飓风"哈维"灾害事件,导致 WTI 原油价格在短期内从 45.18 美元/桶上涨到 63.7 美元/桶,上涨幅度为 40.99%。2018 年 9 月发生的飓风"佛罗伦斯"灾害事件,导致 WTI 原油价格在短期内从 67.87 美元/桶上涨到 70.75 美元/桶,上涨幅度为 4.24%。2019 年 7 月发生的飓风"巴里"灾害事件,导致 WTI 原油价格在短期内从 54.66 美元/桶上涨到 57.35 美元/桶,上涨幅度为 4.92%。2020 年 8 月和 10 月发生的飓风"马尔科"、飓风"德尔塔"和飓风"泽塔"灾害事件,导致 WTI 原油价格在短期内从 28.56 美元/桶上涨到 47.02 美元/桶,上涨幅度为 64.64%。2021 年 8 月发生的飓风"艾达"灾害事件,导致 WTI 原油价格在短期内从 67.73 美元/桶上涨到 81.48 美元/桶,上涨幅度为 20.30%。我们从中可以看出,历次飓风灾害事件的发生都会使得国际原油价格上涨,上涨幅度的范围为 4.92% 到 64.64%,国际原油价格上涨幅度最大达到了 64.64%。

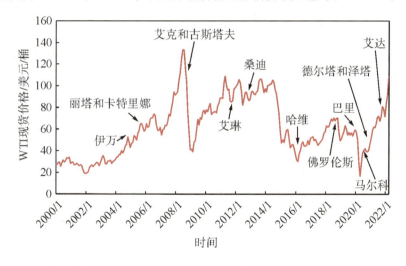

图 6-4 历次飓风灾害事件冲击与 WTI 原油现货价格变化趋势

数据来源:美国能源信息署(Energy Information Administration,EIA).

历次飓风灾害事件均对美国墨西哥湾原油生产与供应产生了冲击,造成该原油生产基地的原油供应部分中断。被中断的原油供应在短期内很难由其他区域原油供应来补充,市场上原油供应量小于需求量,从而导致国际原油价格呈现上涨趋势。飓风灾害事件对国际原油市场的冲击程度大小,取决于飓风灾害事件使得原油供应中断的时间长短。飓风灾害事件引发的原油供应中断量越大，那么飓风灾害事件对国际原油市场的冲击越大。

6.2.2 供给的冲击

国际原油市场受到供给冲击的影响，主要是受到原油输出国组织的原油减产及增产协议的影响，以及主要经济体释放战略储备原油的冲击（Mensi et al.，2014；Gkillas et al.，2021）。原油输出国组织 OPEC 成立于 20 世纪 60 年代，作为全球原油市场卡特尔组织，其原油生产量及出口量占全世界最大份额，其通过协调和管制其成员国内部的原油产量，从原油生产及供应端影响国际原油市场。OPEC 会议的主要目的是基于原油未来市场的展望对原油的未来需求和价格走势进行分析，希望在其成员国组织内部达成未来原油产量协议，从而使得原油价格走势符合其预期。因此，OPEC 会议形成的原油产量增产或者减产协议对国际原油市场可能会产生显著的冲击效应。

主要经济体也会依据国际原油市场形势释放战略储备原油，也是从供应端来调节原油供应，也可能对国际原油市场产生一定程度的冲击作用。全球主要经济体实施战略原油储备策略，主要是考虑当原油出现可能的供应中断时，能够及时释放原油储备以缓解国内能源供应危机，从而保证能源供应安全。然而，当国际原油价格高企时，主要经济体也可能会释放大量战略储备原油，以期通过短期内增加原油供应来调节原油供应端，从而可能抑制国际原油价格上涨趋势，这就可能对国际原油市场产生冲击。

本节梳理了若干次原油市场供给冲击事件，包括三次 OPEC 重要的减产及增产会议事件和一次美国联合释放战略储备原油事件，如表 6-2 所示。

表 6-2　原油市场供给冲击事件

序号	时间	事件
1	2014 年 11 月	OPEC 会议决定增加原油产量
2	2017 年 11 月	OPEC 会议决定减少原油产量
3	2020 年 4 月	OPEC 会议决定减少原油产量
4	2021 年 11 月	美国联合释放战略储备原油

图 6-5 为历次供给冲击与 WTI 原油现货价格变化趋势，其中主要是 OPEC 会议对国际原油市场的冲击及美国联合释放战略储备原油事件对国际原油市场的冲击。

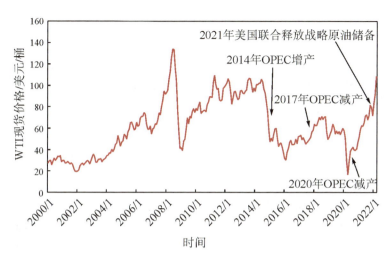

图 6-5　历次供给冲击事件与 WTI 原油现货价格变化趋势

数据来源：美国能源信息署（Energy Information Administration，EIA）.

（1）2014 年 11 月 OPEC 会议决定增产。进入 2012 年以来，美国的第一次"页岩油革命"的成功造成了 2014 年下半年国际原油价格暴跌。进入 2014 年下半年以来，美国的第二次"页岩油革命"的成功带来了美国国内原油产量的快速上升，同时美国调整原油及成品油相关出口政策，在短期内极大提高了美国原油及成品油出口能力。美国页岩油的大量出口，使得全球原油供应在短期内显著增加，打破了全球原油供需体系的平衡，引发了国际原油市场的剧烈震荡，使国际原油价格逐步回落。这次"页岩油革命"改变了页岩油在全球能源供应中的地位。在此次变革之前，页岩油生产商被视为机动生产者。也就是说，当原油价格高于其成本时，页岩油就进入市场，从而抑制原油价格的进一步上涨；相反，当原油价格低于其成本时，页岩油就退出市场供应。WTI 原油价格从 2014 年 6 月的 105.79 美元/桶下跌到 2014 年 12 月的 59.29 美元/桶，下跌幅度达 43.96%。在这个背景下，为了应对美国页岩油供应量的快速上升所导致的国际原油价格下跌，在 OPEC 会议上，沙特阿拉伯推动 OPEC 组织维持并增加原油产量以期使得原油价格进一步下跌。此举意在使美国页岩油开采不再具有经济可行性，从而遏制美国页岩油产量。OPEC 增产的消息进一步引发了国际原油价格急剧下跌，导致国际原油价格在 2015 年初下跌到 50 美元/桶以下。

（2）2017 年 11 月 OPEC 会议决定减产。进入 2014 年以来，美国页岩油大量出口，对全球原油出口贸易带来了极大的冲击，全球原油出口量显著提高，进一步引发国际原油价格下行。为了应对 2015 年以来国际原油价格的疲软态势，2017 年 11 月的 OPEC 会议达成了原油减产协议，以期减少低油价给 OPEC 成员国财政带来的巨大损失。然而 OPEC 减产协议公布后，国际原油价格并没有迅速出现大幅度下跌现象，仅仅出现微弱程度的下跌。这主要是因为美国"页岩油革命"持续深入发展，美国原油产量及出口贸易量持续增加，在一定程度上补偿了 OPEC 此次减少的原油产量。因此。OPEC 会议此次达成的减产协议对国际原油市场的影响较弱，并没有取得预期的效果。

（3）2020 年 4 月 OPEC 会议决定减产。2019 年底发生的新型冠状病毒感染疫情对全球经济活动产生重大负向冲击，各国对原油的需求急剧下降，从而使得国际原油市场供过于求，国际原油价格疲软。2020 年 3 月 4 日，OPEC 成员国与俄罗斯协商讨论减少原油产量，以应对全球原油需求疲软问题。然而，俄罗斯拒绝接受 OPEC 的原油减产计划，即原油产量减少 100 万桶/日至 150 万桶/日。OPEC 与俄罗斯协商会议没有取得减产效果，进一步引发了 WTI 原油价格下跌。在意料之外的是，2020 年 3 月 6 日，沙特阿拉伯计划在 4 月份增产，从 30 万桶/日增加到 1 000 万桶/日。这一增产计划对国际原油市场产生了巨大冲击，国际原油价格快速下跌，在不到两周的时间内，国际原油价格从 50 美元/桶一度下跌到 25 美元/桶以下。为了应对国际原油价格的持续下跌，2020 年 4 月，OPEC 成员国举行减产会议，协商通过原油减产来扭转当前国际原油市场形势。随后，WTI 原油价格开始从此前的 16.55 美元/桶上涨，其在短期内快速上涨到 42.34 美元/桶，上涨幅度达到 155.83%。

沙特阿拉伯、俄罗斯和美国三方博弈将持续扰动世界原油市场格局。作为世界主要的产油国，沙特阿拉伯、俄罗斯、美国的产量几乎占到世界原油总产量的一半。传统上，沙特阿拉伯依托 OPEC 对全球原油市场进行调节，而近年来随着 OPEC 的市场份额不断下降，其对市场和价格的调控能力逐渐弱化。俄罗斯作为最大的非 OPEC 原油出口国，其与 OPEC 的合作一度成为稳定国际油价的重要因素。近期油价暴跌的导火索即是俄罗斯没有支持 OPEC 的进一步减产决定，从而导致沙特阿拉伯的报复性政策。这轮油价的暴涨暴跌已经演变成各国之间博弈的闹剧。左右原油价格的不再是市场基本面，而是主要参与者的策略性行为。市场基本面因素往往被沙特阿拉伯、俄罗斯和美国这几个主要的原油出口国当成操纵市场的"遮羞布"。

（4）2021 年 11 月美国联合释放战略储备原油事件。国家战略原油储备制度起源于 1973 年。第一次石油危机对西方发达国家造成了经济冲击，西方发达国家联合成立了国际能源署，提出建立战略原油储备以应对短期原油供应大规模减少甚至中断的突发情况，并设定了满足各个参与国家 90 天净进口量的安全线。纵观历史，尽管战略原油储备是为了应对突发的供应中断而建立的，但是美国战略原油储备的释放形式是多样的，包括紧急释放、原油试销、交换协议和非紧急销售。但是，历史上由美国总统指示的紧急战略储备原油释放仅发生了三次。第一次是 1991 年海湾战争期间，战略储备原油释放规模为 3 375 万桶；第二次是 2005 年美国"卡特里娜"飓风过后，战略储备原油释放规模为 2 080 万桶；第三次是 2011 年，美国及其国际能源署的合作伙伴联合释放了 6 000 万桶战略储备原油（美国为 3 000 万桶），以应对利比亚和其他国家的原油供应中断。

2021 年 11 月 23 日，美国政府发布公告称，美国能源部将从战略储备中释放 5 000 万桶原油。同时，这次战略储备原油释放将联合中国、印度、日本、韩国和英国等多个主要原油消费国一起实施。尽管此次美国联合了多个国家同时释放战略储备原油，但是这些国家的释放规模都非常小，对于国际市场上原油供应的影响非常微弱。在此次美国宣布联合释放战略储备原油后，国际原油价格并没有快速下跌，反而出现了一定幅度的上涨。这主要是因为美国作为原油需求的主要经济体，其每日的原油需求超过 1 500 万桶，此次释放的 5 000 万桶战略储备原油根本不足以引发国际原油市场对于供大于求的担忧。

不同于以往，本次释放战略储备原油的目的更多的是试图使用战略储备原油作为武器去压低原油价格，来应对美国国内高企的成品油价格以及数万亿美元经济刺激计划带来的高通货膨胀率。同时，拜登政府这一举动也被解读为挽救其国内支持率的一次押注。美国中期选举将近，而密歇根大学公布的 11 月份消费者信心指数环比已经下降至十年来的低点。此次美国的战略原油储备联合行动实际上是对"OPEC+"同盟的一次挑战，效果可能适得其反。传统上，OPEC 一直在国际市场上扮演着供需调节者的角色。此次美国的战略储备原油联合释放行动，很可能会导致"OPEC+"联盟在接下来的会议上重新考虑增产 40 万桶/日的战略。如果"OPEC+"维持原有产量决定，将彻底抵消此次释放战略储备原油给市场带来的下行压力。而在本轮市场价格主要由供给驱动的前提下，"OPEC+"联盟无疑比美国掌握着更大的市场话语权。

本次联合释放战略储备原油没有解决原油市场面临的根本问题。当前造成市场供给偏紧的原因是多方面的。一方面是疫情过后美国需求回暖造成的成品油库存大幅下降，另一方面则是拜登政府在化石燃料领域的大规模收缩政策限制了美国生产更多的原油。而且从长期来看，如果拜登政府不改变现有的针对化石能源的投资限制政策，未来美国可能重新回到对外部能源高度依赖的轨道上。此外，美元超发，也是国际原油价格高位运行的一个重要因素。

历次 OPEC 减产或者增产协议事件，意图通过协调 OPEC 成员国内部原油产量来影响国际原油市场走势。OPEC 减产或者增产协议事件对国际原油市场的影响程度，不只是取决于 OPEC 减产或者增产原油，同时也取决于世界原油供给及需求基本面，即会受到其他主要原油出口国的影响以及全球经济活动形势的影响。近年来，美国"页岩油革命"的成功使得美国成了世界主要原油出口国之一。OPEC 减产或者增产协议对国际原油市场的冲击程度逐渐减弱，更多时候取决于 OPEC、俄罗斯、美国等原油出口国之间的博弈。同时，主要经济体的原油储备很多时候是作为战略储备存在的，释放战略储备原油是否会对国际原油市场产生冲击，也主要取决于全球原油供应与需求形势。

6.2.3　恐怖袭击事件的冲击

恐怖袭击突发危机事件通常会对人类生命及经济造成重大威胁和损害，对国际原油市场也具有重大冲击作用。恐怖袭击突发危机事件会对原油生产及供应基础设施造成破坏，从而影响原油产量及供应，进而对国际原油价格产生冲击。表 6-3 梳理了主要的恐怖袭击突发危机事件，包括 2001 年 9 月 11 日发生的美国"9·11"恐怖袭击事件、2019 年 9 月 14 日发生的沙特阿拉伯油田袭击事件、2020 年 1 月发生的美伊冲突事件。图 6-6 为历次恐怖袭击突发危机事件冲击与 WTI 原油现货价格变化趋势。

表 6-3　2000 年以来的主要恐怖袭击突发危机事件

序号	时间	事件
1	2001 年 9 月	美国"9·11"恐怖袭击事件
2	2019 年 9 月	沙特阿拉伯油田袭击事件
3	2020 年 1 月	美伊冲突事件

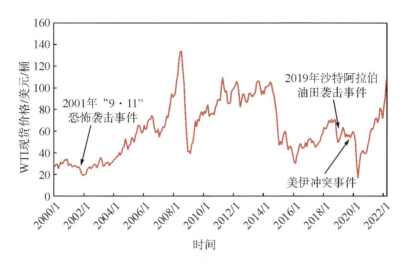

图 6-6　历次恐怖袭击突发危机事件冲击与 WTI 原油现货价格变化趋势

数据来源：美国能源信息署（Energy Information Administration，EIA）．

6.2.3.1　2001 年 "9·11" 恐怖袭击事件

2001 年 9 月 11 日发生的恐怖袭击突发危机事件对美国造成了巨大的负向冲击，此后国际原油价格在短期内迅速上涨到 30 美元/桶以上。该恐怖袭击突发危机事件影响了美国原油贸易，因为美国纽约商品交易所位于世界贸易大厦附近。同时，美国对恐怖分子的制裁可能扩展到主要的产油国家包括伊朗、伊拉克和利比亚等，这些都增加了国际原油市场未来走势的极大不确定性。在短期内，市场上对于原油稳定供应产生了担忧情绪，国际原油价格也表现出上涨趋势。"9·11" 恐怖袭击突发危机事件扰乱了美国各经济部门和行业的稳定运行，比如航空服务中断及商业投资受到冲击等，其在短期内对美国经济活动产生了巨大的负面冲击，使得原本已经疲软的美国宏观经济形势进一步衰退。在 "9·11" 恐怖袭击突发危机事件发生后，美国经济活动呈现下行趋势，美国对原油的需求进一步降低，从而使得国际原油价格经历短暂上涨后开始下跌。

6.2.3.2　2019 年沙特阿拉伯油田袭击事件

2019 年 9 月 14 日凌晨，位于沙特阿拉伯东部的一家炼油厂和一座油田遭到无人机袭击，该袭击造成沙特阿拉伯减少了大约一半的原油日产量。沙特阿拉伯作为全球主要原油生产和出口国家，该次袭击所造成的原油产量损失巨大。此次原油市场受到的影响超过了 1990 年 8 月伊拉克入侵科威特的时候，伊拉克、科威特两国以及 1978 年底发生革命期间伊朗原油产量的损失，是有史以来原油市场面临的最严重的一次断供。

沙特阿拉伯油田袭击事件发生后，国际原油价格剧烈波动，在短期内出现快速上涨趋势，WTI原油价格从2019年9月13日的54.76美元/桶在短期内快速上涨到2019年9月16日的63.1美元/桶，上涨幅度达15%。同时，中国上海的国际原油期货价格也一度接近涨停（涨幅达到8%）。此事件虽然对国际原油市场冲击巨大，但是价格波动仍然是市场情绪主导的。短期行为不会对长期供需造成影响，释放战略储备原油等多种手段仍然可以有效抑制油价。此次袭击事件发生后，特朗普在第一时间宣布，授权动用美国战略储备原油以备不时之需。这个举措安抚住了市场的情绪。

沙特阿拉伯油田袭击事件说明地缘政治对国际原油市场短期波动的影响仍然很大。一段时间以来，国际原油市场面对风云变幻的中东局势，仍旧震荡走低。一是因为全球经济疲软，以及中美贸易摩擦带来的全球经济增长不确定性，导致原油需求不振。二是国际原油生产中心转移，让国际能源市场对中东的敏感度有所下降。自2012年开始的"页岩油革命"，推动了美国原油产量的急剧增长，已经改变了全球的能源版图，颠覆了原有的国际能源格局。在美国、俄罗斯等非欧佩克原油生产者持续崛起的情况下，沙特阿拉伯等中东产油国的地位有所下降。

不过，沙特阿拉伯仍是全球最大的原油出口国之一，剩余产能也较大，仍是国际原油市场重要的调节者，在原油市场上依然举足轻重。国际原油价格的进一步反应要取决于沙特阿拉伯产能恢复的时间。如果短期断供不能解决，油价可能要上100美元/桶。当然，如果沙特阿拉伯产能能够很快恢复，在全球原油市场基本面不变的情况下，原油价格走高的动力将不足。但是，需要注意的是，这次袭击事件，可能会给别人带来借题发挥的机会，从而导致国际油价大幅度波动。另外，伊朗因素也可能被借题发挥。美国和沙特阿拉伯已经明确指出伊朗难辞其咎。这对于前段时间已经很紧张的美伊、沙伊关系来说，无异于火上浇油。美国或者沙特阿拉伯是否和伊朗正面冲突、霍尔木兹海峡能否安全通行，都是左右国际原油市场的重要因素。

6.2.3.3 2020年美伊冲突

自2020年初以来，美国和伊朗发生冲突，该突发危机事件对国际原油市场产生冲击，国际原油价格在短期内快速上涨，这也表明地缘政治风险对国际原油市场会产生冲击影响。2020年1月1日，伊拉克什叶派民兵组织冲击美国驻伊拉克大使馆，美国认为该围攻事件为伊朗所策划，美国与伊朗之间的直接冲突加剧。受到该突发危机事件的影响，WTI原油价格在2020年1月3日的上涨幅度超过3%，达到63美元/桶。随后，伊朗向美军驻伊拉克基地发动袭击，美国与伊朗之间的冲突进一步加剧。此次伊朗的袭击没有对原油生产及供应基础设施造成直接损坏，其对国际原油市场的冲击程度较小。

近年来，无论是中美贸易摩擦还是中东政局动乱，都给国际油价带来了很大的冲击，国际原油市场波动明显增加，市场恐慌情绪一度高涨。地缘政治风险已经成为国际市场投资者追涨杀跌的主要情绪指标，也成为原油市场波动的最大不确定性因素。美伊冲突成为2020年伊始原油市场最大的黑天鹅事件，伊朗和美国进一步的对抗走势将左右近期的国际市场情绪和油价波动。中东地区坐拥全球三分之一的原油产量和近一半的原油储量。特别是伊朗对全球最重要的原油海运通道霍尔木兹海峡具有绝对的军事管控权，一旦冲突升级，该地区将卷入更加激烈和持久的乱局，全球原油贸易将面临短期中断的风险，那么油价必然会出现持续暴涨，将会对已经很脆弱的国际经济和金融市场产生重大的负面冲击。

从局势的变化来看，无论是美国还是伊朗，都没有做好全面开战的准备。伊朗方面并没有真正的动机走向极端，无论是从整体实力还是从既得利益角度来讲，进一步的冲突乃至全面战争对伊朗当局都没有好处。伊朗外长公开声明报复结束已经表明了其政府的态度，维持现状、争取发展空间是其最优的选择。反观美国，此次冲突也并没有占据完全优势，加上伊朗跟德国、俄罗斯、土耳其等国的友好关系，一旦开战，也很难速战速决，对于美国目前的经济状况也十分不利。然而，美伊冲突的根本原因与双方在核问题上的分歧仍然存在，美方为了巩固其在中东和全球的霸主地位，不会就此善罢甘休。因此高风险和脆弱的市场情绪还将在相当长时间内维持，任何消息面的因素都将激起原油市场的剧烈反应，从而影响国际原油价格的波动水平。国际原油价格在未来相当长的一段时期仍将会在较高的价格水平下高位波动。

近年来，为了应对全球气候变暖和环境问题，传统化石能源在全球经济中的地位有所下降。作为潜在的替代品，新能源技术得到了迅速的发展。这一系列的变化使人们一度认为原油的重要性在不断下降，对经济和金融市场的影响也已风光不再。然而近期原油价格的一系列变化以及市场的反应表明原油仍然是影响全球经济的核心因素，中东地缘政治的动荡依然不仅带来了战争的风险，其对国际原油价格的冲击也是全球经济发展中的"定时炸弹"。

恐怖袭击事件不仅会造成人员伤亡、损害经济活动，也会造成局势紧张，特别是可能进一步加剧原油供应国地缘政治风险，引发国际原油市场恐慌情绪。恐怖袭击会造成主要经济体的经济活动陷入疲软状态，大规模经济活动处于下行状态，势必减少对原油的需求。当恐怖袭击事件发生在中东地区或者其他原油主要供应国时，其对原油生产及供应基础设施造成的损毁，在一定程度上会造成原油供应中断，从供应端对国际原油市场造成冲击。

6.2.4　疫情的冲击

2019 年底发生的新型冠状病毒感染疫情导致全球经济大规模停滞，对全球经济造成了巨大的负向冲击，对国际原油市场也产生了重大影响（Ma et al.，2021；Chatziantoniou et al.，2022）。受全球新型冠状病毒感染疫情影响，WTI 国际原油价格由 2019 年末的 59.88 美元/桶快速下跌到 2020 年 3 月份的 29.21 美元/桶，下跌了近 50%。随着全球各国的疫情蔓延，业已比较脆弱的世界经济面临着衰退风险。可以说由新型冠状病毒感染触发的国际石油危机首先是一场需求危机，但是国际原油市场对于疫情的冲击影响早有预期，特别是中国对疫情的有效控制在一定程度上也减缓了国际石油危机的进一步发酵。因此，此次暴跌的主要因素并非需求原因，而是由供给方因素导致的。

自 2020 年初以来，OPEC 与俄罗斯多次进行谈判，讨论是否进一步通过减产的方式来维持原油价格的稳定，以应对新型冠状病毒感染疫情所导致的需求危机。然而，2020 年 3 月 6 日在维也纳举行的"OPEC+"会议上，俄罗斯并未同意 OPEC 所提出的进一步减产计划，当日国际原油价格即暴跌逾 10%，从而触发了原油市场的供给危机。沙特阿拉伯随即发动了价格战，大幅下调了 4 月份官方原油销售价格，降价幅度达到最近 20 年以来的最高水平，并且对外宣称计划增加原油产量到每天 1 000 万桶以上，甚至一些消息称可以提高产量到创纪录的每天 1 200 万桶。其实施的"焦土"策略使国际原油市场不堪重负，原油价格一泻千里。

可以说，沙特阿拉伯态度的大逆转是当前国际原油市场危机的直接原因。沙特阿拉伯发动原油价格战已有很长的历史，自 20 世纪 80 年代以来，每次价格战都会把油价压到一定时期的历史低点。此次价格战伴随着沙特阿拉伯国内的力量博弈，使得形势更加错综复杂。沙特阿拉伯王储上任以后力推沙特阿拉伯经济转型，但是效果并不显著，从而引发了一些内部纷争。这种内部纷争会可能会影响到其国际油价策略。通过发动价格战，把沙特阿拉伯置于面临挑战的境地，可以转移其内部的注意力，有利于沙特阿拉伯王储稳固其权力。

从长远来讲，持续的价格战并不符合全球各方的利益。沙特阿拉伯这一战略举措可能是试图以最快的方式向俄罗斯和其他生产商施加压力，令它们回到谈判桌上，并开始削减产量以达成谈判协议。俄罗斯不同意 OPEC 提出的进一步共同减产 150 万桶/天的提议，但是赞成维持现有的减产规模至 2020 年 6 月份，并表示仍然愿意与 OPEC 及其盟国就减产协议进行协商。

当前国际原油市场上有三股势力，一是沙特阿拉伯，二是俄罗斯，三是以美国页岩油生产商为代表的新兴原油生产商。如果 OPEC 要长期起到稳定原油市场的作用，则必须要将新兴的"玩家"踢出市场。但是过去的历史证明，美国的新兴页岩油"玩家"非常顽强，在逆境中越挫越勇。未来的博弈将更为复杂和具有挑战性。价格战是一种"杀敌一千自损八百"的策略，因此并不具有可持续性。

低油价固然可以降低工业生产成本、促进经济发展，但是其所附带的剧烈波动性并不符合全球经济发展的客观要求。特别是在能源（原油）市场金融化的今天，原油市场的风险会迅速地传导到金融市场上，从而对全球实体经济产生更大的负面冲击。全球股市的大幅下跌以及黄金价格的上涨即反映了投资者对于市场进一步增加不确定性的担心，此间石油危机的作用不容忽视。值得一提的是，低油价对天然气市场的冲击更是雪上加霜。东亚液化天然气的现货价格在 2020 年 2 月中旬已经达到 10 年来的低点。低油价将会进一步导致长期合约的天然气价格下跌，从而给天然气生产商更大的压力。

面对需求和供给的双重打击，国际原油市场的动荡仍会持续。供给方面更大程度上会造成短期的波动，而新型冠状病毒感染疫情所带来的需求问题可能持续抑制油价上涨，从而导致油价会在较低的水平上运行。沙特阿拉伯、俄罗斯、美国的三方博弈也将会继续影响国际原油的走势。

综上所述，本节梳理和分析了自然灾害危机事件、供给冲击危机事件、恐怖袭击危机事件、疫情冲击危机事件等各类突发危机事件对国际原油市场的影响。我们从中可以看出，突发危机事件发生频率较高，对国际原油市场同样会造成冲击。突发危机事件很难被提前预见，其对国际原油市场形成冲击后，国际原油市场在很多时候会迅速做出反应。自然灾害危机事件、供给冲击危机事件和恐怖袭击事件主要冲击了原油供给端，疫情危机事件冲击类似于经济金融危机事件冲击，起初主要冲击原油需求端。对供给端形成冲击的突发危机事件发生一段时间后，原油供给逐渐恢复，其对国际原油市场的冲击逐渐减弱。对需求端形成冲击的突发危机事件发生一段时间后，原油需求逐渐恢复，国际原油价格也逐渐呈现上涨趋势。

6.3　战争危机对国际原油市场的冲击

战争危机事件会造成战争区域经济停滞，对人类社会造成不可恢复的重创。特别地，原油生产及供应国发生战争将会直接造成原油供应中断，从而对国际原油市场产生冲击（Liu et al., 2019；Mei et al., 2020）。原油生产与出口区域主要集中在中东地区及俄罗斯，中东地区战乱、俄罗斯与乌克兰冲突局势必将冲击全球原油供应形势。本节主要梳理 2000 年以来的中东乱局及俄乌军事冲突对国际原油市场的影响。中东乱局主要包括 2001 年发生的阿富汗战争危机事件、2003 年发生的伊拉克战争危机事件、2010 年发生的"阿拉伯之春"危机事件、2011 年发生的利比亚战争危机事件、2011 年发生的叙利亚战争危机事件。俄乌军事冲突事件主要包括 2014 年 4 月发生的俄乌军事冲突危机事件和 2022 年 2 月发生的俄乌军事冲突危机事件。中东地区始终是全球原油供应关注的焦点，中东局势的紧张不仅在短期内会减少原油供应，同时也会进一步加剧全球对于原油供应中断的担忧情绪，国际原油价格受到双重冲击会在短期内迅速上升。俄乌军事冲突也是通过导致原油供应中断而对国际原油市场产生冲击的。

6.3.1　中东乱局

中东及北非地区的原油产量占到全球原油产量的30%以上，这些国家是原油输出国组织（OPEC）的成员国，中东和北非地区的战争危机事件会导致该地区的原油供应中断，从而对国际原油市场产生重大冲击，使得国际原油价格在短期内快速上涨。虽然随着时间的推移，这一比例可能会降低，但在未来几年，中东及北非地区原油的命运仍将对全球经济产生巨大影响。本节梳理了2000 年以来中东和北非地区的地缘政治危机事件，具体见表 6-4 所示。

表 6-4　2000 年以来中东和北非地缘政治危机事件

序号	时间	事件
1	2001 年 10 月 7 日至 2021 年 4 月 15 日	阿富汗战争
2	2003 年 3 月 20 日至 2003 年 5 月 1 日	伊拉克战争
3	2010 年至今	"阿拉伯之春"运动
4	2011 年 2 月 15 日至 2011 年 10 月 23 日	利比亚战争
5	2011 年 3 月 15 日至今	叙利亚战争

图6-7为历次中东乱局危机事件冲击与WTI原油现货价格变化趋势。2001年10月7日阿富汗战争发生后，国际原油价格从27.37美元/桶快速上涨到35.83美元/桶。2003年3月20日至2003年5月1日发生的伊拉克战争，使得国际原油价格从28.17美元/桶上涨到36.74美元/桶。2010年发生的"阿拉伯之春"危机事件，使得国际原油价格从74.47美元/桶上涨到109.53美元/桶。2011年2月15日至2011年10月23日发生的利比亚战争，使得国际原油价格从89.17美元/桶快速上涨到106.16美元/桶。2011年3月15日发生的叙利亚战争，使得国际原油价格在短时间内从88.58美元/桶上涨到109.53美元/桶。

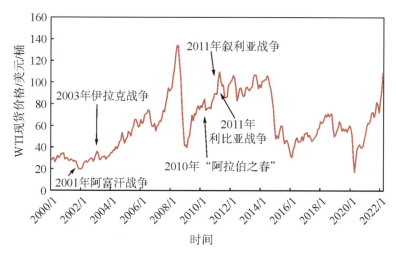

图6-7　历次中东乱局危机事件冲击与WTI原油现货价格变化趋势

数据来源：美国能源信息署（Energy Information Administration，EIA）.

（1）阿富汗战争对国际原油市场的影响。美国在"9·11"恐怖袭击危机事件发生后对阿富汗发动战争，整个战争过程持续20年，于2021年4月撤军。阿富汗战争发生后，国际原油市场油价出现了一定程度的上涨，而后期其对国际原油市场的影响较为有限。阿富汗战争对国际原油市场的影响较为间接，但如果阿富汗局势持续紧张，其不稳定局势会蔓延到整个中东地区，从而可能造成中东地区局势紧张，就会对国际原油市场产生持续的冲击。这主要是因为阿富汗处于中东地区，其国内局势直接关系到中东局势。中东地区国家为世界主要的原油生产与出口国，中东地区的政治局势紧张将直接影响中东地区主要产油国的原油生产与贸易，从而对国际原油市场形成供应短缺冲击，在一定程度上促使国际原油价格上涨。

（2）伊拉克战争对国际原油市场的影响。美国在伊拉克发动的颠覆其政权的战争，被广泛视为一场原油战争——争夺全球第二大原油储量的战争。在 2003 年 3 月 20 日伊拉克战争发生前的三个月里，国际原油价格稳步上涨。美国发动伊拉克战争的目的是阻止原油输出国组织进一步将欧元作为原油交易货币标准的势头。同时，美国需要获得伊拉克的地缘战略控制地位以及它的全球第二大已探明原油储量。

（3）"阿拉伯之春"对国际原油市场的影响。受 2010 年 12 月突尼斯骚乱引发的"阿拉伯之春"暴力事件影响，五个中东和北非国家（利比亚、叙利亚、也门、突尼斯和苏丹）的原油产量每天下降了 200 多万桶。考虑到中东和北非地区能源供应对全球经济的重要性，该地区的政治动荡引发了人们对能源供应中断前景的普遍担忧。随着国际原油和天然气价格从 2010 年开始上涨，市场和政界人士普遍担心价格的进一步上涨将危及全球经济从几十年来最严重的衰退中复苏。

（4）利比亚战争对国际原油市场的影响。利比亚战争始于其东部港口城市反对卡扎菲政权的抗议活动，并蔓延到津坦、贝达和库巴。利比亚战争造成该国原油产量及供应中断，对全球原油供应产生巨大冲击，在市场上形成原油供应中断预期，国际原油价格在短期内迅速攀升到接近 110 美元/桶。随着卡扎菲政权的垮台，国际原油价格逐渐回落。

（5）叙利亚战争对国际原油市场的影响。虽然叙利亚的原油资源较少，但能源问题仍在战争中扮演了重要角色。叙利亚战争扰乱了中东局势，加剧了俄罗斯和美国之间的紧张关系，加剧了市场对原油供应中断预期的担忧，从而对国际原油价格产生了重大影响。在叙利亚战争开始一段时间后，国际原油市场做出反应，国际原油价格从 88.58 美元/桶上涨到接近 110 美元/桶。

中东地区战争危机事件对全球原油供应与贸易活动形成了巨大冲击。中东地区地缘政治风险一直与国际原油市场紧密关联。近年来，美国"页岩油革命"蓬勃发展，美国原油出口占据的全球原油出口份额逐渐增大，中东地区产油国的原油产量份额在全球市场上的占比逐渐缩小。中东地区原油产量份额形势有所变化，但中东地区地缘政治风险对全球原油贸易格局的巨大冲击依然存在，中东地区地缘政治风险越高，其对国际原油市场的冲击越大。

6.3.2 俄乌军事冲突

俄罗斯作为全球能源市场的主要生产国和供应国之一，其原油产量和出口量占据了全球原油市场的重要份额。俄罗斯与乌克兰之间的冲突势必影响俄罗斯的原油产量及出口供应情况，从而对国际原油市场造成冲击。本节主要分析 2014 年 4 月发生的俄乌军事冲突和2022年2月发生的俄乌军事冲突对全球原油市场的影响。

图 6-8 为俄乌军事冲突事件冲击与 WTI 原油现货价格变化趋势。2014 年 4 月俄乌军事冲突发生，国际原油价格在短期内从 94.62 美元/桶上涨到 105.79 美元/桶，上涨幅度达 11% 以上。2022 年 2 月 24 日，俄罗斯对乌克兰发动军事行动，这一重大危机事件加剧了市场参与者及投资者对能源价格在未来的看涨预期。俄罗斯与乌克兰的紧张局势始于 2021 年底，俄罗斯警告乌克兰不应被纳入北大西洋公约组织。俄乌军事冲突对全球油气行业的影响程度取决于军事冲突的持续时间、俄罗斯供应冲击的严重程度以及主要依赖俄罗斯能源的欧洲原油短缺程度。地缘政治风险一直都是影响原油价格短期波动的主要因素。特别是后金融危机时期，在全球政局不断演变的环境下，地缘政治危机事件对原油市场的影响更加明显。俄罗斯作为原油产量"千万桶俱乐部"成员，其地缘政治局势一直是市场关注的焦点。俄乌军事冲突引发了全球对原油供应中断的担忧。俄乌军事冲突发生导致 WTI 原油价格在短期内迅速上涨，上涨幅度达 50%，WTI 原油价格从 2021 年 12 月 10 日的 71.71 美元/桶飙升至 2022 年 3 月 8 日的 110.74 美元/桶。

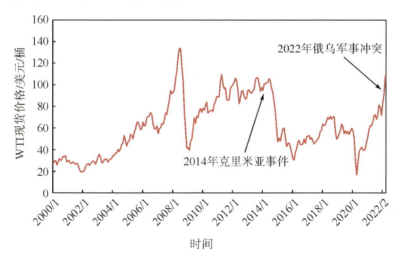

图 6-8　俄乌军事冲突事件冲击与 WTI 原油现货价格变化趋势

数据来源：美国能源信息署（Energy Information Administration，EIA）.

综上所述，本节梳理和分析了中东乱局和俄乌军事冲突危机事件对国际原油市场的影响机制。从中可以看出，原油出口国的地缘政治风险，特别是中东地区等主要原油生产国及出口国的地缘政治风险与国际原油价格的上涨和下跌紧密联系。2001 年发生的阿富汗战争危机事件、2003 年发生的伊拉克战争危机事件、2010 年发生的"阿拉伯之春"危机事件、2011 年发生的利比亚战争危机事件、2011 年发生的叙利亚战争危机事件、2014 年 4 月发生的俄乌军事冲突危机事件和 2022 年 2 月发生的俄乌军事冲突危机事件，造成原油出口国产地局势紧张，要么使得原油供应中断或者大量减少，要么引发和加剧全球原油供给恐慌，并进一步导致国际原油价格呈现上涨趋势或出现大幅飙升。

6.4 危机事件冲击渠道分析与应对

国际原油市场会受到很多危机事件的冲击影响。全球金融危机、欧洲债务危机、自然灾害冲击、OPEC 成员国减产及增产协议、美国联合释放战略储备原油、恐怖袭击事件、疫情冲击、中东乱局和俄乌军事冲突等重大危机事件对国际原油市场均产生了重大冲击。危机事件对国际原油市场的冲击主要有四个渠道：危机事件对原油供给产生冲击进而对国际原油市场产生冲击、危机事件对原油需求产生冲击进而对国际原油市场产生冲击、危机事件对原油库存需求产生冲击进而对国际原油市场产生冲击、危机事件对经济活动产生冲击进而对国际原油市场产生冲击。不同的危机事件对国际原油市场的冲击渠道有所差异，主要是通过影响原油供给及需求传导到国际原油市场上。

国际原油市场极其复杂，会受到很多因素的影响，其中重大危机事件对其的影响不可忽视。原油供给和需求会直接影响国际原油市场。供给方的生产行为会对国际原油市场产生冲击，主要是大的原油出口国，比如 OPEC 成员国等。需求方的消费行为也会对国际原油市场产生冲击，大的经济体的宏观经济形势将直接影响其原油消费需求。重大危机事件的发生会对原油供给方与原油需求方产生冲击，从而影响国际原油市场。全球经济活动的衰退或者繁荣会直接影响原油需求方，从而对国际原油市场产生影响。全球经济走强、原油需求超过原油供应，会使得国际原油价格上涨；相反，全球经济疲软、原油供应大于原油需求，会使得国际原油价格下跌。

为了应对危机事件对国际原油市场的冲击，需要结合原油市场动态特征与全球经济发展周期联系机制，做好国际原油市场运行趋势预判和市场风险管理措施，同时结合全球原油供给形势及全球经济形势提前做好战略原油储备，从而减少重大危机事件对我国原油需求和宏观经济活动的冲击，确保我国能源供应安全，进一步保证我国经济活动的平稳运行。

首先，做好国际原油市场动态趋势预判，积极参与国际原油市场运行。中国目前是世界最大的原油进口国，国际原油价格上涨关系到中国的切身利益。中国原油企业的决策者需要更清晰地认识到国际原油市场的这些转变，采取积极的应对措施。一方面思考如何更加积极地参与国际原油市场的博弈；另一方面发出自己的声音，保护自己的利益。同时需要更加积极主动地参与国际原油市场互动。比如在国际油价过分波动的时候，释放出动用战略储备原油的意图，从而积极应对对国际原油市场产生冲击作用的突发危机事件。

其次，结合原油市场周期与全球经济周期关系，做好国际原油市场风险管理措施。要认识到当前的能源转型仍然是以保障安全和促进增长为根本目标的，因此仍须继续加强对原油的勘探与开采，进一步推动能源供给多元化，保障稳定的能源供应。相关企业需要密切关注国际金融市场的动向，合理利用金融工具规避市场风险，特别是进一步完善我国以人民币计价的原油期货市场发展，积极参与国际能源市场的定价体系。对于我国而言，尽管同样遭受疫情冲击，经济增速有所放缓，但依旧保持在稳定增长的轨道上，我国对原油等化石能源的需求增长短期内也不会发生根本性改变。从较长时期来说，建立健全相关市场风险管理策略和机制去应对这些重大突发危机事件，是必须尽快完成的任务。

最后，结合全球原油供给形势及全球经济形势提前做好战略原油储备。我国的原油对外依存度将长期保持在70%以上。在这种情况下，原油供应安全仍将是保障我国能源安全的重要因素，我国应该继续推进战略原油储备建设，并加快布局天然气储备能力建设。同时，应该针对国际市场的价格变化，动态调整储备策略，进一步优化补仓和释放时机，在保障安全的同时也不断降低储备成本，制定符合我国实际需求的能源储备战略。

7　中国原油期货市场

2018 年 3 月 26 日，上海原油期货在上海期货交易所子公司上海国际能源交易中心正式上市交易。这是我国第一个允许境外投资者直接参与的期货品种，在外汇、海关、财税等各方面都体现了大量的政策创新，合约设计具有"国际平台、净价交易、保税交割、人民币计价"的新特点。上海原油期货的上市也标志着我国金融开放进入新的发展阶段。本章系统地梳理了我国原油期货市场发展的机遇与挑战，对比分析了国内外主要期货合约制度规则的异同，总结了上海原油期货市场成立以来的基本运行情况，并对其市场功能发挥以及国内外市场的联动性和风险传导情况进行评价和分析，进而提出发展建议。

7.1　中国原油期货市场的发展机遇与面临的挑战

原油作为全球交易量最大、最活跃的大宗商品，在国际能源市场体系中占据着非常重要的地位，对于经济发展和国际金融货币体系的完善也具有重要的意义。本节主要从原油期货市场发展的国际经验入手，回顾了我国原油期货市场发展历程，并对我国原油期货的内外部发展机遇以及面临的风险与挑战进行总结和辨析。

7.1.1　国际原油期货市场经验及启示

7.1.1.1　国际原油期货的产生与发展

1973 年第四次中东战争引发的第一次石油危机和 1978 年底伊朗革命引发的第二次石油危机，造成国际原油市场大幅波动。为削弱 OPEC 对原油价格的控制权，完善以市场供需为基础、通过交易形成价格的定价机制，欧美国家逐步放松了对原油及成品油的价格管制，原油及成品油期货市场应运而生。

1982 年，纽约商品交易所在 1978 年推出的取暖油（heating oil）期货大获成功的基础上，推出了世界上第一个真正意义上的原油期货合约——轻原油期货合约（light sweet crude oil），它以美国著名的西得克萨斯中间基原油为主要交易标的，因此又被称为"西得克萨斯中间基原油"（WTI）期货合约。1983年以后，大型炼油厂和上下游一体化的大型原油公司陆续进入原油期货市场，一些大的终端用户如航空公司也出现在原油期货市场上。由于交易量和未平仓合约数已上升到符合资本流动性要求的程度，投机者也涌入了原油期货市场。20世纪80年代后期，又有一些新的参与者被吸引到原油期货交易中来，包括像摩根·士丹利这样的"华尔街炼油商"。原油价格较高的波动性和不稳性因素带来的投机机会也吸引了小型终端用户和独立生产者。期货价格通过市场公开竞价达成，期货交易所处于买方和卖方之间，某个特定交易的清偿能力仅仅取决于交易所的清偿能力，所以组织良好的WTI期货市场获得了快速发展，该合约现已发展成为国际两大原油基准之一。

布伦特（Brent）原油期货合约是另一国际基准，1988年6月23日由伦敦国际原油交易所［IPE，2001年被伦敦洲际交易所（ICE）并购］推出。20世纪60年代末至70年代中期，挪威北部以及英国等地陆续发现大型油田，1976年北海布伦特地区也开始产油，到1980年，北海地区原油产量已经达到每天200万桶。针对越来越大的北海原油交易，价格信息提供商普氏能源（PLATTS）在1978年推出了"原油市场价格连线"（crude oil market wire）。1981年，15天的布伦特远期合约被开发用于交易布伦特原油。1988年6月，IPE成功开发了基于布伦特原油远期合约的布伦特原油期货合约。从市场结构来看，布伦特是一个由现货、远期和期货三个层次构成的市场体系，各市场间有着密切的联系：①各个市场之间可以互相转换；②期货市场的现金结算价以远期市场的价格为基准；③差额合约市场可以用来转换实物、远期、期货之间的价差，对这些产品之间的价差风险进行管理。布伦特原油市场的国际化和灵活性为其成为国际定价标准奠定了基础。

除WTI、布伦特两种原油期货合约外，其他国内/区域性的原油能源交易所以及上市的主要合约有：迪拜商品交易所（DME）上市的阿曼（Oman）原油；印度大宗商品交易所（MCX）的WTI、布伦特原油；日本东京工业品交易所（TOCOM）的中东原油；俄罗斯交易系统交易所的布伦特、乌拉尔（U-rals）原油等。

原油期货作为原油交易的主要避险工具，目前已成为全球期货市场最大的商品期货品种，得到了各国投资者的广泛认同，在国际现货贸易中也发挥了越来越重要的作用。

7.1.1.2 影响原油期货发展的因素

通过对国际市场定价权的演变规律进行分析，我们可以看出形成原油基准价格必须具备一些关键条件。概括来说，主要有以下几个关键条件（施训鹏等，2018）：

（1）市场环境。价格机制的转型和市场环境的变化息息相关。市场力量自然地使得 OPEC 从价格接受者变成价格制定者（Gately et al.，1984）。20 世纪 60 年代后期，原油独立开采企业产量的增加和政府通过产权（国有化）参与生产，削弱了以"七姐妹"为代表的国际原油企业的垄断势力，而 OPEC 成员国则变得更为强势。20 世纪 70 年代初期，OPEC 国家掌握了绝大部分的全球原油产量，导致国际原油价格大涨。然而，在 20 世纪 70 年代后期，非 OPEC 原油进入了市场。随着非 OPEC 产油国原油资源的勘探和开采量的增加，非 OPEC 产油国在原油定价领域拥有了更大的话语权。如英国明确引入将政府售价与市场价格相关联的定价机制。虽然这仍然不是真正的市场定价，而且经常在某时点持续多月被锁定在一个特定价位上，但是已经导致国际原油市场多元化，具备了市场定价的雏形，并导致 OPEC 定价权被削弱。随着 OPEC 丧失垄断地位和买方市场的出现，市场化定价机制逐渐形成。

（2）交易中心的地理位置。一般来讲，一个成功的交易中心要位于或者邻近大型产油区，或者像新加坡一样处于原油运输的关键交通枢纽位置。在交易中心或者期货市场发展初期，这个规则是非常适用的。比如，北海原油的发现，为布伦特价格的出现奠定了基础。类似的情况也发生在 WTI 和迪拜价格上。这三个价格，分别聚集了北美、欧洲和亚洲的交易量。这些基准价格的形成模式无一不是"金融中心+原油产地"。一旦原油产量下降，这个基础就会被削弱，建立在其上的基准价格可能会丧失全球基准价格的地位。

不过，迪拜原油价格的形成是个例外。迪拜基准价格依托的迪拜原油交易市场，并没有大的生产基地。迪拜的原油交易也只有阿曼的 1/30，更远远低于沙特阿拉伯、伊拉克和伊朗。迪拜基准价格的形成主要得益于先发优势。需要指出的是，一旦一个基准价格得到建立，物理市场的重要性就会下降（Haris、Tao，2016）。相反，包含实物交易、金融交易、监管和价格报告机构的综合体将成为最重要的因素。

（3）市场主体。多元化的市场主体可以避免少数投机者对价格的操纵。原油市场上常见的问题是市场投机者对市场效率的影响，这些市场投机行为往往会损害市场的效率，不能反映供求基本面（Tabak、Cajueiro，2007）。相关研究发现，在有效的市场上，积极的市场主体，一般只需 15 个左右（ Shi，

2016；施训鹏，2017）。相对于数量来说，市场主体的所有制结构也非常重要。例如，以 WTI、布伦特为代表的市场定价体系，都要求有足够数量的、非国有性质的市场主体参与，从而形成竞争性的定价局面。迪拜的成功，也有这方面的原因。迪拜原油的生产者，是若干个国际公司的联合体。这一因素，使得迪拜原油价格在中东脱颖而出。而在其他中东国家，原油生产主要被控制在国家原油公司手中。

（4）期货和现货市场。原油价格最终是由现货市场和期货市场共同决定的，两者之间的关系非常复杂。具有高度流动性的市场，是平衡供求，引导生产、消费和投资等，并导致创新的最有效方式（Yergin，2009）。期货交易虽然是价格发现的主要场所，但是必须要以真实的现货交易作为基础。具有高度流动性和深度交易的期货市场以及庞大的现货市场在价格形成过程中扮演了重要的角色。虽然原油价格由远期和期货交易在金融市场上形成，但其实际上是在实物和金融交易的复杂交互作用中形成的（Hamilton，2009）。

活跃的且有足够深度和流动性的金融市场使得不同的市场参与者可以进行交易，对冲风险，并在市场上采取不同的交易策略，增加市场交易的多样性。纽约商品交易所和伦敦国际原油交易所发展了世界上第一批基于原油的金融合约。实物和金融层面互相强化，形成了合理的价格机制，使得大型的生产者和消费者都乐于接受期货交易所报出的现货和期货价格。这是 WTI 和布伦特原油成为全球定价基准的一个重要原因。

（5）监管制度。政府管制和促进市场有效的措施也是市场价格机制的必要因素。对交易中心的监管至少要做到以下几个方面：防止市场熔断，禁止价格操控、扭曲以及交割出问题；确保现金市场具有流动性和稳定性；保证公平的交易规则、交易行为以及相应的惩罚机制；交易信息公开；争端解决机制。政策稳定、政治无风险、一视同仁地保护各类市场主体，也是价格基准交易中心所在地的必要条件。

政府自身需要置身利益之外，且应该专注于建立有效运行的市场交易规则，以具备有利于价格形成的条件。金融市场在定价中的作用使得油价的形成主要受到现有的金融监管体系的监管。布伦特和 WTI 分别受到英国和美国金融监管机构的监管，这种监管使得价格机制具有可信度，从而使得所形成的价格能够被市场参与者接受。

（6）信息透明度。信息透明度是反映市场公平性的重要因素。大部分市场交易以柜台交易等方式进行，不能够反映市场的全貌。这就需要有一个相对独立的价格报告机构，综合各个交易平台的信息，制定出一个准确反映供求情况的价格指数。这个价格指数是衍生品的结算价格，也是金融市场发展的基础。价格报告机构必须要在市场上保持中立，只有这样，各个现货价格的平台才有可能愿意同价格报告机构共享价格信息。因此，对价格报告机构的有效监管是市场参与者能否接受价格的重要因素。

7.1.1.3 国际成功原油期货合约的特征

原油期货的发展总体上取得了极大的成功，但就单一的期货合约而言，常常是以失败告终。自1974年以来，各国都试图推出原油期货，然而成功率仅为20%。总结成功原油期货合约的特质，主要有以下几点：

（1）价格波动性。价格波动是吸引投机风险资本和保持市场流动性的必要条件。如果商品价格较为稳定或是基本可预测，价格风险较小，那么该商品的期货市场就没有存在的必要。人们通常认为，期货交易标的价格波动年均要达到20%以上，波动越大，期货合约成功的可能性也越大。

（2）供需不确定性。不确定的供给和需求是价格波动的常见原因，通常也是期货合约成功的条件之一。在价格弹性相对较低的能源市场，两年内供需变动要达到10%以上才足以支撑期货市场。

（3）供给量可交割性。如果符合期货合约规定品质的可交割商品量不足，期货合约很可能失败。原油产品的供给与需求存在不确定性，因此存在可交割供给量不充足的可能。通常，较为合适的交割物品仓储量至少应达到30天的平均需求量。

（4）产品同质性。期货合约的交易是以交割物品符合特定品质要求为前提的。在原油领域，美国原油研究所（API）和美国检验与原料协会（ASTM）的标准为市场提供了必要的参考。如果不同等级产品之间的价差相对稳定，且这些产品之间的技术特征充分接近，这一系列的产品都可被用于交割。

（5）产品保质性。通常商品应有足够的保质期以满足合约所规定的储存和交割，保质期最少应有6~12个月。尽管就原油和天然气期货而言，易腐坏性并不是主要的考虑因素，但某些原油产品混合物的稳定性是值得注意的。例如，汽油的长期储存可能会造成混合物分离。

（6）市场集中性。成功的期货市场是一个高度竞争性的市场，有大量的买者和卖者，没有哪一个市场参与者或参与者联盟能够拥有足够的垄断力量在中短期对商品的供给或需求起到足够的控制作用。

（7）信息可获得性。市场参与者需要有充足的信息来评估现货价格与期货价格的关系，这关系到交割日期临近时两种价格是否能趋向一致。因此，最好至少两个获得每日现货价格的独立渠道。如果一个市场的产品都以远期合约为基础进行交易，不能够显示现货价格，那么在这个市场进行期货交易就具有一定难度。

（8）合约的独特性。如果一个现存的期货合约已经提供了足够的流动性并很好地满足了交易者的需要，再企图推出一个完全一样的合约是很难的。当然这一原则有若干个假定，例如交易者可在全球自由进行期货交易，所以有时这一原则并不成立。

（9）推出合约的适时性。在理想状态下，合约应在价格波动幅度高、现货市场活跃时推出。纽约商品交易所和伦敦国际原油交易所推出的合约，正是满足了成功合约所要具备的诸多条件，因此其成功率较高。

7.1.2　中国原油期货市场的成立

自 20 世纪 70 年代的两次石油危机后，经过几十年的快速发展，世界原油期货市场的交易量和交易品种都呈现快速增长的趋势，已成为商品期货市场的重要组成部分。原油资源国和原油消费大国，通过建设和积极参与原油期货市场，不仅可以根据期货交易所反映的市场供需现状调节生产、影响消费和谋划长远应对，而且还将其作为主要的金融工具之一来规避、对冲和降低当前及未来价格波动造成的系统性风险和非系统性风险。

随着我国经济迅速发展，原油对外依存度逐年增加，目前国内原油价格不得不被动、单向依赖境外市场价格，地缘政治风险和油价波动对我国国民经济的影响巨大。我国推出原油期货是必然趋势，其重要意义体现在：一是争夺原油定价话语权。据推算，按照现行国际原油定价机制，"亚洲溢价"对我国经济造成了不小的损失，建立原油期货市场有利于推动形成公正公平的国际原油贸易秩序（Zhang et al.，2018）。二是保障原油资源供应安全。2019 年，我国原油对外依存度为 75%，较高的对外依存度成为我国经济发展和能源安全的一个重大隐患。建立原油期货市场可以吸引国际原油贸易商在中国建立油库仓储，有助于增加我国原油资源储备，保障我国原油供应安全。三是规避国际油价波动风险。在原油价格剧烈波动的情况下，石油石化企业进行套期保值，可以使得生产成本和利润相对稳定。四是推动成品油价格市场化进程。目前国内原油价格与国际原油价格接轨具有简单机械性，没有考虑到国内市场与国际市场在消费结构、消费习惯及消费季节等方面的差异，因此难以反映国内成品油市场的真实供求状况。建立原油期货市场，能够形成直接反映市场供求关系的原油价格，体现价格的市场配置资源功能，推动国内成品油定价机制的改革。五是加快人民币国际化进程。原油期货是中国首个国际化期货品种，以人民币计价有助于推进其国际化进程。

在国际原油期货交易市场上，除比较知名、目前交投比较规范和活跃的纽约商品交易所（NYMEX）、伦敦洲际交易所（ICE）及迪拜商品交易所（DME）外，东京商品交易所（TOCOM）、印度大宗商品交易所（MCX）、俄罗斯圣彼得堡国际商品原料交易所和伊朗国际原油交易所也曾因其成交量和影响力，与前三个原油期货市场并称为国际七大原油期货交易市场。其中，在俄罗斯和伊朗市场，其本国货币未进入国际储备货币体系范畴，因此欧美交易者不愿参与此类合约交易，成为所谓的"死市"。

中国是最早建立原油期货市场的亚洲国家。原南京石油交易所在1992年底最早推出了原油期货交易。1993年初，原上海石油交易所也推出了原油期货交易，当时主要推出了大庆原油、90号汽油、0号柴油和250号燃料油四种标准期货合约。其后，其他交易所等也相继推出了相关合约。原上海石油交易所运作相对规范，交易量也最大，一度占到全国原油期货市场份额的70%左右，在其开市的一年半时间里，日均交易量就已排名世界第三，仅次于NYMEX和IPE。但是，当时对原油期货市场基本功能和风险程度认识不足，加之在国家层面缺乏统一集中的管理，受地方利益和部门利益的驱使，我国期货市场出现了盲目发展、风险失控等不良势头，最终国家不得不出面进行行政干预，全面叫停了国内原油期货。

1999年，上海期货交易所成立后，原油期货上市工作组随即成立，并于2002年5月28日在上海召开了"发展创新与新世纪中国期货市场——石油期货专场报告会"；在2003年12月25日创刊了《石油期货市场动态》周刊等。上海期货交易所于2004年上市了燃料油期货、于2013年上市了沥青期货，这为原油期货交易积累了丰富的经验。虽然燃料油在中国原油产业链中所占的比重较小，但对于中国石油石化产业来说，推出燃料油期货的象征意义大于其实际作用，是新的国际国内环境下重新建立我国原油期货市场的切入点和"试验田"。中国市场从被动接受到主动积极影响国际市场价格，通过中国市场供给对新加坡市场定价产生影响，彰显了中国因素在国际市场上的分量，在国际原油期货领域提升了"中国定价"的地位。

2012年12月1日，新修订的《期货交易管理条例》正式实施，为境外投资者进入交易所进行原油期货交易预留了空间。2013年11月22日，上海国际能源交易中心挂牌。2014年12月12日，中国证监会正式批准上海期货交易所在其国际能源交易中心开展原油期货交易，原油期货上市工作步入实质性推进阶段。2015年5月11日，上海期货交易所国际能源交易中心发布了《上海国际能源交易中心章程》《上海国际能源交易中心交易规则》以及相关业务细则等。

在部门政策方面，2015 年 4 月 8 日，财政部、国家税务总局颁布《关于原油和铁矿石期货保税交割业务增值税政策的通知》。2015 年 6 月 26 日，中国证监会发布《境外交易者和境外经纪机构从事境内特定品种期货交易管理暂行办法》。2015 年 7 月 24 日，中国人民银行发布《做好境内原油期货交易跨境结算管理工作的公告》。2015 年 7 月 31 日，国家外汇管理局发布《关于境外交易者和境外经纪机构从事境内特定品种期货交易外汇管理有关问题的通知》。2015 年 8 月 20 日，海关总署发布《关于开展原油期货保税交割业务的公告》。另外，国家质量监督检验检疫总局于 2018 年 2 月发布《质检总局关于做好期货原油检验监管工作的公告》。

2018 年 3 月 26 日，我国上海原油期货正式推出，这也是自 1993 年我国原上海石油交易所推出的原油期货被取消后的新尝试。我国上海原油期货的上市为我国建立国内甚至亚洲的定价基准，优化中国原油市场的价格形成和传导机制提供了可能，也为我国参与国际原油贸易新秩序的制定、提升国际影响力提供了市场渠道。从长期发展来看，期货市场的建立能够为国内原油企业、炼油厂商对冲国际油价波动风险，为国内原油生产的平稳运行提供便利的交易平台和套利工具，也为国内原油相关企业了解期货市场交易规则，更有效地参与国际市场竞争提供了实践平台。

7.1.3 中国原油期货市场面临的发展机遇

7.1.3.1 形成中国乃至亚太地区原油贸易的基准价格市场

当前，世界政治与经济格局日趋复杂，国际能源格局深刻变化。美国"页岩油气革命"使其原油对外依存度大幅下降，欧洲经济复苏乏力导致其原油消费增速放缓，原油消费的重心正在向以中国为代表的亚太新兴经济体转移。据统计，1990 年，亚太地区的原油消费仅占世界原油消费的 21%，2000 年升至近 28%，2018 年则进一步升至 40%，而 2018 年亚太地区原油生产的占比则仅为 10% 左右。未来，亚太地区尤其是中国在世界能源格局中的地位仍将持续上升。据国际能源署（IEA）发布的《世界能源展望 2019》预测，中国可能在 20 年内成为全球最大的原油消费国。总体来看，世界原油市场生产西移、消费东移的趋势已经形成，亚太地区势必形成新的重要的原油市场。

这种变化为亚太地区催生新的原油定价体系提供了机遇。纵观世界经济发展史，原油价格已从寡头定价、欧佩克定价逐步发展到以市场供需为基础、参考期货市场的多元定价体系。当前，WTI 和 Brent 期货价格是全球原油市场两大定价基准，大多数国际原油现货贸易都以此作为参照基准。这种原油定价格局是随着欧美经济的快速发展及在能源消费市场上的主导地位而发展形成的。随着亚太地区在世界能源市场上所占份额的日益提升，亚太地区也迫切需要建立国际化的期货交易市场，形成具有国际影响力的基准价格市场，这为中国推进建设原油期货市场提供了难得的历史机遇。

为此，未来的原油期货市场将是一个能够反映中国乃至亚太地区原油市场供需关系的原油期货市场，是能够与 NYMEX 的 WTI 原油期货和 ICE 的 Brent 原油期货相对独立又相互影响的国际性的原油基准价格。它将促进中国成为连接主要原油出口国和东北亚主要原油消费国的能源桥梁和原油贸易、储运、加工中心，成为中国资源性商品期货市场高速发展的一个新的里程碑。

7.1.3.2 吸引多元化市场主体参与中国原油期货市场

从政策上来说，我国原油现货价格从 1998 年开始已经与国际接轨，原油市场的主要缺陷之一是国内现货市场主体较少。对于上市原油期货来说，面对的主要问题是历史形成的中国石油、中国石化等国有原油公司在原油生产、炼制、进出口环节的支配性市场地位，即主要是国内市场结构的不平衡的软性约束，而非刚性的政策性障碍。因此，发展原油期货市场的关键在于如何吸引新的市场主体。市场参与主体的多元化有两方面的含义：

一是参与期货交易主体的多元化，即参与市场交易的主体不仅包含境内的客户，还有境外参与者。原油期货是一个国际化的品种，仅仅依靠境内现货主体，会导致市场化程度较低，难以形成流动性强的、能代表中国乃至亚太地区原油供需结构的基准价格，因此必须引入境外参与者参与原油期货的交易。同时，原油期货作为中国期货市场上首个对外开放的期货品种，对我国期货市场的未来发展具有重要意义。

二是现货市场供应主体多元化，即在统一的法律规范和监管体系下、在统一的市场准入条件下，逐步推进零售和批发市场的开放，打破两大集团对流通领域高度垄断的格局，并在条件成熟的时候进一步放开进出口贸易权，使得非国有贸易进口的原油能够实现自由流通，以供应主体的多元化促进流通领域的适度竞争，降低进口原油成本。

随着我国"一带一路"建设的推进，中国原油工业"走出去"的版图更加清晰，推进步伐日益加快。在"丝路基金"、亚洲基础设施建设投资银行、"金砖银行"等多种投资性金融机构的支持下，原油工业的国际化进程指日可待。纵观国际化原油公司的发展历程，我们可以看到一个稳定的价格发现体系和风险规避体系对于其海外经营业务的稳定运行是至关重要的，金融资产管理能力的提升也是中国能源工业"走出去"所必须具备的能力。未来市场参与主体的扩大必然会随着中国原油工业的国际化进程而同步提升。

7.1.3.3 建立包括现货远期交易、期货交易的多层次市场体系

世界原油市场经过长期的演变，已经形成了一个完整的体系，包括各种市场形态：即期现货、中远期现货合约、长期合约、期货和期权交易、场外衍生品交易等。

每一种市场交易形态都有它不可替代的功能，都是中国建立现代原油市场体系所必需的。长期合约是原油消费国（原油消费商）为了获得稳定的原油来源而同原油生产国（原油供应商）订立的长期供货合同。在 20 世纪 70 年代以前，这是国际原油贸易的主要形式。随着跨国原油公司统治世界原油市场的格局被逐步瓦解，现货市场开始发展起来。1979—1980 年，世界原油供应紧张，迫使消费国转向现货市场，寻求足够的原油供应。而 20 世纪 80 年代中期，世界原油市场逐渐走向疲软又促使产油国更多地利用现货交易以扩大销售，增加收益，现货市场逐渐发展了起来。

期货市场的功能主要在于发现价格和管理风险，即将油价波动的风险在不同的社会主体之间转移分配。事实上，西方国家在石油危机后大力发展原油期货市场的目的就在于应对油价大幅上升和剧烈波动的风险，并利用市场交易形成价格的机制，逐渐从 OPEC 手中夺得制定原油价格的主导权。在一定的商业信用体系的支持下，场外衍生品交易则是更加灵活的风险管理工具。

我国现代原油市场体系的建设，能够使原油这一传统工业经济的"血液"为中国经济的繁荣和增长提供持续的动力，能够带动相关金融风险管理行业的巨大发展。通过大宗商品现货、期货市场的良性互动、相携发展，最终提升我国资本市场服务实体经济的能力，以更加丰富的手段、更为灵活的机制应对国际经济波动的大风大浪。

7.1.3.4 不断优化提升，正成为最具代表性的国际化期货品种

作为我国期货市场国际化的首个试点，原油期货市场建设在精心谋篇、稳妥布局之后已经正式拉开帷幕，经过几年的运行，已初步实现建设目标。但从世界原油现货市场和期货市场的发展规律来看，原油期货市场的建立和发展不可能一蹴而就，要取得成功，还有很长的路要走。

首先，原油流通体制和价格体制的改革是原油期货取得成功的关键要素之一。原油期货的大发展还需要进一步深化我国油气行业改革。特别是原油进口权、管网资源等的开放，是其中的重中之重。

其次，较高的市场开放程度、充分竞争的价格体系、金融资本的全面参与、市场信息的公开披露、法规监管机制的健全等，也是国际原油期货市场取得成功的重要因素和条件。我国资本市场的发展与我国社会主义市场经济初级阶段的特征是一致的，原油期货市场的建设同样也依赖于中国经济市场化程度的进一步提高、现代资本市场体系的进一步健全和法规监管体系的进一步完善。

再次，对我国而言，作为一个新生事物，原油期货的市场培育是一个循序渐进的过程。在目前的制度框架下，原油期货的推出得到了相关部门的大力支持，多项配套政策都体现了中央深化资源产品价格改革、建立完善现代资本市场体系的决心。但是相关配套政策出台后能否满足市场的要求，相互之间能否有效衔接，规则体系和监管体系能否得到国内外交易者的认可，还需要在实践中不断得到检验并优化和完善。

最后，国际化期货产品的发展是对中国现有期货市场管理体系的全新挑战，目前的体制机制创新都有待市场的检验。市场参与者国际化交易经验的丰富、各类市场风险管理体系的完善，都将在实践中逐步得到实现。目前国际代表性原油期货品种均依托资金雄厚、经验丰富、渠道多元的国际衍生品交易机构，其产品结构更趋合理、市场体系更加规范、监管体系更加健全。我国的原油期货管理体系也将在实践中不断学习、提升、完善。

7.1.4　中国原油期货市场面临的严峻挑战

7.1.4.1　内外价差波动较大可能引发争议

境内原油期货实行净价交易，报价不含关税、增值税，但包含运费和保险费，即到岸价（CIF），而国外期货价格通常是离岸价（FOB）。因运费波动巨大，如 2020 年 2 月初，疫情导致波罗的海干散货指数（BDI）出现大幅动荡，故可能导致价差波动较大。到岸价与离岸价所包含运输费用的风险溢价不同，在市场运行过程中要予以高度重视。境内外价差的另外一个来源在于不同市场之间投资者预期差异导致的价格差异，这种差异在原油供需平衡程度差异较大的情况下表现得更为突出。全球 24 小时不间断的定价机制也使得各个市场的价格之间存在引领、跟从、逆转等多重关系。上述差异的存在，既是我国原油市场特殊性的体现，也包含了国际市场的一般差异性来源。针对上述差异，在现有引入境内外机构投资者和现货贸易商基础上，还要继续鼓励投资者采取较为成熟且行之有效的跨市场套利手段等加以解决。

7.1.4.2　现有原油流通体制可能使交割买方较为被动

目前，国内原油现货交易主体少，"三桶油"（中石油、中石化、中海油）

之外的企业，即使拥有进口配额，也会受到种种限制。因此，原油期货的交割买方在交割完成后，很可能因资质或配额问题而无法顺利将交割原油报关进口，这对原油期货市场功能的发挥有很大的制约。2020 年，我国非国有企业原油进口量已超过 2 亿吨，已基本可以满足国内民营炼油厂的加工需求。另外，继续引入更多国际机构投资者和现货贸易商，通过国际平台拓展交割后原油的进出口渠道。

7.1.4.3　地缘政治动荡可能引发系统性风险

中国版原油期货选择了区别于 WTI 和 Brent 的 7 种中质含硫原油作为交易标的，除胜利原油外，其他的 6 个交割油种（阿曼、上扎库姆、巴士拉轻油、迪拜、卡塔尔海洋油、马西拉）均为中东油种，一旦中东政局动荡严重加剧，可能导致较为严重的交割违约。需要通过严密追踪地缘政治状况，及时调整涨跌停板、创新交割违约处理方式、探索创新自律和解制度等加以解决。

7.1.4.4　境外资本的参与为市场流动性的管理带来难度

中国版原油期货允许境外资本参与市场交易。通过外汇冲抵保证金的方式允许境外投资者参与中国原油期货交易是此次原油期货上市的重要创新点。目前设计保证金制度的目的在于有效管理资本流入流出的规模，确保以高度监管的结售汇制度规避投机性资本的过度炒作。同时，境外交易者、境外经纪机构人民币期货结算账户的资金在境内实行专户存放和封闭管理，不得用于期货交易以外的其他用途。但是目前的制度设计必然使国际投资者面临一定的汇率敞口，需要相应的风险对冲机制。原油期货市场在对冲原油现货价格风险的同时，如何通过后续的制度建设使交易者能够对冲其在金融市场上的风险，也是值得继续深入研究的问题。同时还要警惕通过其他渠道进入原油期货市场的国际国内投机资本的影响，严格涨跌停板和相关平仓制度，确保原油期货市场基本功能的正常发挥。

7.1.4.5　国内外期货市场系统性风险传导概率加大

随着中国商品期货市场的发展，中国商品市场与国际市场价格间的关系更加紧密。一方面，中国国内投资者往往根据国际商品期货价格判断全球供需变化，进而改变国内投资策略，影响国内商品价格追随国际价格波动；另一方面，随着中国经济的快速发展，中国对大宗商品的需求不断增加，需要大量进口，有些商品已经构成了国际市场的重要买方力量之一，进而影响国际市场价格。作为全球市场化程度最高的能源期货品种，区域原油价格一直保持较高的联动性和协同效应。根据初步的研究结论，上海原油期货上市以来，与 WTI 和 Brent 一直保持着较高的价格联动性（张大永、姬强，2018），国际原油市场的价格剧烈波动和风险传导必然会对国内原油市场造成冲击，增加国内原油期货市场的投资风险和市场稳定性。

7.1.4.6　市场波动机理更加复杂，不确定性增加

原油市场金融化已经成为必然趋势，这将导致原有的影响油价波动的传统商品属性（供需关系）不再起主导作用，而金融化特征将赋予油价波动新的不确定性和异质性。特别是在大数据时代，信息传递的模式发生了本质的变化，对市场不确定性和风险范式的研究已经开始向"数据+模型+分析"转变（徐宗本 等，2014）。这种新的内涵和模式的变化必然导致传统的原油市场理论失效，需要引入新的思路和分析工具对其进行重新审视，挖掘大数据时代原油市场新的波动特征和传导机制、传导路径和传导模式。

7.1.4.7　人民币计价和结算模式带来定价新问题

中国版原油期货最受关注的特征之一就是原油期货以人民币计价和结算，接受美元等外汇资金作为保证金。从正面来看，中国是世界上最大的原油进口国，人民币计价原油期货合约的推出是中国期货市场发展的一个重要里程碑。同时，我国原油期货以人民币计价和结算，其价格体现的是进口原油的到岸价，能更加方便国内涉油企业管理价格波动风险。然而，随着我国人民币汇率开放程度的不断提高，人民币汇率波动风险对原油市场的冲击将会进一步加大。特别是中美贸易摩擦不断，人民币汇率的波动不断加大，都将对国内原油市场的平稳运行和流动性造成冲击。因此，国内原油价格、人民币汇率以及美元汇率之间的联动关系和复杂机理对国内外交易者分析市场风险提出了新的难题，也给国内市场监管者监控风险带来了挑战。

7.1.4.8　大数据范式给原油市场风险预测带来新思路

数据基础和数据时效性往往决定了理论分析的有效性和准确性。在传统行为模型或计量模型中，一些重要变量往往难以被量化，常常导致传统模型的假设与数据的适配性不强，模型解释力不足。特别是对于我国而言，市场交易受政策面因素的影响更加广泛，也给我国原油市场的交易者预判市场走势带来了更多的挑战。从信息扩散理论的角度来看，高频数据记录了市场的微观交易细节，属于市场内部信息数据，而反映市场相关信息的 web 数据则属于市场外部信息数据。Web 数据的发展恰恰提供了这样一种通道，能将政策发布等消息面因素快速映射到对市场价格信息的传导上，这将有效消除数据获取的滞后效应，为市场风险预测带来新的理论突破。

7.1.4.9　我国原油期货功能评估需要新框架和新体系

我国原油期货作为新上市的期货品种和对外开放程度最高的商品期货品

种，其价格发现和规范投机的市场功能有效性还有待进一步验证。如何在金融化背景下，针对原油期货市场的风险特征，构造合理的评价指标体系，准确评估我国原油期货功能发挥作用，需要科学的框架和新的指标体系。

综上所述，我国原油期货上市正值大数据技术突破和能源金融理论快速发展的机遇期，原油市场也正在成为大数据在资源环境领域应用的热点方向，这也将给我国原油期货市场风险管理和风险防控提出新的要求，需要在研究理论和研究范式上有新的突破。

7.2　国内外原油期货合约规则（制度）比较

目前国际三大基准原油期货合约有芝加哥商品交易所集团（CME GROUP）的西得克萨斯中间基（WTI）原油期货、洲际交易所（ICE）布伦特（Brent）原油期货和迪拜商品交易所（DME）阿曼（Oman）原油期货。本节从合约规则（制度）的角度出发，对国内外的原油期货市场进行详细介绍和对比分析。

7.2.1　国际主要原油期货规则（制度）

7.2.1.1　CME WTI 原油期货

（1）交易机制。芝加哥商品交易所（CME）的 WTI 原油期货合约于 1983 年在美国纽约商品交易所（NYMEX）① 挂牌上市，合约规格为 1 000 桶/手，最小变动价位为 0.01 美元/桶，2020 年成交量达到 2.74 亿手，目前是全球成交规模最大的原油期货合约。WTI 原油期货合约标的为轻质低硫原油。轻质低硫原油往往因为其高价值产品如汽油、柴油、民用燃料油和航空燃油等收益率高的特点而得到炼油业从业者青睐，也成了世界原油市场最重要的定价标准之一。对每一具体合约来说，涨跌幅限制为上一交易日结算价±动态价格限制。如果最近 3 个月的合约有触及涨跌幅限制的报价出现，则环球期货交易系统（GLOBEX）可能会启动熔断机制，即所有合约暂停交易 5 分钟。交易重启后，涨跌幅限制扩大。在保证金设置上，CME 的保证金是利用标准化的投资组合风险分析（SPAN）系统计算得出的，SPAN 系统在计算保证金时往往会涉及多个参数，通常情况下由此计算出的保证金低于单向轧差的保证金，其中初始

---

① 纽约商品交易所（NYMEX）在 2008 年被 CME 集团收购。

保证金约为 2.12%~3%、维持保证金在 1.93%~2.71% 之间。挂牌月份为 6 年内连续合约，6 年后到 9 年挂 6 月和 12 月合约。最后交易日是当前交割月份的交易在交割月前一个月的 25 日前的第 3 个交易日。若该月 25 日为非交易日，则交易须在 25 日前一个交易日前的第 3 个交易日终止。若交易所法定假日时间表在原油期货上市后发生变更，原上市到期日仍然有效；若原上市到期日被宣布为假日，则到期日将为该假日前一个交易日。

（2）交割机制。CME WTI 原油期货合约的交割方式为实物交割，交割按照离岸价（FOB）通过美国俄克拉荷马州库欣镇的管道或储油设备进行。库欣镇作为 20 世纪初美国重要的原油开采和加工地区，建设了大量的运输管道和储存设施。据美国能源情报机构（Genscape）报告，库欣镇原油存储能力达 7 600 万桶，相当于全美总存储量的 13%，并且有多条重要的输油管道在此地汇聚，为原油交割和运输提供了丰富的基础设施，因此库欣镇被称为"世界管道的十字路口"。

交割期限为最后交易日后 1 个月组织实物交收。除到期标准交割方式外，WTI 原油期货合约的交割方式还有备用交割程序（ADI）、期货转现货（EFP）、期货转掉期（EFS）三种。WTI 原油期货交割油种为 WTI 混合油及 DSW（common domestic sweet）油种，交割油种品质必须符合 CME 对于含硫量、API 度、黏度、RVP（雷德蒸汽压）、沉积物、流点、残碳测定、总酸值（TAN）、镍值、钒值、HSTSD 的规定，其中 API 度在 37~42 之间，含硫量不超过 0.42%。

（3）结算机制。WTI 交割结算价为最后交易日美国东部时间 14：00~14：30 的加权平均价格。美国政府通过多种方式影响 WTI 原油期货合约价格，包括美国能源部（DOE）、能源信息署（EIA）每周三公布的定期能源数据，以及商品期货交易委员会（CFTC）每周五公布的持仓报告等。而从 2008 年开始，WTI 价格与现货市场出现了多次明显背离，引起了国际原油现货商的不满，并威胁要抛弃 WTI 定价。沙特阿拉伯在 2009 年底提出放弃 WTI 定价，改为 OPEC 一揽子油价。然而，从短期来看，WTI 同美元一样，虽然饱受争议，其支配地位却依旧不可撼动。

7.2.1.2　ICE Brent 原油期货

（1）交易机制。ICE Brent 原油期货合约于 1988 年在伦敦国际原油交易所（IPE）挂牌上市，合约规格为 1 000 桶/手，最小变动价位为 0.01 美元/桶，2020 年成交量达到 2.32 亿手，是全球成交规模仅次于 WTI 的第二大原油期货，也是全球原油市场最重要的定价基准之一。据不完全统计，全球超过 60%

的原油贸易定价直接或间接参考 Brent 价格体系。Brent 原油期货合约标的与 WTI 相同，皆为轻质低硫原油，而且没有涨跌停限制，在保证金设置上也维持在 1.38%~2.29% 的相对较低的水平。挂牌月份相对较长，为 8 年内的连续合约。

（2）交割机制。ICE Brent 原油期货合约的交割方式有期货转现货（EFP）和现金结算两种。在期货合约最后交易日交易结束后，所有未平仓的合约有两种选择：第一种是根据规则进入期货转现货（EFP），通过期货转现货将期货头寸转变为布伦特远期头寸；第二种是进入现金结算。洲际交易所会于最后交易日之后的第一个交易日公布现金结算价，现金结算价将按照布伦特指数确定。该指数代表了期货合约最后交易日当天对应交割月的布伦特远期市场的价格水平。

北海布伦特原油基准市场体系包括布伦特远期（Brent Forwards）、布伦特期货和布伦特即期现货（Dated Brent）三个市场。虽然 Brent 期货合约主要采用现金交割，但允许通过期货转现货（EFP）将期货头寸转变为布伦特远期头寸，因此 EFP 实际上反映了 ICE 布伦特期货和布伦特远期对应交割月份合约之间的价差，并将 ICE 布伦特期货和布伦特远期紧密联系在一起。布伦特现货市场共有 5 个交割油种（BFOET），分别是 Brent blend、Forties、Oseberg、Ekofisk、Troll，这 5 种原油的总产量约为 100 万桶/天。

（3）结算机制。在采用期货转现货和现金结算的基础上，洲际交易所（ICE）会于最后交易日之后的第一个交易日公布现金结算价，现金结算价是按照合约月份最后交易日的布伦特指数确定的。布伦特指数由结算公司负责编制，并于当地时间每天中午 12 点对外公布。布伦特指数选取了 3 种方法评估布伦特远期市场的平均价格，最后将 3 种方法计算出的数值进行平均从而计算得出布伦特指数。

方法一：以布伦特期货估算远期市场价格。结算公司采用 ICE 布伦特期货次月合约的价格加上 EFP 价差，以及布伦特远期市场首月与次月的月间价差推算期货合约对应的远期市场价格。以布伦特 2006 期货合约为例，结算公司以 2007 期货合约的价格加上 EFP 价差计算布伦特远期市场 7 月价格，再加上远期市场 6 月和 7 月的月间价差计算出布伦特远期市场 6 月价格。

方法二：以评估机构估算远期市场价格。结算公司以独立评估机构评估的布伦特远期市场次月价格，以及远期市场首月与次月的月间价差推算期货合约对应的远期市场价格。以布伦特 2006 期货合约为例，结算公司以评估机构给出的布伦特远期市场 7 月价格，再加上远期市场 6 月和 7 月的月间价差计算出布伦特远期市场 6 月价格。

　　方法三：以远期市场实际成交价格估算对应月份远期市场价格。以布伦特2006 期货合约为例，结算公司直接以布伦特远期市场 6 月采样时间点的平均价格计算得出现金结算价。

7.2.1.3　DME Oman 合约

　　（1）交易机制。DME Oman 原油期货合约于 2007 年在阿联酋迪拜商品交易所（DME）挂牌上市，合约规格为 1 000 桶/手，以美元为结算单位，是全球原油市场重要的定价基准之一。Oman 原油期货合约标的为中质中硫原油，装船原油的质量和数量应以装船港习惯的方式计量、抽样和测试。最后交易日为交割月前第二月的最后一个交易日。同时，该合约允许期货转现货，期货转现货申请期限从合约交易的第一天直到合约期满后的 6 个半小时内均可。

　　（2）交割机制。Oman 原油期货交割方式为实物交割，交割按船上交货（FOB）装船港条件交割。装船港为阿曼的米纳·阿·发哈，该港经营者阿曼原油发展公司负责调度原油装船的实际操作。港口装货的交割误差不超过0.2%，浮仓不超过 0.5%。清算所完成配对后，通知买卖双方，买家选择装船日期并通知卖方，由卖方将要求传达至 TO（Terminal Operator，终端操作者），TO 根据所有买家要求决定装船排期。交割期为交割月前一个月的前 15 日内确定交割月份的交割时间表。Oman 原油期货的交割油种只有阿曼原油，其产量约为 100 万桶/天。

　　（3）结算机制。交割结算价格为交割合约最后交易日新加坡时间 16：25到 16：30 成交价格的加权平均价。

7.2.2　上海原油期货的规则（制度）分析

7.2.2.1　交易机制

　　上海原油期货合约于 2018 年 3 月 26 日在上海期货交易所全资子公司上海国际能源交易中心（INE）挂牌上市，交易品种为中质含硫原油，基准品质为API 度 32，含硫量 1.5%，每个油种规定 API 度最小值和含硫量最大值。交易单位为 1 000 桶/手，其最小变动单位为人民币 0.10 元/桶，每日价格的最大波动不超过上一交易日结算价格的±4%，其最低保证金为合约价值的 5%（单向大边、客户层面）。交割月份为 36 个月以内，其中最近 1~12 个月为连续月份合约，12 个月以后为季度合约。交易时间为工作日的上午 9：00~11：30 和下午 1：30~3：00，以及上海国际能源交易中心的其他交易时间。最后交易日为交割月份前一个月的最后一个交易日，国际能源交易中心有权根据国家法定节假日调整最后交易日。同时，未到期合约允许客户申请期货转现货。期货转现货必须是历史持仓且必须在最后两个交易日结束之前提出申请。

7.2.2.2 交割机制

上海原油期货合约的交割方式是合约到期进行标准的实物交割，上海原油期货以中国东南沿海的指定保税油库作为交割地点，入库误差不超过 2%，最小入库量 20 万桶；最小出库量 20 万桶，不足 20 万桶的，可通过现货等方式凑足。货物凭证为符合交易所规定的保税油库的标准仓单，不能交付或接收规定发票的客户不得参与。交割日期为最后交易日后连续五个工作日。

上市初期，上海原油期货交割油种为 7 个中东原油和 1 个国产原油，分别是阿曼原油、迪拜原油、上扎库姆原油、穆尔班原油、卡塔尔海洋油、马西拉原油、巴士拉轻油、国产胜利原油。2022 年 6 月 24 日，上海国际能源交易中心发布公告称，马西拉原油不再作为上海国际能源交易中心原油期货可交割油种，增加巴士拉中质原油（Basrah Medium）、图皮原油（Tupi）为原油期货可交割油种。

7.2.2.3 结算机制

上海原油期货的交割结算价为交割合约最后五个有成交交易日的结算价的算术平均值。在结算时要满足交易保证金、结算准备金的最低余额要求。作为保证金使用的资产可以是境内人民币、境外人民币、外汇资金（初期为美元）、标准仓单等。同时，外汇核算以中国外汇交易中心发布的当日外汇兑人民币汇率中间价为基准价。当日所有合约盈亏、交易保证金、手续费、税款、交割货款等，实行净额一次性划转。

7.2.3 国内外原油期货规则（制度）的异同分析

为方便比较，我们将 WTI、Brent、Oman 及上海原油期货规则（制度）主要特点进行对比，如表 7-1 所示。从结果来看，上海原油期货在交易机制、交割机制和结算机制三个方面的制度设计均遵循国际市场的规律，符合国际化期货品种的特征。同时，基于国内期现货市场的发展现状，上海原油期货在规则（制度）设计方面也有许多与 WTI、Brent、Oman 原油期货不同之处，有符合中国特色的突破和创新。

表 7-1   WTI 期货、Brent 期货、Oman 期货与上海期货规则（制度）对比

规则（制度）	WTI	Brent	Oman	上海原油
合约标的	轻质低硫	轻质低硫	中质中硫	中质含硫
计价货币	美元	美元	美元	人民币
价格类型	FOB 离岸价	FOB 离岸价	FOB 离岸价	中国沿海保税价
最后交易日	交割月前一个月的 25 日前的第 3 个交易日	交割月前第二月的最后一个交易日	交割月前第二月的最后一个交易日	交割月份前一月份的最后一个交易日
交割结算价	最后交易日美国东部时间 14：00～14：30 的加权平均价格	最后交易日的 Brent 指数价格	交割合约最后交易日新加坡时间 16：25 到 16：30 成交价格的加权平均价	交割合约最后五个有成交交易日的结算价的算术平均值
主要交割方式	实物交割	现金结算	实物交割	实物交割
交割期	交割月第一天至最后一天	最后交易日后一天	交割月前一个月前 15 日内确定交割月份的交割时间表	最后交易日后连续五个工作日
交割地点/设施	美国库欣镇的管道和储罐	—	阿曼米纳·阿·发哈港口装船	中国东南沿海保税油库
交割油种	WTI 混合油及 DSW（Common Domestic Sweet）油种	Brent blend、Forties、Oseberg、Ekofisk、Troll	阿曼原油	阿曼原油、迪拜原油、上扎库姆原油、穆尔班原油、卡塔尔海洋油、马西拉原油、巴士拉轻油、胜利原油
品质标准	含硫量、API 度、黏度、RVP、沉积物、流点、残碳测定、总酸值（TAN）、镍值、钒值、HSTSD[①] 必须符合规定，其中 API 度在 37～42 之间，含硫量不超过 0.42%	—	阿曼原油，装船原油的质量和数量应以装船港习惯的方式计量、抽样和测试	基准品质为 API32，含硫量 1.5%，每个油种规定 API 度最小值和含硫量最大值

① HSTSD 即 HST Standard。HST 是美国一家专门做杂质对照品研究的公司，专门按照定制要求合成复杂的有机化合物，供世界各地的生物医学和制药行业作为参考标准使用。

表7-1（续）

规则（制度）	WTI	Brent	Oman	上海原油
交割误差	误差不超过2%	—	港口装货不超过0.2%，浮仓不超过0.5%	出入库误差不超过2%

7.2.3.1　交易品种

与 WTI 和 Brent 不同的是，上海原油期货合约所规定的交易品种为基准品质为 API32、硫含量为 1.5% 的中质含硫原油，除阿曼原油、迪拜原油、上扎库姆原油、穆尔班原油、卡塔尔海洋油、马西拉原油、巴士拉轻油以外，还加入了我国本土的国产胜利原油。之所以选择了占据世界原油产量一半左右的中质含硫原油作为交割标的，一是为了避开与以轻质低硫原油为标的的 WTI 和 Brent 的直接竞争，二也是为了打造一个更具权威、更能反映亚太中质原油需求市场的交易平台，同时另辟蹊径，推动国内原油走向国际化，以此与 DME 协同，获得国际原油定价的主导权，继而提升我国在国际原油贸易体系中的地位和议价能力。

7.2.3.2　计价结算模式

以人民币定价、可用美元作为保证金的计价结算模式是上海原油期货合约最具中国特色的创新。通过采用这种计价结算模式，对境内企业和投资者来说，汇率变动的风险在套期保值中被大大降低，能够更好地应对油价波动，从而更好地服务我国实体经济。对原油出口国和境外参与者而言，一方面有利于其规避汇率风险，继而节约汇率费用；另一方面也为其在原油期货市场交易中及时追缴保证金提供了便利。此外，也有利于加强与我国"一带一路"倡议战略合作伙伴的长期稳定合作。与此同时，以人民币计价结算也是促进和实现国际货币体系多元化的重要一步。

7.3　上海原油期货市场运行情况介绍

自 2018 年 3 月 26 日上市以来，我国原油期货"国际平台、净价交易、人民币计价、保税交割"的制度设计经受住了实践检验。2020 年国际原油市场大幅波动，其至出现了负油价。面对极端市场的考验，我国原油期货展现出较强的韧性和自我修复能力，总体运行稳中有进，价格独立性初现，较好地反映了亚洲原油供需关系，为全球原油价格重回理性平衡点发挥作用，为相关实体企业风险管理提供了切实可靠、稳定有效的服务（Ji、Zhang，2018）。

7.3.1　市场规模稳步提升

上海原油期货市场规模已超越迪拜商品交易所的 Oman 原油期货，成为仅次于 Brent、WTI 原油期货的世界第三大原油期货。根据中国期货业协会统计数据，至 2022 年 6 月底，上海原油期货成交量和成交金额累计达到 1.74 亿手和 77.26 万亿元，月均成交量和成交金额分别为 333.74 万手和 1.49 万亿元。特别是 2020 年，在新型冠状病毒感染疫情影响下，国际油价大幅波动，涉油企业风险管理需求不断增加，上海原油期货实现了跨越式增长。2020 年，上海原油期货全年累计成交 4 158.58 万手，累计成交金额 11.96 万亿元。日均成交 17.11 万手，日均持仓 11.89 万手，年均增长率分别达到 10.46%、145.01%。其中，上海原油期货一般法人、特殊法人日均成交量（双边）分别为 9.69 万手和 3.88 万手，较 2019 年增长 38.19% 和 36.29%；日均持仓分别为 9.94 万手和 4.77 万手，较 2019 年增长 484% 和 146.24%。2021 年，上海原油期货成交再次实现突破，全年累计成交 4 264.52 万手，累计成交金额 18.5 万亿元，同比增长分别为 2.55% 和 54.63%。2022 年上半年，累计成交 2 816.09 万手，累计成交金额 18.59 亿元，较 2021 年同期分别增长 30.83% 和 116.61%。

作为我国期货市场第一个对外开放市场，上海原油期货参与结构不断优化，产业及金融机构客户参与度持续提升。越来越多的实体企业利用上海原油期货管理价格风险，金融机构也更加重视原油期货在资产配置中的重要作用。独立炼油厂、航空公司也逐步利用上海原油期货进行套期保值。在机构客户积极参与以及做市商的共同作用下，上海原油期货远月合约流动性有效提升，月间结构持续优化，流动性逐步向远月合约溢出，连续活跃月份从近 3 月已扩展至近 5 月合约。市场规模和流动性的稳步扩大为原油期货市场的功能发挥奠定了扎实的基础。

7.3.2　较强的韧性和自我修复能力

2020 年，全球原油市场经历极端风险考验，受新型冠状病毒感染疫情快速蔓延、"OPEC+"减产谈判失败、沙特阿拉伯大幅增产并下调销售价格的影响，国际油价出现大幅快速下跌行情。3 月 9 日，WTI、Brent 原油期货盘中最大跌幅均超过 30%，创史上最高单日跌幅；4 月 20 日，WTI 原油期货出现史上首次负油价，最低跌至 -40.32 美元/桶，当日触发熔断 30 余次。自 3 月 9 日起，上海原油期货连续 2 日出现单边市，且第 3 日触及跌停板，交割库容也出现持续紧张的局面。为防范市场风险，上海国际能源交易中心基于"三公"（公开、公平、公正）原则，充分发挥上海原油期货设计制度优势，综合施策，通过适时动态调整涨跌停板、保证金、仓储费，及时扩大交割库容等一系列"组合拳"，有效化解全球市场非理性波动，释放了市场风险，为全球原油价格重回理性平衡点发挥作用，维护了市场稳定，展现出较强的韧性和自我修复能力。从波动幅度来看，2020 年原油期货价格的 30 日平均历史波动率为 7.66%，低于 WTI 的 11.45% 和 Brent 的 8.91%，运行较外盘更为稳健。

7.3.3　反映亚太供需的独立价格初现

自 2018 年上市以来，上海原油期货总体上与外盘走势保持高度联动，上海原油期货与 Brent、Oman 原油期货的价格相关性约为 98%。但是，上海原油期货价格已逐步从被动跟随国际市场转变为反映亚洲供求关系的独立行情。2020 年 3 月中下旬开始，随着国内疫情趋稳，复工复产加速推进，上海原油期货价格率先企稳，反映了国内经济率先恢复的实际情况。6 月以后，随着境内原油供应和库存逐步充裕，价格开始小幅贴水国际油价。上海原油期货价格与理论现货价格价差最高 94.64 元/桶，最低-45.58 元/桶，全年平均-5.48 元/桶。从日内交易来看，全年日均日盘占比从 2019 年的 27% 上升至 55%，大部分交易日的亚洲交易时段流动性已超过 Brent 原油期货，上海原油逐渐主导亚洲交易时段，并开始逐步影响国际原油市场。以上海原油期货结算价计价的原油在交割出库后，转运到了韩国、缅甸、马来西亚等国家，相关国家涉油企业在现货贸易中更加关注上海原油期货价格，一个辐射亚太地区的原油贸易集散地价格已现雏形。

7.3.4　交易交割制度不断优化

自 2020 年 4 月以来，在全市场仓储库容整体紧张的情况下，上海原油期货不断扩大期货市场可交割区域，交割库点由 2019 年底的 9 个增加到 15 个，交割库容由年初的 355 万立方米扩大至年底的 1 190 万立方米（约 6 788 万桶），保证了原油交割的顺利进行。2021 年，上海原油期货引入穆尔班原油（Murban）、巴士拉中质原油（Basrah Medium）、图皮原油（Tupi）作为可交割油种，在坚持标的原油品质和地区不变的基础上，增加市场可交割资源，扩大了实体企业交割原油的选择空间。目前，上海原油期货已打通所有交割环节，企业从上海原油期货市场买交割的实物原油，既可以报关进口，也可以转运出境。转运出境的原油中，有的卖给了卢克原油（Lukoil）运至韩国，有的通过中缅管道运送至缅甸。上海原油期货市场为企业采购实物原油提供了新途径，也促进了亚太地区原油贸易的发展，在提升资源配置效率的同时，有力地提升了价格影响力。此外，自 2020 年 10 月 12 日上海原油期货上线结算价交易（TAS）指令以来，市场运行平稳有序，原油公司、炼油厂、境内外贸易商、自然人等类型客户均有参与，中石化、托克、恒力石化等市场主体利用 TAS 指令实现了仓单转让过程的保值。后续，将继续完善 TAS 指令，包括研究改进结算价计算方式、研究增加升贴水等，进一步提高实体企业使用上海原油期货价格作为基准价后进行套期保值的便利性。

7.3.5　国际化参与度逐步提升

上海原油期货的业务规则和制度已得到国际监管机构、行业组织和市场参与者的普遍认可。上市以来，境外参与度不断提升，上海原油期货境外客户来自六大洲（亚洲、非洲、欧洲、北美洲、南美洲、大洋洲）的 20 多个国家和地区，备案的 75 家境外中介机构涉及 10 个国家和地区。多个境外大型产业客户如英国 BP、托克、嘉能可等已参与交易、交割等全流程。上海期货交易所国际能源交易中心在 2018 年完成香港自动化交易服务（ATS）注册，并成为新加坡认可的市场交易者（RMO）后，于 2019 年加入国际期货业协会（FIA）成为其会员。同年，中国证监会正式批复上海期货交易所国际能源交易中心为"合格中央对手方"（QCCP）。2020 年，上海期货交易所、上海期货交易所国际能源交易中心均被纳入欧洲证券及市场管理局（ESMA）的第三国交易场所交易后透明度评估正面清单，欧盟投资者参与我国原油期货市场交易将不再被要求公开披露交易后的相关信息和数据，降低了合规及运营成本。

同时，境内外媒体也对上海原油期货的运行给予了积极正面的评价。2020年 7 月 1 日，《华尔街日报》发表了一篇名为《中国原油期货正在取得更多国际关注度》的报道，称"中国 2020 年相对稳定的油价，使得国际市场对中国原油期货的关注度正在升温"。香港《南华早报》2020 年 6 月 12 日也在《上海交易所带动石油人民币的崛起，益助世界能源最大进口国切断美元依赖》的报道中表示，"交易员已采纳了该人民币计价期货合约，并把上海原油期货当作和 Brent、WTI 并肩的定价参考基准"。

7.4 上海原油期货市场功能分析

上市以来，上海原油期货市场规模稳步扩大，流动性不断增强，为原油期货市场的功能发挥奠定了扎实的基础。上海原油期货充分发挥价格发现及套期保值基本功能，资源配置能力不断增强，为原油企业风险管理、平稳经营提供了重要工具。本节通过流动性、价格发现功能、套期保值以及极限抗冲击能力四个方面，对上海原油期货市场功能的发挥情况进行分析。

7.4.1 流动性功能

上市以来，上海原油期货市场规模稳步扩大，流动性不断增强。2021 年，上海原油期货成交再次实现突破，全年累计成交 4 264.52 万手，累计成交金额 18.5 万亿元，同比增长分别为 2.55% 和 54.63%。2022 年上半年，累计成交 2 816.09 万手，累计成交金额 18.59 亿元，较 2021 年同期分别增长 30.83% 和 116.61%。在美国期货业协会（FIA）公布的全球能源类商品期货期权交易量排名榜上排名第 16 位，在原油期货市场上的规模仅次于 WTI 和 Brent 原油期货。

市场结构持续优化，机构客户参与度大幅提升。2020 年，上海原油期货一般法人、特殊法人日均成交量同比增长 38.19% 和 36.29%，合计占品种日均交易量约四成；日均持仓同比增长 484% 和 146.24%，合计占品种日均持仓约六成，反映出境内外原油公司、贸易公司和金融机构利用上海原油期货进行风险管理和资产配置的意愿增强。在机构客户积极参与以及做市商的共同作用下，上海原油期货远月合约流动性有效提升，市场结构持续优化，流动性逐步向远月合约溢出，连续活跃份从近 3 月已扩展至近 5 月合约。

市场运行平稳，短期过度投机明显减少。2018 年 9 月，上海原油期货第一个主力合约首次交割顺利完成后，上海原油期货运行明显产生积极变化。期货市场的交易量与持仓量的比率（成交持仓比）是衡量一个市场投机程度的指标，成交持仓比越高说明投机程度越高。据估算[①]，2018 年主力合约成交持仓比平均高达 8.72；2020 年以后，成交持仓比下降到 3.86（见图 7-1）。这初步表明，上海原油期货市场的投机程度明显下降。目前，两大国际主要原油期货市场成交持仓比为 1~2。与之相比，上海原油期货市场仍有提高的空间。

[①] 数据来源于上海期货交易所（https://www.shfe.com.cn/statements/）。

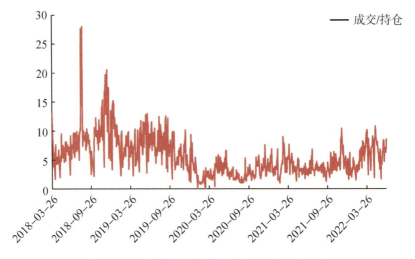

图 7-1　上海原油期货主力合约成交持仓比走势

7.4.2　价格发现功能

价格发现功能是期货市场的重要功能。上海原油期货价格客观反映国内供需，并逐步由境内到岸价向亚太地区贸易集散地价格转变。上市以来，上海原油期货与 Brent、WTI 国际原油市场保持着较高的联动性，同时也有效地反映了国内基本面情况，价格独立性初现（见图 7-2）。尤其是 2020 年，在疫情的冲击下，受国内外经济恢复程度不同等影响，反映中国及周边地区供需变化的上海原油期货价格在全球疫情全面发生的 3—4 月份一度溢价高于国际原油市场，吸引了大量的卖出需求在上海原油期货市场注册生成仓单。随着疫情防控的常态化及 "OPEC+" 减产计划的执行，国际油价企稳并缓慢回升。6 月以后，随着国内市场因前期积累的较大商业库存且年内原油进口配额发放完成，上海原油期货价格逐渐贴水国际市场。这使得日、韩等地从上海原油期货市场接货比从中东现货市场拿货更具有性价比，而资源丰富的贸易商也就有了从上海原油期货市场提取仓单转出口到其他地区的操作。上海原油期货价格与理论现货价格价差最高 94.64 元/桶，最低 -45.58 元/桶，全年平均 -5.48 元/桶。以上海原油期货结算价计价的原油在交割出库后，被转运到了韩国、缅甸、马来西亚等国家，相关国家涉油企业在现货贸易中更加关注上海原油期货价格，一个辐射亚太地区的原油贸易集散地价格已现雏形。

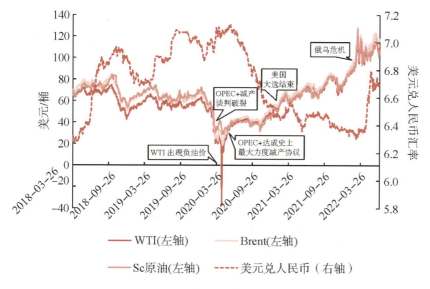

图 7-2 全球主要原油期货价格比较

期货交割是连接期货市场和现货市场的纽带,是价格发现功能最终的兑现点。上海原油期货交割结算价能够体现未来一定时期的供求关系,反映国内原油价格的未来走势。同时,上海原油期货交割规模实现跨越式增长,市场基础更为牢固。

7.4.3 套期保值功能

境内外原油公司、贸易公司和金融机构利用上海原油期货进行风险管理和资产配置的意愿不断增强,独立炼油厂、航空公司等也逐步开始利用上海原油期货进行套期保值。

上海原油期货市场立足产业需求,切实服务实体经济。一是帮助实体企业通过原油期货锁定价格,有效管理价格波动风险。从中东采购的原油运抵我国大约需要 20 天,采购和销售环节之间的时间差对企业而言存在较大价格风险,在此期间,油价下跌会影响企业销售利润。企业在采购的同时,通过在对应月份期货合约上建立同等规模的卖出头寸,有效规避了运输期间的价格波动风险,锁定了利润。二是通过卖出交割,拓宽销售渠道。2020 年 3—4 月,疫情叠加沙特阿拉伯大幅增产的影响,国际原油需求萎缩,油价大幅下跌,原油公司长约合同和份额油销售极度困难。国内虽加工量减少,但复工复产较早,上海原油期货较境外出现溢价。原油公司通过卖出原油期货实现了对份额油的保值增值,消化了因需求减少而多出的长约原油实货。三是通过买入交割,降低企业原材料成本。2020年6—7月，上海原油期货价格相对于国际市场出现明显贴水，原油公司通过从上海原油期货交割提货方式，供应系统内炼油厂，有效降低了采购成本，为企业提供了额外收益。

7.4.4　极限抗冲击能力

上海原油期货上市以来，特别是在应对2020年疫情期间原油期货市场极端波动的风险时，上海原油期货制度设计、风险管理和应急能力经受住了极端事件的考验，表现出较强的韧性和良好的发展态势。

在规则设计方面，自疫情发生以来，上海原油市场连续调整并出台了一系列制度措施，以应对市场极端波动带来的冲击。具体措施有：通过提高涨跌停板幅度和保证金比例，应对市场价格大幅波动的叠加风险；通过增加交易手续费，避免市场交易过热情况的发生；通过优化风险控制规则中的"三板"制度（出现连续三个涨停板或跌停板，可强制平仓），保证原油市场的交易连续性和国际化水平；依据现货市场实际仓储费变化，适时动态调整原油期货后续合约仓储费；通过增加仓储成本和扩大可交割库容，避免因为交割库容引起的基差波动，保证原油合约的顺利交割。

在市场监管方面，及时严厉打击恶意操控市场等违规行为，防范期货价格大幅波动和市场过度交易。密切跟踪市场各项运行指标，对于盘中出现的价格大幅波动、市场规模的快速变化和客户交易的异常行为进行报警和重点分析，及时严厉打击恶意操控市场等违规行为，必要时采取窗口指导等措施降低投机参与度。加强市场监督，强化关联账户监管，加大对实控账户的排查和对违规交易行为的查处力度，对于出现自成交、频繁报撤单、大额报撤单、账户组持仓超限等异常交易的客户，交易所将依规进行风险警示和交易限制。

在市场运行跟踪方面，上海期货交易所国际能源交易中心密切跟踪市场各项运行指标，保障上海原油期货市场稳定运行。在价格跟踪方面，密切跟踪原油价格的各种相互关系，主要包括内外价差、期现价差和合约间价差，重点跟踪上海原油期货价格的运行逻辑和背后原因。在市场跟踪方面，重点监控机构投资者、大额交易者和高频客户的交易动向，维护交易规模和市场功能发挥的合理比值，同时重点分析产业客户进行风险管理的具体情况，最大化避免投资者交易风险对市场冲击的影响。在丰富客户主体方面，不断引入大型产业客户、贸易商、境外投资者、做市商等交易主体，全面优化原油市场客户结构。

7.5 国内外原油期货市场的风险关联

正确认识上海原油期货价格和国际原油期货价格之间的关系尤为重要，有利于我们认清上海原油期货市场所处的国际地位，规范上海原油期货市场的交易秩序以及制定相关的风险防控措施（Liu et al.，2017；Shen et al.，2018；Yang et al.，2020；张大永、姬强，2018）。本节基于 Granger 因果检验以及溢出指数方法，对国内外原油期货市场之间的联动性和风险传导性特征进行探讨。

7.5.1 国内外原油期货联动性分析

为了解上海原油期货与国际三大基准原油期货 WTI、Brent 以及 Oman 原油期货价格之间的联动性，胡旻等（2021）计算了 4 种原油期货日收益率的相关性，样本期为 2018 年 3 月 26 日至 2020 年 12 月 30 日。结果表明，4 种原油期货日收益率均呈现正相关关系。其中，WTI 和 Brent 原油期货日收益率相关性最高，相关系数高达 0.807，而上海原油期货与 Oman 原油期货收益相关性最高，为 0.502。这与原油期货之间的实际状况一致，即欧美原油期货价格关系更紧密，而中国原油期货和 Oman 原油期货在一定程度上反映了亚洲地区原油期货价格。此外，上海原油期货与 WTI、Brent 原油期货之间相关程度相近（约为 0.350）。总的来说，原油期货日收益率相关性呈现出一定的地理区分。胡旻等（2021）通过考察 4 种原油期货之间的 Granger 因果关系，发现其余 3 种国际原油期货与上海原油期货之间均存在双向 Granger 因果关系，说明上海原油期货已经初步具备一定的国际影响力，能够对国际油价产生一定的影响。

7.5.2 国内外原油期货风险传导分析

通过构建国际国内原油期货信息溢出网络模型，胡旻等（2021）进一步对 4 种原油期货之间的静态和动态信息传导进行分析。从静态结果来看，在长期情况下，4 种原油期货之间的总体关联性高达 55.4%，表明国内外原油期货之间存在高度的信息联动性。具体来看，Brent、WTI 和 Oman 原油期货对上海原油期货的解释能力分别为 19.9%、15.8% 和 12.4%，而上海原油期货对三种国际原油期货的解释能力均在 9% 左右，表现为对国际市场信息的净接收者，在国际信息传递中仍然处于相对被动地位。

从国内外原油期货之间的动态关系结果来看，国内外原油期货间的短期总体关联性更高，约为 65%，也说明国内外市场在短期内具有更高的风险联动性。特别是在一些黑天鹅事件发生时，例如美国宣布退出伊朗核协议、阿曼海油轮爆炸事件、沙特阿拉伯油田设施遇袭事件、"OPEC+"谈判破裂以及新型冠状病毒感染疫情时期，国内外原油期货的联动性明显增强，说明突发事件会放大市场的蝴蝶效应，投资者恐慌情绪会加剧国内外市场的波动，上海原油期货的价格发现功能更为强大。此外，上海原油期货在某些局部时点表现为对国际原油期货市场的净信息溢出，例如 2020 年 5—6 月份，这说明上海原油期货并不完全跟随国际市场的走势，已经开始逐步反映亚洲市场的供需变化，特别是在国际市场剧烈波动时期，上海原油期货运行更加稳健，服务实体经济的能力也在不断增强。

7.6 上海原油期货市场发展建议

尽管上海原油期货已取得良好开局，原油期货的价格发现和风险管理功能初步确立，但其要发展成熟仍任重道远，仍存在一些问题和不足，尚待完善。首先，与国外原油期货运行情况相比，现阶段上海原油期货市场仍不成熟，投机交易较多，尚未很好地发挥其套期保值功能。从持仓量占世界主要原油期货市场持仓总量比例来看，上海原油期货远低于伦敦国际原油交易所和纽约商品交易所；上海原油期货的交易、持仓主要集中在近月合约，中、远期合约缺乏流动性，建立远期价格曲线存在一定困难，不利于原油期货市场功能的充分发挥。其次，国内原油产品金融市场体系不健全，尚未形成由市场主导的价格机制。原油产品金融市场包括原油基金、原油期货、原油期权等金融衍生工具以及原油银行和外汇市场等。原油期货是金融衍生工具的一种，必须依赖健全的金融体系才可能健康发展。我国的原油产品金融体系的不健全和不完善在一定程度上阻碍了中国原油期货市场的快速发展。最后，国内外投资者在参与上海原油期货交易时，更多参考的是与之相关的国际原油现货的数据，而我国目前尚未建立一个比较权威的官方数据发布平台和商业化信息发布平台。

鉴于此，我们认为有必要从以下几个方面加快完善中国原油期货市场：

（1）建立油气市场信息发布机制。建议借鉴美国市场的做法，建立公开透明的信息发布机制。依托大数据、云计算、人工智能等现代化技术，由政府部门建立我国油气市场信息发布平台，定期发布我国原油和成品油产销存、进出口以及相关期货市场数据，提高市场信息和数据的公开度与透明度，以引导市场基于正确的供求关系形成合理的价格预期。

（2）加强仓储基础设施建设。在疫情期间，负油价凸显了在极端市场情况下，实物存储能力和交割制度设计对于原油期货价格发现功能有效发挥的重要性。我国作为全球原油第一大进口国，应尽快建立合理足够的战略及商业原油储备能力，有效应对国际原油市场波动，增强抗风险能力，保障国家能源安全。

（3）不断完善国内油气衍生品市场体系。作为全球原油和天然气第一大进口国，中国在全球能源市场上的价格话语权和国际影响力与我国的市场规模不相匹配。在油气国际贸易中，人们普遍采用境外的期货价格作为定价基准，其主要原因是欧美既有发达的油气现货市场，又建立了一套功能完善的油气衍生品市场，能源类品种中原油、成品油和天然气期货都具有较高的国际影响力。相比之下，上海原油期货虽在国际化探索方面取得了一定的成绩，但运行时间相对较短，产品体系单一，在影响力方面与欧美相比仍有较大差距。我们建议加快推进天然气、成品油期货的研发，逐步建立一套基于中国市场供需的油气衍生品市场体系，进一步提升我国在国际油气市场上的定价影响力。

2018年3月26日，上海原油期货在上海期货交易所全资子公司上海国际能源交易中心正式上市交易。这是我国第一个允许境外投资者直接参与的期货品种。上市五年来，上海原油期货市场总体运行平稳，成交量和持仓量均不断增长，业务规则和制度设计已受到国际市场的普遍认可。总体来看：

（1）上海原油期货规则（制度）与国际有效接轨，对全球投资者具有较强吸引力。从制度设计上来看，上海原油期货在交易机制、交割机制和结算机制三个方面的制度设计均遵循国际市场规律，符合国际化期货品种的特征。同时，基于国内期现货市场的发展现状，上海原油期货在规则（制度）设计方面也有许多与WTI、Brent、Oman原油期货不同之处，有符合中国特色的突破和创新之处。

（2）上海原油期货国际影响力提升，市场独立性初显。在本轮疫情冲击下，国际范围内原油供需严重失衡，国际油价经历了一轮暴跌，上海原油期货价格运行相对稳定，特别是上海原油期货的影响力在复出口过程中逐步扩大，已能精准反映东北亚地区的原油供需面，特别是从过去的中东原油到岸价逐渐向影响力辐射东北亚地区的集散地价格转变，上海原油期货对东北亚地区原油现货市场的定价能力进一步加强。

（3）上海原油期货市场功能发挥良好，价格有效。在价格发现功能方面，我国原油期货与境外主要基准原油期货市场的价格互动性良好，为相关企业的套期保值提供了良好的基础；以人民币计价的中国原油市场在为投资者对冲油价的同时，也对冲了汇率及运费波动风险。上海原油期货制度设计、风险管理和应急能力经受住了各种地缘政治和极端事件考验，表现出较强的韧性和自我修复能力，价格独立性和风险抵御能力凸显；市场运行日趋平稳，交易量、持仓量稳步增长，流动性日益增强，合约连续性增加，换月平稳有序，初步形成了近月主力合约连续换月的态势，为国内实体企业提供了切实可靠、稳定有效的风险管理工具，服务实体经济的能力得到有效体现。

8 碳中和目标下的原油行业转型发展

2020 年 9 月，中国国家主席习近平在第 75 届联合国大会一般性辩论上提出了我国二氧化碳排放力争在 2030 年达到峰值，努力争取在 2060 年实现碳中和的战略目标，即"双碳"目标。要实现这个目标，能源行业由化石能源全面向可再生能源转型是必要条件。迄今为止，全球范围内已经有超过 140 个国家做出了在 21 世纪中叶实现碳中和的承诺，能源转型之路不可逆转。然而事实表明，能源转型之路不可能一蹴而就，其过程困难重重，如何顺利实现碳中和发展战略也存在诸多不确定之处。作为化石能源的代表，原油行业会面对哪些现实的挑战？在转型发展过程中如何实现有序和路径优化？这些都是我国也是全球原油行业所要解决的关键问题。本章从气候变化问题出发，探讨其对能源行业的影响，并阐述我国提出碳中和承诺后原油行业转型发展的前景和应对措施。

8.1 气候变化以及能源行业的应对

8.1.1 气候变化问题和挑战

人类活动已经成为影响地球气候变化的主要因素，使世界从相对稳定的全新世时期进入人类世时期。自 20 世纪中期以来，人类使用化石能源造成的温室气体排放是已观察到的气候变暖的主要原因。IPCC 第五次评估报告显示，世界上许多地区已经出现了更大区域范围的变暖：全球 20%~40% 的人口至少在一个季节里经历了超过 1.5 ℃ 的变暖，而温度上升带来的对环境的影响已经开始对人类生活以及经济发展带来前所未有的挑战，例如干旱、洪水，极端天气的增加，海平面上升，以及生物多样性的丧失（IPCC，2019）。然而，除了环境退化和污染之外，许多地区仍然存在严重的贫困和收入分配及资源获取方面的不平等问题，一定程度上放大了人们面对气候变化的脆弱性。其中，受影响最严重的人生活在低收入和中等收入国家，其中很多国家已经经历了海平面上升和极端天气导致的自然灾害，粮食安全保障能力下降，这反过来又使本就生活艰难的人们雪上加霜。小岛屿、特大城市、沿海地区和高山地区同样也是受影响严重的区域。

为应对气候变化，197 个国家于 2015 年 12 月 12 日在巴黎召开第 21 届缔约方会议，并在会议上通过了《巴黎协定》。其核心目标是大幅减少全球温室气体排放，将 21 世纪全球气温升幅限制在 2 ℃以内，同时寻求将气温升幅进一步限制在 1.5 ℃以内的措施（IPCC，2019）。IPCC 对于"变暖"的定义是：全球平均地表温度（30 年内全球陆地表面、空气和海洋表面温度的平均值）相对于工业化前水平（1850—1900 年全球陆地表面、空气和海洋表面温度的平均值）的提高。

然而在 2016 年《巴黎协定》生效后，各国的减排力度和政策执行不尽如人意。联合国环境规划署发布的《2021 排放差距报告：热火朝天》显示，各国上报的更新版气候承诺远远落后于实现《巴黎协定》温控目标所要求达到的水平，这将使世界步入"在本（21）世纪末至少升温 2.7 ℃"的轨道。报告指出，相较于上一轮承诺，各国上报的更新版国家自主贡献目标（NDCs）以及已宣布的其他一些气候变化减缓承诺，仅在原先预测的 2030 年温室气体年排放量基础上减少了 7.5%（UNEP，2021）。然而，要想维持《巴黎协定》2 ℃温控目标的最低成本路径，则要求实现 30% 的减排；如果要实现 1.5 ℃目标，则需要减排55%。许多能源排放主体，例如美国、欧盟、中国，提出的净零碳排放承诺有很大可能会为全球气温控制带来新的曙光。如果各国政策得到全面实施，这些净零碳排放承诺有助于将全球升温幅度控制在 2.2 ℃以内的水平。

气候变化的影响，除了温度上升外，还有多种表现形式，如大气中的二氧化碳增加、降雨模式转变、海平面上升、海洋酸化加剧，以及洪水、干旱和热浪等极端事件（UNEP，2021）。降雨量的变化会影响大气中的水循环和水的供应；根据大气中不同的成分，二氧化碳水平的增加会导致植物生产力的变化，同时也会加剧海洋酸化。此外，其他对气候的影响可能是由海洋热含量的变化引起的，如沿海冰层的不稳定和海平面上升。受上述自然环境变化的影响，生物多样性受到了不可恢复的恶劣毁坏。气候变化对于自然环境的影响多样且复杂，还有许多不确定的领域需要科学家们持续探索。以下将分别从沿海地区的影响、生物多样性的减少以及极端天气的增加这三个方面来具体阐述现在的环境困境及其对人类活动的影响。

8.1.1.1 沿海地区的影响

沿海地区是世界上人口最稠密的地区，且正日益受到全球气候变化的威胁。大气中温室气体浓度的上升引发了空气、陆地和海洋中一系列快速的生理化学变化。沿海生态系统中最令人担忧的变化包括空气和水温度升高、海平面上升和海洋酸化，而且恶化速度在最近几十年里迅速增加。在地下水和能源被过度开采的沿海地区，气候变化叠加频繁的人类活动，对当地生态环境造成了改变，从而进一步加剧了自然生态圈和人类社会活动的风险。举例来说，意大利海岸的海平面自 20 世纪以来，平均上升了 10 厘米。在威尼斯，当地人为了工业活动而抽取地下水，导致地面下沉，同一时期的相对海平面急剧上升，洪水发生的频率上升 7 倍多。在其他沿海大城市，如上海、马尼拉和世界上近 90% 的河流三角洲，因全球气候变化和人类活动而发生的海平面上升则更为显著。而加速上升的海平面高度不仅增加了发生洪水的风险，还加速了沿海湿地的植被变化，如耐盐植物的入侵等（UNEP，2021）。

图 8-1 是 NASA（美国航空航天局）收集的 1993—2021 年海平面变化的数据。在 1993—2021 年，全球海平面平均上升了 0.101 2 米，而上升的速度在 20 世纪 80 年代开始加快。从图 8-1 中可以看出，海平面高度有着清晰的上涨趋势，尽管近几年增长速度有所放缓，但仍没有看到太多改善。与此同时，NOAA（美国国家海洋和大气管理局）的数据显示，自前工业化时期以来，表层海水的 pH 值下降了 0.1 个单位，代表海洋酸度大约增加了 30%。这些变化，特别是在计入北极冰层的损失后，预计将在未来几十年内进一步加速。

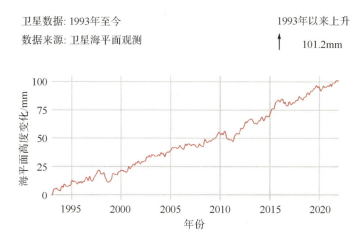

卫星数据: 1993年至今
数据来源: 卫星海平面观测

1993年以来上升
101.2mm

图 8-1 1993—2021 年海平面高度的变化
数据来源：NASA（https://sealevel.nasa.gov）。

在过去的几十年里，每年至少有数十亿美元被投入沿海地区保护行动中，包括海洋保护区的保护措施、减少海水侵蚀损害的建筑材料更新，减少陆地污染物的排放以及帮助沿海生态系统的恢复等。虽然地方保护行动的投资不断加码，但是沿海地区保护效果并不显著，海平面上升问题也没有得到显著改善。这需要全世界各个国家团结一致，为减少碳排放和能源转型做出更多的改变。

8.1.1.2 生物多样性的减少

众所周知，不同驱动因素对生物多样性的影响是交互且复杂的：气候变化、土地变化、人口密度、物种进化、物种迁移等都与生态环境有着多样性的互动，而现有的自然环境也很难完全排除人类对其的正面或负面的作用。虽然人们对于各驱动因素的互动机制的了解还不够完整，但是气候变化对生物多样性带来的不可弥补的损害是不争的事实。

大量的研究和调查表明了地球历史上生物多样性在气候变化时期的反应：生物多样性不仅可能会受到平均气候参数增量的影响，也会受到极端气候的频率和强度的影响。未来的气候变化可能会以前所未有的速度发生，并且在其他因素的相互作用下，地球平均温度和极端事件的频率可能会急剧上升。全球二氧化碳排放量持续增加，生物的食物链和生活环境等会受到一系列的影响。

隶属于联合国的跨政府生物多样性与生态系统服务平台（IPBES）报告显示，目前约有100万种动物和植物物种面临灭绝的威胁，其中许多物种将在几十年内灭绝，被灭绝的物种比人类历史上任何时候都多。自1900年以来，大多数主要在陆上栖息的本地物种的平均丰度已经下降了至少20%。超过40%的两栖动物物种、近33%的造礁珊瑚和超过1/3的海洋哺乳动物都受到威胁。对于昆虫物种的情况人们尚不太清楚，但现有的证据支持大约10%的昆虫物种受到威胁（IPBES, 2021）。自16世纪以来，至少有680种脊椎动物被灭绝，到2016年，超过9%的用于食物和农业的驯化哺乳动物品种已经灭绝，还有至少1 000个品种仍然受到灭绝的威胁。

从物种分布的角度观察，有大量的证据表明高纬度地区的物种分布范围正在向地球的两极和高海拔地区扩展，尽管不同物种之间存在很大差异；而在低纬度范围内，因为其探测比较困难，物种分布范围缩小的证据比较少（IPBES, 2021）。总体来说，整个生物群落将发生变化，热带草原将取代雨林，针叶林将侵占苔原。

从物候学的角度来讲，许多生活在温带的群体在春季会提前发生生物事件，例如植物春季发芽和展叶的时间有所提前（IPBES, 2021）。同时，科学证据还表明秋季的生物事件有所延迟。这种变化可能导致相互有交集的物种之间的时间不匹配，并有可能导致生物种群减少和最终灭绝。与此同时，气候变化也影响到生态大环境，如生产力和食物网的稳定，许多种群的生存受到天气变量的强烈驱动。因此，气候的变化将对许多物种现有的生活范围产生巨大影响，而季节性是其中的一个重要驱动因素。例如在英国，一些昆虫物种可能受更温暖更潮湿的冬天影响而数量急剧减少。春季和夏季的频繁干旱也可能导致一些物种减少。

8.1.1.3 极端天气的增加

气候变化的后果之一是飓风、野火、干旱、降水等极端天气事件强度和频率的增加。例如，海平面上升会增加沿海风暴的影响，气候变暖会在干旱时期对水供应造成更大的压力。美国国家海洋和大气管理局计算表明，极端天气造成的损失金额巨大，包括对住宅、商业和政府建筑物、建筑物内的物质资产、公共基础设施、车辆和船只、海上能源平台和农业资产的实际损害，以及业务中断损失和灾害恢复以及野火扑灭成本（NOAA，2022）。如果这之前计算的损失叠加上自然资本的损失、医疗保健相关的费用或与生命损失相关的价值，损失将无法单纯地用金钱来衡量。

一些气候模型发现，气候变暖增加了降水的可变性，这意味着将有更多的极端降水和干旱的时期。这就需要在干旱年份扩大储水，在极端降水时期准备应对洪水和水坝崩溃的风险。气候变化改变了季节中可用水量，导致了更为频繁的干旱。高温度增强了水分的蒸发，减少了地表水量，从而使土壤和植被变得干燥。这使得降水少的时期比往常更干燥。此外，频繁的干旱使积雪减少，导致了后续的一系列自然连锁反应。即使年总降水量保持不变，许多依赖于春季的积雪融化的小型生态系统也会因为冬季下雪减少而受到巨大打击，例如需要冷水生存的鲑鱼等生物。同时，因为积雪是一个反射表面，所以积雪面积减少也会进一步抬高陆地表面温度，进一步加剧干旱。

高温热浪（天气持续地保持过度的炎热，也有可能伴随着很高的湿度）也是另一个人们生活中频繁发生的灾害天气。在全球范围内，热天越来越热，高温天越来越频繁，但我们遇到的冷天却越来越少。同时，较贫穷且没有享受到各种福利的人群会受到更多的极端天气的恶劣影响。全球气候变化和能源方案（C2ES）研究发现，如果温室气体排放没有得到明显遏制，到21世纪中叶，大多数地区的日最高和最低温度将至少增加5华氏度①，到21世纪末将上升到10华氏度（C2ES，2022）。国家气候评估报告估计，到21世纪中叶，大多数地区超过90华氏度的日子将增加20~30天。此外，高温热浪会加剧干旱和野火的发生，从而导致对农业部门的负面影响。例如，2021年美国西部的

---

① （华氏度-32）×5÷9=摄氏度。

干旱导致北达科他州的牧民缺乏牲畜过冬的饲料而不得不出售他们的牲畜；加州的野火烧毁了农业用地，并提高了农场和酒厂的保险成本。总而言之，气候变化带来的极端天气灾害远不止于上述的情况，人类和自然界遭受的损失已无法用金钱估计（C2ES，2022）。

8.1.2　国际社会应对气候变化的目标和举措

各国政府普遍认同气候变暖这个科学事实，但在谁应承担最大责任以及如何设定减排目标方面存在分歧。通过数十年的谈判，国际上形成了两个重要的协议：《京都议定书》和《巴黎协定》。通过签署《京都议定书》和《巴黎协定》，各国同意减少温室气体排放，但每个国家都有自己具体且因地制宜的实施方案。除了这两项重要协议之外，还有几十个国家在 2021 年 11 月举行的 COP26 联合国气候会议上做出了新的承诺。然而，专家、气候活动家和公民仍然担心，这些承诺不足以应对加速恶化的环境问题。接下来的篇幅将聚焦欧盟、美国、中国各自的气候目标和管理政策。

8.1.2.1　欧盟

欧盟委员会发布欧盟绿色新政的核心政策——"Fit for 55"减排一揽子方案，其中包括扩大欧盟碳市场、停止销售燃油车、征收航空燃油税、扩大可再生能源占比、设立碳边境税等 12 项新法案。根据全面的科学评估，欧盟委员会在《2030 气候目标计划》中提议提高欧盟在减少温室气体方面的目标，并为未来 10 年描绘了更加雄心勃勃的蓝图。欧盟委员会提出到 2030 年，将温室气体排放量减少到比 1990 年水平至少低 55% 的目标，并且希望欧洲到 2050 年能够成立气候中立联盟，从而走上了一条对气候变化负责任的发展道路。与之前 40% 的目标相比，55% 的新目标是一个大幅度的增长。该计划评估了经济和社会所有部门该如何上下合力，并提出了实现这一目标所需的政策行动（EU，2022）。

"Fit for 55"方案提议将目前欧盟层面的可再生能源在整个能源结构中的占比，从至少占 32% 的目标提高到 2030 年的至少 40%（EU，2022）。方案还建议引入或加强各部门的次级目标和措施，特别关注迄今为止在整合可再生能源方面进展较慢的部门，例如交通、建筑和工业领域。具体的措施分为两方面，虽然其中一些目标和规定是有约束力的，另一些仅具有指导性质。欧盟各成员国的能源部长们在 2021 年 12 月的能源理事会上讨论了支持可再生能源作为一种成本效益高的能源的潜力与承认国家情况和不同起点之间的平衡。虽然欧盟各个成员国的情况和起点不同，但各个成员国都会在欧盟方案的基础上根据自身国情进行方案改进（EU，2022）。

2009—2019 年，欧盟可再生能源发电量稳步增长，其增长主要来源于整个欧盟内风能发电、太阳能发电和固体生物燃料（包括可再生废物）的快速发展。根据欧盟的数据，2020 年，可再生能源发电量占欧盟总电力消费的37.5%，高于 2019 年的 34.1%。风能和水能发电占可再生能源总发电量的 2/3以上，分别为 36% 和 33%。其余 1/3 的发电量来自太阳能（14%）、固体生物燃料（8%）和其他可再生资源（8%）。其中，太阳能是增长最快的来源，从2008 年的 1% 的占比上涨到了 2020 年的 14%（EU，2022）。

使用可再生能源是提高能源效率和减少一次性能源使用非常重要的环节：可再生能源不仅能够减少温室气体排放，也能减少对化石燃料市场（特别是原油和天然气）的依赖。可再生能源包括风能、太阳能（热能、光伏和集中式）、水能、潮汐能、地热能、生物燃料和废物的可再生部分。其增长也可以通过创造新的"绿色"技术的就业机会来刺激欧盟的就业。与可再生能源的发展密不可分的是碳交易市场。在欧盟排放交易计划的第三阶段（2013—2020年），全联盟的固定装置上限每年以 1.74% 的线性比例下降。2021 年全联盟固定装置的上限为 1 571 583 007 个配额。碳市场也在按照计划稳步发展，为碳中和提供更多市场化的选择。

尽管新型冠状病毒感染疫情造成了特殊情况，使得 2020 年的欧盟能源效率目标可能已经实现，但是成员国在国家能源气候计划（NECP）中通报的国家贡献总和没有达到欧盟在 2030 年前减少 32.5% 的目标。与 2007 年参考方案中对 2030 年的预测相比，目前的节能贡献总和约等于最终能源消耗（FEC）减少 29.4%、一次性能源消耗减少 29.7%。虽然低碳化转变效果显著，但是仅仅通过市场力量、目前的市场组织和技术发展，不太可能实现目标的高能源效率水平，这意味着需要进一步努力。欧盟距离一次性能源消费减排目标 2.8%和最终能源消费减排目标 3.1%，这个差距也从侧面体现了目前的政策和目标之间的差距。

8.1.2.2 美国

美国在拜登政府的带领下，重新回到了对抗气候变化的正确轨道上。在拜登就职后的第一天，美国重新加入《巴黎协定》，为美国应对国内外的气候危机确定了方向。作为重新加入《巴黎协定》条件的一部分，拜登通过他的科学气候工作团队，建立了新的 2030 年排放目标——被称为"国家确定贡献度"（NDC），并且正式提交给了《联合国气候变化框架公约》（UNFCCC）。其中宏观和重要的目标是美国计划于 2050 年实现整个经济的净零碳排放。

美国 2020—2021 年度最主要的能源来源还是一次性能源：原油和天然气，分别占比 35% 和 34%（EIA，2022）。可再生能源占比 12%，排名第三。此外，煤炭和核能占比分别为 10% 和 9%。美国可再生能源的生产和消费总量在 2020—2021 年度达到了历史最高水平。在此期间，可再生能源提供了约 11.59 万亿英热单位（Btu）[①]，相当于美国能源消费总量的 12%，电力消费约占美国可再生能源消费总量的 60%，而美国总发电量中有约 20% 来自可再生能源（EIA，2022）。

在消费端，工业和交通是美国消费终端两大能源消耗巨头，分别占比 36% 和 35%（EIA，2022）。2020—2021 年度，直接的工业温室气体排放占美国温室气体排放总量的 24%，成为美国温室气体排放的第三大贡献者，仅次于交通和电力部门（EIA，2022）。自 1990 年以来，美国工业的温室气体排放总量包括电力消耗，已经下降了 22%。包括直接排放和与电力使用相关的间接排放，其中工业部门在美国温室气体排放总量中所占的份额为 30%，是所有部门中最大的温室气体贡献者（EIA，2022）。从 2019 年到目前，工业部门的能源使用总量减少了 5%，部分原因是新型冠状病毒感染疫情导致经济和制造活动减少。

美国另一个非常重要的市场化减排机制是碳排放权交易市场。碳定价是一种基于市场的机制，其主要作用是为减少温室气体（GHG）的排放提供经济激励。目前在美国有许多区域性质的碳排放权市场。其中，占美国人口 1/4 以上、占美国 GDP1/3 以上的 12 个州组成了区域温室气体倡议（RGGI），这些州分别是加利福尼亚州和东北部的 11 个州：康涅狄格州、特拉华州、缅因州、马里兰州、马萨诸塞州、新罕布什尔州、新泽西州、纽约州、罗得岛州、佛蒙特州和弗吉尼亚州。RGGI 是美国第一个强制限制电力部门二氧化碳排放的强制性规定上限的联盟，目前拥有市场活跃度较高的碳定价项目，并正在成功地帮助美国减少排放。同时，加利福尼亚州作为美国环保状况较好的州之一，制定了北美第一个多产业的排放限额交易计划。马萨诸塞州和华盛顿州也实施了类似法规，为美国系统性减排做出了贡献。

美国已经设定了到 2035 年达到 100% 无碳污染电力的目标，这可以通过多种具有成本效益的途径来实现并且每一种途径都能在这十年内实现有意义的减排。其中，最可能有显著效果的途径是提高可再生能源在各个领域的占比，因

---

① 英热单位（British thermal unit）是英、美等国采用的一种计算热量的单位，简记作 Btu。它等于 1 磅（1 磅＝0.453 6 千克）纯水温度升高 1°F（1°F＝9/5 ℃温度差）所需的热量。

为可再生能源可以在美国能源安全和减少温室气体排放方面发挥重要作用。使用可再生能源可以帮助减少能源进口，减少化石燃料的使用，而化石燃料是美国二氧化碳排放的最大来源。在《2021 年年度能源展望》参考案例中，EIA预测美国的可再生能源消费将继续增加到 2050 年。这意味着提供高薪工作岗位，部署无碳污染的发电资源、传输和能源储存，并利用经过碳捕获改造的发电厂和现有核电的无碳污染能源潜力，同时确保这些设施满足工人、公众、环境安全和环境正义的强大和严格的标准。

8.1.2.3 中国

在新型冠状病毒感染疫情冲击下，"百年未有之大变局"加速演进，全球能源供需格局发生深刻变化，带动全球能源治理格局不断演变，世界各国竞相出台相关政策，推动能源结构加快向绿色低碳转型。国家各部门围绕碳达峰、碳中和目标，统筹发展与安全，在顶层设计、产业规划、税收监管、价格改革等方面出台了一系列政策，大力提升能源安全保障能力和推动油气行业绿色低碳转型。中国官方已经提出二氧化碳排放力争于 2030 年前达到峰值，努力争取 2060 年前实现碳中和。在中国向"双碳"目标迈进的过程中，低碳环保的顶层设计对中国各行各业尤其是能源行业、重工业，提出了新的目标要求（国家发展改革委，2022）。

为推进能源行业绿色低碳转型，国家密集出台"双碳"组合政策。《关于完整准确全面贯彻新发展理念 做好碳达峰碳中和工作的意见》和《2030 年前碳达峰行动方案》的出台，为我国"双碳"工作做出顶层规划。中国积极应对气候变化，目前已经在实施的能源转型政策已颇见成效。2020 年底，中国碳排放强度比 2015 年下降了 18.8%。2021 年底，全国单位 GDP 碳排放下降了3.8%。中国正向着"到 2030 年中国单位 GDP 二氧化碳排放将比 2005 年下降65% 以上"的目标努力。

国家各部门积极完善能耗"双控"制度，严控"两高"项目盲目发展，加快重点行业能效提升和落后产能淘汰，支持新能源发展，加快构建新型电力系统，打造循环经济体系，强化生态环境保护，打出一套政策"组合拳"推进"双碳"工作。全国碳交易市场和绿色电力交易试点正式启动，以市场机制促进企业节能减排。此外，为应对 2021 年下半年以来国内出现的能源供应紧张形势，国家推动电力体制改革取得突破，提出建立全国统一电力市场，更加强调处理好减污降碳和能源安全的关系，有序推动从能源生产、利用到经济与社会发展的全面绿色转型。

中国"十四五"时期现代能源体系建设的主要目标是：能源保障更加安

全有力。根据国家发展改革委和能源局发布的《"十四五"现代能源体系规划》，到 2025 年，国内能源年综合生产能力达到 46 亿吨标准煤以上，原油年产量回升并稳定在 2 亿吨水平，天然气年产量达到 2 300 亿立方米以上，能源减少对外依存度。低碳转型方面，预计单位 GDP 二氧化碳排放五年累计下降 18%（国家发展改革委，2022）。到 2025 年，非化石能源消费比重提高到 20% 左右，非化石能源发电量比重达到 39% 左右，电气化水平持续提升，电能占终端用能比重达到 30% 左右。能源资源配置将就近高效开发利用规模进一步扩大，提升电力协调运行能力，到 2025 年，灵活调节电源占比预计达到 24% 左右，电力需求侧响应能力预计达到最大用电负荷的 3%～5%（国家发展改革委，2022）。

展望将来，在国家能源进入"固根基、扬优势、补短板、强弱项"新阶段的背景下，能源供应保障基础不断夯实，且能源转型稳步推进。能源发展的低碳化趋势将带来原油供需新变化。中国作为能源进口大国，将以碳中和为抓手，全面进行能源结构持续优化，打造对社会负责和带有中国特色的发展道路。在"十三五"时期，中国低碳转型成效显著，煤炭消费比重下降至 56.8%，非化石能源消费比重达到 15.9%，常规水电、风电、太阳能发电、核电装机容量分别达到 3.4 亿千瓦、2.8 亿千瓦、2.5 亿千瓦、0.5 亿千瓦，非化石能源发电装机容量稳居世界第一。"十四五"时期是为力争在 2030 年前实现碳达峰、2060 年前实现碳中和打好基础的关键时期。2022 年中国原油需求仍保持稳定增长。到 2025 年，国内能源年综合生产能力达到 46 亿吨标准煤以上，原油年产量回升并稳定在 2 亿吨水平（国家发展改革委，2022）。原油作为国家战略物资之一，将保证能源储备体系更加完善，能源自主供给能力进一步增强，同时为国家能源转型做好准备。

8.1.3 气候变化加快促进能源低碳转型

能源行业作为能源消耗密集型行业，碳排放量和一次性能源使用总量巨大。全球一半以上的温室气体排放来自能源行业，所以能源转型是实现碳中和的关键因素，面临艰巨的减排任务。能源行业在生产过程中所排放的温室气体主要分为两类：在设施内产生的直接排放，以及发生在厂外但与设施用电有关的间接排放。直接排放是指通过燃烧燃料的化学反应发电或供热，以及工业流程或设备的泄漏而产生的温室气体排放。大多数的直接排放来自化石燃料的燃烧。大约 1/3 的直接排放来自天然气和原油管道的泄漏，生产中的燃料使用（如用于制造塑料的原油产品），以及化学品、金属（如钢铁）和矿物（如水泥）生产中的化学反应。间接排放是通过在发电厂燃烧化石燃料来发电而产生的排放。

随着能源需求的结构发生变化，化石燃料的重要性逐渐下降，取而代之的是越来越多的可再生能源和越来越多的电气化。向低碳能源系统的转变导致全球能源市场发生根本性重组，形成一个更加多样化的能源组合，各能源间的竞争水平和适用性的提高，为国家、企业以及个体用户提供了更多的选择。向低碳世界的过渡需要一系列的其他能源和技术，包括低碳氢气、现代生物能源以及碳捕获、使用和储存（CCUS）（侯梅芳 等，2021）。

风能、太阳能和生物能在可再生能源领域中蓬勃发展且产能迅速扩张。英国 BP 公司预计，到 2050 年，风能和太阳能的总装机容量将比 2019 年增加 15 倍以上（BP，2022）。风能和太阳能的快速扩张受益于其成本的持续下降，特别是在科技和金融模式都不断改革创新的近几年。太阳能的组件效率提高和项目规模扩大，以及风能的负载率提高和运营成本降低，使技术和生产成本快速下降。BP 预计风能和太阳能发电的平均电力成本（LCOE）包括整合成本，已分别下降约 20%~25% 和 40%~55%（BP，2022）。

风能和太阳能未来的加速发展将取决于一系列的有利因素：包括传输和分配能力，关键材料的供应、规划和许可，以及社会认可度。除了发展已较为成熟的风能和太阳能外，广义的生物能将支撑可再生能源进一步发展。预计在 2050 年前，现代生物能源的增长势头迅猛。几乎所有这些需求的增长都来自新兴经济，部分原因是传统能源的供应无法满足日益增长的需求（BP，2022）。

而在生物能中，现代固体生物质燃料的使用越来越多，部分原因是它在电力部门的作用越来越大。特别是在亚洲，以及在难以消减的行业如水泥和建筑行业中的作用越来越大。在越来越多国家做出雄心勃勃的气候减排承诺的背景下，可再生能源将逐渐取代传统能源在能源消费中的领导地位。

能源的多样化发展和创新都需要政府和企业持续不断的大量投资。风能和太阳能发电的投资水平显著加快，与此同时，尽管传统能源的需求水平下降，但也需要继续对上游原油和天然气勘探与开采进行投资。

虽然风能和太阳能发电的成本在下降，但平均每年的投资额约为 5 000 亿至 8 000 亿美元（BP 预测数据），比最近的投资水平高出两到三倍，而且投资的大头将发生在新兴经济体中（BP，2022）。

虽然对原油和天然气的需求有所下降，但现有产量的自然下降意味着对上游原油和天然气勘探与开采需要继续投资，并且投资率大大低于风能和太阳能的投资。未来 10 年的上游原油和天然气勘探与开采的平均年投资额约为 3 750

亿至 5 000 亿美元（BP，2022）。

扩建碳捕获、利用和封存设施，提高碳捕获、利用和封存的投资水平。其投资相对于风能和太阳能或上游原油和天然气勘探与开采所需的投资金额数目较小，但投资水平也远高于历史水平，这表明 CCUS 的融资规模显著扩大（BP，2022）。

8.2 碳中和目标下原油行业转型发展之路

能源是国民经济发展的基石，经济活动的发展离不开能源的支持。随着人类技术变革与生产效率的提高，能源转换也不断加速。在第一次工业革命中，蒸汽机的发明使人类能源需求结构由薪柴时代进入煤炭时代；在第二次工业革命中，内燃机的发明使人类能源消费迈入油气时代。随着电力的发现和电气化的普及，电力已成为各国能源体系中的中流砥柱，形成了煤、电、油、气的能源供应体系。在"碳中和"目标下，在技术和政策的双重驱动下，世界能源向低碳化发展，人类将经历传统化石能源到新能源的第三次能源重大转换。

8.2.1 "碳中和"对油气行业发展的影响

化石能源的消费是全球主要的碳排放活动之一。在全球"碳中和"愿景下，能源绿色转型和清洁化利用已经被提上日程。2021 年 5 月 18 日，国际能源署（IEA）发布《全球能源行业 2050 年净零碳排放路线图》报告。该报告对能源行业尤其是全球油气行业的发展具有深远的影响。报告围绕全球气温上升控制在 1.5 ℃的目标，提出全球首个 2050 年能源行业净零碳排放路线图。

该报告提出的技术路线图对能源行业具有指引作用：一是加速发展清洁能源，增加投资，技术发展创新；二是停止开发新油气田，加速摆脱全球化石燃料的依赖；三是电力将是终端能源消费主体，电力低碳排放技术将加速发展等。

全球能源体系正处于可再生能源替代传统化石能源之中，各国政府相继出台相关政策，顶层设计制定路线图，油气行业参与主体也在积极谋求新形势下的转变，顺应历史潮流，推进行业低碳转型发展。

8.2.1.1 能源低碳转型是实现"碳中和"的主要抓手

当前，在以化石能源为主的全球能源体系结构中，化石能源的消耗是碳排放的主要领域之一。根据 IEA《全球能源回顾：2021 年二氧化碳排放》，2021

年全球能源领域二氧化碳排放量达到 363 亿吨，同比上涨 6%，碳排放量较2020 年增加了 20 亿吨以上，增长幅度创下了历史新高，排放激增受疫情好转、经济复苏、能源需求上涨叠加多国能源紧张、煤炭消费增多的影响。从2019 年的数据来看，IEA 公布全球能源碳排放约为 330 亿吨，其中，煤炭、原油和天然气消费碳排放占能源总排放量分别为 44.01%、33.74% 和 21.56%。中国、美国和欧洲能源消耗排放占总能源排放的比例分别为 28.8%、14.7%、12%。由此可见，为实现《巴黎协定》中将全球升温控制在 2 ℃以内，力争将升温范围降低 1.5 ℃的目标，能源发展低碳转型已经是大势所趋。

中国实现"碳中和"目标压力巨大，能源领域同样是中国实现"双碳"目标的主要落脚点之一。能源消费活动的排放是中国碳排放中占比最大的领域，2014 年能源活动的排放占比超过 75%，其中原油+天然气消耗导致的能源活动排放仅次于煤炭，占比约 15%。因此，能源结构优化、能源效率提升和能耗强度降低是未来中国能源发展改革的重要内容。

8.2.1.2 全球能源低碳转型与能源安全之间的矛盾

在全球能源绿色发展理念指引下，减少化石能源消费、能源清洁化利用与可再生能源发展是当前主流能源行业的一些主流观点。这些观点指引着未来能源体系发展的技术路线，也指导着能源行业企业的战略发展。需要注意的是，当前国际能源体系存在可再生能源增量有限、化石能源供应不足、能源供需结构性矛盾突出等挑战（丛威 等，2021；王陆新 等，2022）。

疫情带来的油气供给大幅减产、全球能源体系调节能力减弱、油气资源供给安全等问题严峻。2020 年，受疫情影响，全球油气产量大幅缩减，叠加"碳减排"政策快速推进，油气行业受到严重冲击，美国的页岩油气产业在低油价中大规模减产遭受重创；油气行业上游开采投资减少；OPEC 产油国与俄罗斯等非欧佩克产油国为稳定油价，达成减产协议，共同利益捆绑下该联盟内部的增减产步调愈发一致，控制着国际原油市场的投放量。2021 年，受经济复苏、自然灾害以及地缘政治局势的影响，全球面临能源紧张的情况，欧洲、美国、印度和巴西等相继出现了油气和电力供给短缺的现象。油气价格也开启了新一轮上涨周期，保持高位运行。油气行业利润的增长，会降低其转型发展的动力。

总体而言，从全球能源系统角度来看，绿色发展已经是时代的要求，但需要处理好"碳减排"和能源安全的关系。能源供给安全是底线，绿色转型是方向。对于化石能源的定位要回归理性，快速压缩油气消费，势必会破坏能源系统的稳定性，风险度增加。对于煤、油、气而言，分阶段实现"碳达峰"

与"碳中和"是更为明智之举。第一阶段开展清洁化利用，第二阶段可再生能源满足有效替代化石能源后，油、气等化石能源资源再逐步退出，实现能源转型的稳步转化发展。从油气行业角度来看，要保持在能源系统中调整油气角色定位。随着可再生能源领域的发展，在技术创新背景下，能源强度降低，效率提升，未来能源系统的竞争会由增量竞争转向存量竞争。油气行业要随着能源系统的发展，调整自身战略定位。油气行业不必太过悲观，尽管未来油气能源端需求会下降，但是化工原材料的需求仍将保持。

8.2.2 国际油气行业的转型发展之路

在油气行业绿色转型发展过程中，欧美国际原油公司先行，提出净零碳排放时间表，带动其他国家原油公司跟进。自 2015 年签署《巴黎协定》以来，随着环保政策的力度不断加大，欧美原油公司率先提出力争 2050 年实现净零碳排放目标，其他国家原油公司纷纷跟进。但是，从行业角度来看，不同区域和不同类型公司应采取不同的转型发展路线和不同的减碳技术路线。

8.2.2.1 全球油气行业低碳转型之路

（1）欧美国家油气产业转型战略

从全球油气产业角度来看，欧美油气产业率先展开低碳转型。欧美油气行业正在积极探索低碳转型之路，通过布局可再生能源产业、大力发展低碳产业以及通过 CCUS 技术等方式实现绿色转型。英国原油公司（BP）、壳牌（Shell）、埃克森美孚（ExxonMobil）、雪佛龙（Chevron）、道达尔能源（Total Energies）、埃尼原油（Eni）和挪威国家原油公司（Equinor）七大原油公司均提出了"碳减排"或"碳中和"目标。埃克森美孚、壳牌、英国原油公司、雪佛龙和道达尔五大国际原油公司均成立了相对独立的新能源部门，每年投入巨资积极发展太阳能、风能、氢能和生物质能等新能源。欧美企业快速转向的背景基于欧美国家多数已经实现"碳达峰"，这些国家采取了积极的环保政策，努力向"2050 碳中和"目标迈进（金雅宁 等，2021）。

在欧美油气企业的转型中，欧洲企业对美国具有引领作用。欧洲油气行业较美国减碳决心更为坚定，行动更为积极主动。2019—2020 年，欧洲五大原油公司（英国原油、埃尼原油、挪威国家原油、壳牌、道达尔）都先后明确提出 2050 年的"碳中和"时间表，给出较为清晰的中期碳减排规划。挪威国家原油公司提出到 2030 年全面实现碳中和运营，2050 年实现净零碳排放。道达尔公司提出 2050 年实现"碳中和"目标下公司整体碳排放强度下降 65%。相较于欧洲企业的主动积极低碳转型，而美国原油巨头埃克森美孚和雪佛龙的低碳转型动作稍显迟缓。雪佛龙公司在2021年11月宣布对上游范围1和2排放实现2050年净零碳排放，对范围1、2和3排放设定新的2028年温室气体强度目标（范围1指与公司自身生产活动经营密切相关的直接碳排放，范围2指与自身生产经营活动相关联的其他活动所引起的间接排放，范围3包括了整个产品价值链上的所有碳排放）。受投资者压力，埃克森美孚公司则于2022年1月初提出2050年实现净零碳排放的目标，提出未来6年内支出150亿美元用于绿色能源转型投资，并于2022年底前发布具体路线图。2020年3月，埃克森美孚公司曾拒绝为2050年的净零碳排放设定目标，其表示英国原油公司、壳牌等竞争对手制定的碳减排目标缺乏实现的具体计划。但在绿色低碳的趋势下，埃克森美孚公司的转变表明其发展战略将发生重大转向（张抗、张立勤，2020）。

（2）欧美油气产业转型中的差异化策略

在欧美油气产业转型中，模式和技术路径存在一定差异。欧洲五大原油公司转向可再生能源和油气业务并行的思路，加大投资和发展新能源技术，通过提升可再生能源的规模和比例来实现低碳化。美国两大原油公司则通过推进原油低碳化技术来降低原油在生产和运输过程中的碳排放，从而达到降低产品生产及运输过程中的碳足迹的目的。从技术路线角度来看，欧洲原油公司的低碳转型技术以可再生能源发电技术为主，而美国原油公司重点以发展CCUS（碳捕获、利用与封存）技术来降低生产和运输过程中的碳排放。

欧美油气产业转型差异的核心原因，一是欧美油气资源禀赋不同，油气供给安全处境不同。欧洲油气对外依存度较高，能源安全易受国际市场和地缘政治的影响。2021年以后，欧洲陷入能源涨价潮中，引发欧盟通货膨胀高企。2022年俄乌军事冲突发生后，油气资源供给安全风险急剧上升。为此，2022年3月8日，欧盟委员会公布了名为《欧洲廉价、安全、可持续能源联合行动》的能源发展计划，通过加速发展可再生新能源，摆脱地缘政治带来的油气供应隐患。美国油气资源储量丰富，"页岩油气革命"成功后，美国实现了能源独立战略。二是欧洲是全球气候治理体系中重要的倡导者和推动者之一，"减碳"和"碳中和"决心坚定，去碳化强度上远高于北美国家。德国在2022年对《可再生能源法》进行修订，计划至2035年，该国的电力将几乎全部由可再生能源供应，较之前目标（2050年）提前了15年，加速了可再生能源的发展。法国宣布2040年前停止化石能源生产；丹麦宣布2050年前停止欧洲北海地区的油气生产；意大利、荷兰等国也相继宣布划定部分区域禁止油气勘探与开采。三是美国至今没有形成联邦层面的碳市场，而欧洲形成了较为成熟的碳市场，用市场化手段对其减排和产业优化减碳进行调节，发挥了积极作用。自 2005 年欧盟碳市场开始运行以来，已经成为全球参与国家最多、交易频率最高、交易方式最灵活、发展最成熟的市场。

总体而言，当前全球油气行业已进入低碳转型发展时期，不同地区采取的模式略有差异。路线图基本可以分为两大类：积极转型与渐进转型。油气资源禀赋丰富的地区行业转型多采取渐进式，而油气依存度高的地区则努力加快能源低碳化转型，通过提高可再生能源在能源系统中的占比，提升地区能源保障能级。

8.2.2.2　国际油气产业转型的主要特点

全球不同地区的油气产业低碳转型发展逻辑不尽相同，不同国家的油气企业转型战略各有千秋，但总体而言，全球油气产业转型主要具有以下特点：

一是化石能源转向低碳化发展中，天然气正在成为化石能源和可再生能源的过渡能源。天然气作为传统清洁低碳能源之一，在签署《巴黎协定》后，欧洲环保政策收紧，天然气成为各国清洁能源的重要过渡选项。各大原油公司也将天然气产业作为重点投资倾斜对象。2021 年全球天然气消费强劲增长，超过新型冠状病毒感染疫情发生前水平，消费量达 4 万亿立方米，同比增幅 4.6%。可以预见的是，在未来一段时间内，对天然气的需求仍将保持高位。各大原油公司在将天然气作为重点发展业务的同时，上游开采端聚焦于具有核心竞争力的天然气，比如埃克森美孚剥离高成本页岩气项目，但保留二叠纪盆地成本较低的页岩气资产。而壳牌也计划到 2035 年天然气占油气总产量的比重从目前的 50% 提高至 75%。英国原油公司（BP）持续剥离原油资产，更多地投资于天然气及可再生能源。

二是传统油气企业向综合能源公司转型。化石能源与可再生新能源并行发展思路是该类型企业的战略选择，主要以欧洲油气企业和中国大型油气国有企业为代表，它们的转型逻辑是从油气化石能源向综合能源体系方向发展。英国原油公司（BP）的定位是向一体化的综合能源公司转型，计划到 2030 年将油气产量减少 40%，同时扩大低碳发电与可再生能源业务，发展生物能源、氢能、下一代充电技术等，帮助客户实现净零碳排放。中石油公司大力实施风光气电融合发展战略，利用其油气矿权范围内丰富光照和风能等自然资源，紧锣密鼓地构建综合能源体系。中海油则在传统油气业务外，重点推进海上风场发电，加速海上风能发电技术创新。雪佛龙公司则向生物质能领域重点投资等。未来，随着全球能源转化进程的不断加快，全球油气行业将面临能源体系内生性的竞争。

三是油气行业对上游投资保持谨慎，近年来整体呈下滑趋势。2011—2020年，全球上游油气勘探与开采投资从 6 838 亿美元下滑至 3 900 亿美元，降幅达43%，尽管中间有些年份保持增长，但整体仍呈下降态势。2021 年，全球能源供给紧张，国际油气上游投资呈现筑底回升，但增幅远不及预期，同比增长仅为 12.7%。需要注意的是，2021 年的增长背后是 2020 年投资的低基数，2020 年上游投资为近 10 年来的最低水平。在疫情冲击下，全球油气勘探与开采公司纷纷削减勘探与开采投资预算。2020 年的上游勘探与开采投资同比下降 28%（1 519 亿美元），是近 10 年来的最低水平。

四是国际社会对油气行业履行减排责任的舆论压力日益增大。极端气候的不时发生，让国际社会对气候变化问题日益关注。从 ESG（environmental，social，and governance，环境、社会和治理）维度来看，作为评价企业可持续发展的一种方法论，投资者对企业的可持续绿色发展更加关注。绿色低碳发展是企业履行社会责任的重要体现之一，低碳发展已经是企业对外展示的一个重要正面形象。金融机构融资目前也倾向于投资绿色低碳产业。在全球努力实现碳中和与能源转型目标的背景下，国际环境已经构建出政府、社会和资本三重力量共同转向低碳产业的共识。油气公司需要加快推进资产结构和生产方式转变，强化减排行动已成为共同的选择（王震 等，2021；张宁宁 等，2021）。

8.2.3　中国油气产业的转型发展之路

2020 年 12 月 12 日，中国国家主席习近平在气候一般辩论会上的讲话中宣布，"到 2030 年，中国单位国内生产总值二氧化碳排放将比 2005 年下降 65%以上，非化石能源占一次性能源消费比重将达到 25%左右"。中国将在 2030 年实现"碳达峰"，2060 年左右实现"碳中和"。中国能源体系加速向绿色化、低碳化转型发展，正在加快构建清洁低碳、安全高效的现代能源体系。现代能源体系的构建将对中国的能源结构带来深刻变革，也会对中国油气行业带来挑战和新机遇（王震 等，2021）。

8.2.3.1　中国油气行业低碳转型之路

欧美国家大多已经实现碳达峰，正在向碳中和目标迈进。相较于欧美国家，中国正在加速实现碳达峰，在可再生能源尚未成为中国能源体系支柱的背景下，中国的减碳行动正在以能源供给安全为底线稳步推进。从能源体系角度来看，中国能源正在向现代化能源体系发展，将煤、电、油、气与可再生能源等多种能源组建成能源系统，动态实现不同品种的能源之间的转化和替代，保障能源系统的稳定性。为此，中国油气行业的转型要服从和服务于中国现代化能源体系建设的要求。

在复杂的国际局势与绿色能源转型的背景下，中国油气行业发展迎来了许多新变化。

我国大力支持国内油气行业上游发展，防范国际油气行业勘探与开采投资动能不足引发的外部风险，提升安全保障能力。2020 年的极端低油价扰乱了全球油气供应格局，叠加欧洲较为激进的绿色政策，油气上游投资不足，欧佩克组织与其他主要产油国形成"OPEC+"联盟，达成减产协定，并形成内部统一的稳步增产计划。自 2021 年以来，全球多国相继遭遇能源供应紧张的难题。能源供给安全是国家安全的重要保障。2021 年 3 月公布的《中华人民共和国国民经济和社会发展第十四个五年规划和 2035 年远景目标纲要》中首次提出油气核心需求依靠自保，夯实国内产量基础，保持原油和天然气稳产增产。我国油气对外依存度较高，国内油气增产的重要性凸显。

2021 年，中国原油产量 19 898 万吨，同比增长 2.4%；进口量 51 298 万吨，下降 5.4%，对外依存度 72.2%，较 2020 年有所下降，为 20 年来首次下降。天然气方面，国内自产量为 2 053 亿立方米，同比增长 8.2%；进口量为 12 136 万吨，同比增长 19.9%，对外依存度上升至 46%，超过日本，成为全球最大的液化石油气（LNG）进口国，进口依赖程度再度上升。在高依存度下，国际油气市场的不稳定极易向国内传导，冲击国内油气市场。国内油气上游产业发展迎来新机遇。2021 年，国内各油气上游企业加大油气勘探与开采力度，聚焦常规与非常规油气并重发展，取得了多个重要的成绩。其中，中石化、中海油上游投资计划大幅增长，幅度分别为 18.4%、22.7%，只有中石油调整优化上游端，投资同比下降 6.1%。2021 年，中国油气探明地质储量快速增长，预测原油新增探明地质储量约 16.4 亿吨，天然气新增探明地质储量预计超过 1.6 万亿立方米，其中页岩气新增探明地质储量约 7 500 亿立方米。

在能源生产消费方式向绿色低碳发展的背景下，天然气作为较清洁的能源，正在成为向可再生能源转型的过渡支柱。根据国家发展改革委统计，2021 年，全国天然气表观消费量 3 726 亿立方米，同比增长 12.7%。中国天然气行业将在未来一段时间内加速发展，增产、上储与运能并举发展。中国正在加速推进"百亿方"级储气库群建设，调峰储气能力持续完善；加快推进天然气主干管网建设和互联互通，预计 2025 年全国油气管网规模将由 2020 年的 17.5 万千米扩大到 21 万千米左右，天然气储运能力得到进一步提升。

中国传统油气企业自我变革加速，业务由油气产业向综合能源公司转型。以"三桶油"为代表的国有企业，积极实施油气业务与新能源业务并举的发展战略。其中，中石油制定"清洁替代、战略接替、绿色转型"的发展路线，在上游油田大力发展可再生能源，实现风光气电融合发展，积极布局氢能源产业，设立 2050 年左右实现净零碳排放的目标。中石化构建以能源资源为基础，以清洁油气产品和现代化发展为导向，确立新能源、新材料和新经济的未来战略发展路径。当前，中石化在氢能领域取得了较快发展，正在氢能全产业链布局，并启动我国首个百万吨级 CCUS 项目。中石化提出在 2050 年左右实现碳中和目标。中海油同样把清洁能源作为未来产业的转型重点之一，着力发展清洁能源产业（王震 等，2021）。

油气行业下游企业也在积极探索自我变革思路，加速公司战略转型，通过为终端用户提供综合能源方案，实现消费端向低端转型。天然气下游领域，传统下游城市燃气供应企业正在向"天然气+可再生能源"业务布局转型，通过为终端用户提供综合能源解决方案，助力终端用户向低碳和净零碳排放发展。新奥集团通过做强清洁能源产业链，通过"泛能"理念，打造气、电等综合能源解决方案，助力用户实现能源消费低碳化发展。港华燃气是天然气下游典型企业，2021 年该公司正式更名为"港华智慧能源有限公司"。围绕"燃气业务+再生能源"双轮驱动的业务方向，港华智慧能源除继续强化天然气全产业链布局之外，还加速开发拓展再生能源业务，围绕零碳场景构建和运营管理，建立"源网荷储"一体的综合智慧能源供应体系，助力全国各区域、各产业园零碳转型。

8.2.3.2 国内外油气行业低碳转型异同比较

通过梳理和对比国内外油气行业转型发展，可以发现国内外油气行业在绿色转型方面的一些异同。

在"碳中和"愿景下，全球油气行业均在向低碳化、绿色化方向转型，通过 CCUS 等技术手段实现油气行业生产、运输等油气产品全周期减碳是其中一条重要的技术路线。在企业转型发展上，中外企业均有意识地主动扩大清洁能源和可再生能源业务版图，加速发展天然气全产业链业务是其中一种重要的思路，将传统油气业务与可再生能源结合向综合能源企业发展是另一条主流路径。

中外油气行业转型中也存在明显差异，能源转型的指导思路明显不同，欧洲较为激进，美国次之，中国较为稳健。

在欧洲绿色转型中，能源行业的主流指导思想为"不破不立"。环保政策进一步收紧，促使油气行业加速向可再生能源业务突破，弱化传统原油主业的指导转型思路，化解强大油气业务对企业可再生能源发展的消极制约，基于

"不破不立"的思路，打破油气行业对能源转型的桎梏，"先破后立"实现可再生能源在其能源体系中的主导地位，油气行业转为从属地位。

美国油气行业并没有欧洲那么激进，在能源绿色转型中更多的是"又立又破"。美国油气行业转型的压力，除了政府的政策压力外，更多的是来自社会与民众的呼声。美国油气行业规模庞大，能源独立已经实现，不同于欧洲迫切实现能源满足的现实处境，美国庞大的油气产业利益链对其能源绿色转型具有很强的制约作用，美国能源行业绿色转型发展将没有欧洲那么顺畅，这场"又立又破"的转型将在环保主义与油气利益团体的博弈中，温和地向前推进。

中国油气行业的转型指导思路不同于欧美，中国能源转型遵从"先立后破"的思路。这种行业指导思路差异背后是中国与欧美国情的差异。首先，中国尚未实现"碳达峰"，油气领域增长需求仍在。其次，中国需要增产上储，提高国内油气市场的自我调节能力，化解国际冲击的传导。最后，中国是能源需求大国，尽管可再生能源发展迅速，已经取得辉煌的成绩，但是在能源系统中的占比仍有限。在可再生能源能够独当一面之前，传统化石能源仍是保障中国能源稳定发展的基础。只有在可再生能源成为中国能源体系的支柱后，中国油气产业才会进行优化调整，从主体地位向从属地位转变。

总体而言，在中国"先立后破"的能源体系转化思路下，可再生能源与国内油气产业会同步发展，在这一阶段，化石能源需要向低碳化发展。在可再生能源成为能源支柱之后，能源系统会加速向绿色化发展，这一阶段是油气行业在能源体系中地位转变的"临界点"，积极向从属地位转化。

8.2.4 油气行业低碳转型的趋势展望

在"碳中和"愿景下，全球油气行业快速转型。从短期来看，这种转型会对全球油气供给的稳定性带来挑战。从长期来看，这种转型有利于全球能源体系绿色发展，油气行业在能源变革中充满新机遇。

未来，国际油气行业供给可持续性会面临下行压力。全球剩余油气探明可采量持续下滑，新增可采量放缓。2020 年，全球原油剩余探明可采储量2 475.5亿吨，较 2019 年减少 1.34 亿吨，降幅 0.05%；全球天然气剩余探明可采储量 191.96 万亿立方米，较 2019 年减少 2 200 亿立方米，同比下降 0.11%（BP，2021）。

通过对近十年的数据统计进行分析，可以发现，全球油气田发现数量和勘探新增储量均大幅下降，全球新发现油气田约 4 360 个，新增发现可采储量2 349亿桶油当量。其中，可采储量超过 10 亿桶油当量（约 1.4 亿吨）的大型油气发现 37 个，新增发现储量达到 863 亿桶油当量，占油气发现总储量的 37%。近五年与上一个五年相比，全球油气新发现数量和新发现储量分别减少了 45% 和 52%。全球原油剩余技术可采量持续大幅下降。睿咨得能源咨询公司（Rystad Energy）2021 年发布报告称，目前全球原油剩余技术可采资源量 17 250 亿桶，较 2020 年评估量 19 030 亿桶减少 1 780 亿桶，降幅 9.4%。

国际复杂局势、政治分歧和冲突冲击油气行业，造成国际供应市场和需求的分离。时任美国总统特朗普在伊朗核问题上全面倒退，对伊朗采取严格的经济制裁和原油禁运措施。委内瑞拉受委美关系的影响，其原油出口被封锁。政治因素对全球油气市场产生重要的冲击，打破了原有市场平衡，促使市场向新平衡动态转化。这种转化会对需求国产生重要的冲击，甚至引发能源安全困扰。

自 2022 年俄乌发生军事冲突以来，美欧国家相继对俄展开经济制裁，能源制裁正在协商中。欧洲积极摆脱对俄罗斯的能源依赖，未来，随着俄罗斯与北约国家的矛盾激化，俄罗斯能源对国际市场的供应也存在变数。此外，极端气候也在影响着国际能源市场的平衡。2021 年，欧洲遭遇极寒天气，天然气需求激增，全球天然气市场供应偏紧。油气供给安全的脆弱性在能源绿色转型过程中被进一步放大。这是值得我们警惕的。

挑战与机遇往往是一个事物发展过程的一体两面。在全球能源绿色和低碳发展中，油气行业又充满许多新的机遇。一是有利于油气行业技术创新与突破，有利于推动企业加速 CCUS 等减碳技术的加速发展；助力企业淘汰落后产能，降低能耗，提升能源效率。二是有利于油气与其他能源的产业融合发展，油气与电、氢产业更紧密融合发展，形成多层次、全方位立体能源体系。三是围绕传统炼化领域，集约化和一体化发展更具优势，有利于加强石化产品循环利用体系构建。四是有利于油气行业融入智能化与数字化能源系统。抓住数字经济新机遇，推动油气技术与大数据、人工智能、区块链等新一代信息技术深度融合，以科技创新催生新业态，带动油气行业转型进入多能互补、多网融合、智慧协同的"智能源"时代。

总体而言，在全球能源转型的背景下，中国油气行业绿色转型的发展思路应在保持低碳转型战略的同时，仍要保持国内油气增产上储，通过低碳排放技术创新研究与应用，实现油气产品全生命周期减少"碳排放"，加快探索新能源产业转型，大力促进油气产业与可再生能源、氢能的协同发展，构建起符合中国国情的现代化能源体系。未来一段时间，中国油气行业需要密切跟踪并积极应对国际油气市场的潜在不稳定性与极端情况的发生。

8.3　全球主要原油公司低碳转型案例

8.3.1　国际原油公司转型案例

8.3.1.1　壳牌

壳牌的目标是在 2050 年成为碳中和能源企业，即实现净排放量为零，并实现与联合国《巴黎协定》目标同步。为此，壳牌将涉及自身的碳排放量分成三大部分：壳牌自身运营的直接排放量、壳牌为运营而购买能源所带来的间接排放量以及自身出售给第三方的能源的排放量。并且设置了如下的短期和中期碳排放目标：以 2016 年碳排放量为基准，壳牌将不断降低自身销售能源产品的碳强度，在 2022 年降低 3%～4%、在 2023 年降低 6%～8%、在 2024 年降低 9%～12%、在 2030 年降低 20%、在 2035 年降低 45% 以及最终在 2050 年降低 100%。

剥离上游原油资产、削减上游原油业务是壳牌实现碳中和目标所采取的重要举措。壳牌表示，其原油总产量在 2019 年达到峰值，并将以每年 1%～2% 的速度逐渐下降至 2030 年。并且，壳牌正考虑通过削减运营成本和削减新油气勘探和生产项目的资本支出，将其目前最大部门——上游部门的成本削减 30% 至 40%。此项行动专注于美国墨西哥湾、北海和尼日利亚等几个关键地区，以精简其上游业务。具体包括作价 50 亿美元挂牌出售尼日利亚的原油资产项目、作价 37.8 亿美元出售一揽子英国北海资产、作价 4.25 亿美元出售位于墨西哥湾的四个油田区块的控制权及其他原油业务、以 9.24 亿美元出售埃及西部沙漠上游资产，以 95 亿美元出售美国最大油田二叠纪盆地的全部资产、出售丹麦上游业务，持续推进 300 亿美元撤资计划以及不断撤出中东业务，出售在伊拉克的原油权益等。

未来几十年内，天然气作为相对清洁能源，将成为逐步替代煤炭与原油的重要资源。壳牌正在不断转型。壳牌 CEO 表示："我们不仅仅是一家原油公司，从某种意义上讲，我们更是一家天然气和原油公司。当然，更为重要的是，我们也是一个更广义的能源公司。"

从 20 世纪 90 年代开始，壳牌开始发展液化天然气（LNG）业务，2011 年，其全球天然气产量首次超过原油。目前，壳牌已成为全球第一大 LNG 供应商，是全球实施天然气及 LNG 发展战略最积极的公司。并且，壳牌在天然气一体化进程中的优势十分明显，其天然气储量比例和产量比例一直位于五大国际原油公司之首。2016 年，壳牌成为全球拥有较大 LNG 投资组合的企业之一，其 LNG 全产业链业务由天然气一体化业务事业部独立经营，包括生产、液化、营销、分销、运输和汽化业务。而壳牌收购 BG（British Gas，英国天然气集团）集团，更是实现了其天然气全产业链的互补，使其在全球天然气行业中占据了明显的优势地位。

为了践行碳中和的目标并且培育未来新的业绩增长点，在对原油与天然气进行产业结构重组以及转型的同时，壳牌于 2016 年宣布成立新部门以发展清洁能源业务并推出新能源战略，并宣布每年在低碳能源方面投资约 10 亿美元，如电动汽车、氢气、生物燃料以及风能和太阳能发电，并计划于合适时机将这个数字提高到 20 亿美元左右。为此，壳牌采取了如下具体战略行动：

在风能方面，壳牌于 2018 年以董事会成员的身份加入了全球风能理事会以推动风电业务的扩张，将海上风电作为向客户提供可再生电力的关键方式，建立一个涵盖发电、贸易和供应的全球综合电力业务。2020 年，壳牌和荷兰能源气体联合公司公布了全球最大的海上风电制氢项目计划，该项目由 10GW 的北海海上风能提供动力。这一计划将使荷兰成为全球风电制氢的前沿，并加速能源转型。

在电力方面，壳牌新能源业务执行董事表示：未来全球能源结构发展的第一大趋势是电气化。目前，终端能源消费只有 20% 采用电的形式，将来电气化的比例将达到 50%～60%，因此壳牌正在多元化投资电力领域。2019 年，壳牌以约合 4.172 亿美元的价格收购澳大利亚电力零售商 ERM 的全部股票。2021年，壳牌收购美国 Inspire energy Capital 公司 100% 的股权以扩展在美国关键地区的电力供应实力。

在太阳能方面，壳牌在多国投资开发相关项目，如在巴西开发 190MW 太阳能、在阿曼建立 25MW 太阳能发电厂、与印度合作成立太阳能合资企业。

在电动车方面，壳牌推出了电动车解决方案、加速零排放计划以及电动车燃料计划，以紧跟目前迅速发展的电动车行业，寻找新的业务增长点。壳牌在全球提供电动车充电基础设施以及服务以实现车辆行驶的脱碳和电气化，同时开发电动车专用的润滑剂及润滑脂，以覆盖电动车的特殊需求。

壳牌在推动新能源战略的同时，也在不断创新与发展绿色低碳业务，其中碳捕获和储存（CCS）能力是其目前着重发展的方向。壳牌于 2021 年公布了位于加拿大阿尔伯塔省的北极星 CCS 计划，该项目将从壳牌位于阿尔伯塔炼油厂与化工厂进行二氧化碳捕捉并封存于地下两千米深处。北极星项目每年可捕获与封存 75 万吨二氧化碳，使壳牌炼油厂的直接和间接排放量减少多达

40%，化工厂的排放量减少多达30%。壳牌希望在2035年前实现每年2500万吨额外的碳捕获和储存（CCS）能力。

8.3.1.2 BP

BP于2020年宣布其最新10年战略，表示将重塑其业务，从一家专注于生产资源的国际原油公司转变为一家专注于为客户提供解决方案的综合能源公司。为实现碳中和愿景，BP提出如下战略目标：到2023年底，其甲烷测量装置部署完成，强度减半目标取得阶段性进展。每年在低碳领域的投资从5亿美元增加到50亿美元左右，其中到2025年要增加到30亿至40亿美元。到2030年底，BP运营所产生的碳排放将减少30%~35%，上游油气生产过程中产生的碳排放减少35%~40%；所售产品的碳强度降低15%以上。BP争取在2050年前实现作业净零碳排放，实现油气生产净零碳排放，实现销售产品碳强度降低50%。

在传统能源业务方面，BP提出全新转型战略计划，表示将降低资本密集度，并且继续以效率为重心，减少业务组合中的原油和炼油业务，专注于具有韧性的油气业务领域的价值投资。具体目标为：未来10年，BP的原油日产量计划将至少减少100万桶油当量，到2030年产量下降40%并不计划在新的国家进行勘探。2020年，BP将其石化业务以50亿美元的价格出售给英士力公司，着手剥离其化工资产。同年，以56亿美元的价格将其在阿拉斯加的油气生产资产出售给Hilcorp能源公司、叫停安哥拉深水项目与加拿大油砂项目、从美国二叠纪盆地撤出钻机，减少了10亿美元的业务支出。

在天然气方面，BP认为在化石燃料中，天然气比原油和煤炭具有更持久的前景，因为天然气在支持快速增长的发展中经济体的低碳化和减少对煤炭的依赖等方面都发挥了显著的作用。近年来，BP着重发展并投资天然气业务。2019年，BP与塞内加尔和毛里塔尼亚签订了5亿~10亿立方英尺（1立方英尺=0.028317立方米）的Tortue气田合同。2020年，BP在阿曼Ghazeer油气田启动了一个5亿立方英尺的天然气项目。同年，BP在印度超深水区块开展了3个深水天然气项目。到2025年，天然气业务将会占其全部油气业务总量的60%以上。

坚持从资源导向到技术导向的转型之路。BP继在2015年首次发布《BP技术展望2015》之后，又在2018年发布了新一期《BP技术展望2018》。我们从两期展望中可以明显看出BP对于未来科技的重视。通过高新科技提高传统能源开采率，降低新能源准入门槛与其成本，对能源进行数字化创新，将会继续改变目前的能源格局。在2020年推出的《世界能源展望》中，BP提出到

2050 年，以风能和太阳能为主的可再生能源快速发展，风光发电的开发成本持续降低，并引领可再生能源的发展。到 2050 年，风光发电成本在快速转型情景下预计分别降低约 30% 和 65%。

能源系统的去碳化导致终端能源使用的电气化水平不断提高，全球将继续推进电气化进程。氢能与生物能源的作用也将日益凸显，氢能消费在电气化较为困难或成本更为高昂的领域的增长尤为显著，减少传统化石能源的利用也会促进生物能源的发展。

BP 基于以上展望，近年内在新能源方面采取了积极的行动。在风电方面，2020 年，BP 在美国投资 11 亿美元，购买挪威原油 Equinor 在美国东海岸的 Empire Wind 和 Beacon Wind 海上风电项目 50% 的股份，首次涉足海上风电领域。BP 首席执行官表示：这是 BP 开始实施全新战略的重要一步，这使得我们正朝着真正成为一家综合能源公司的方向迈进。全球海上风电发电量以每年 20% 的速度增长，是全球减排的核心力量。2021 年，BP 宣布与 Quaybridge 公司达成了独家咨询协议，将共同推进 BP 的全球海上风电投资组合，并加速为 BP 积累海上风电的知识和经验。目前，BP 正在筹划在英国的爱尔兰海开发发电容量为 3GW 的海上风电项目。

在太阳能方面，BP 在 2017 年收购欧洲最大的太阳能开发商 Lightsource 的股份并更名为 Lightsource BP，该公司于 2021 年与葡萄牙太阳能公司 Insun 达成协议，将在葡萄牙开发 5 个总计 1.35GW 的光伏项目。同年 BP 以 2.2 亿美元在美国从开发商 7X 能源公司购买了太阳能项目。

在生物能源方面，2019 年，BP 宣布将与巴西 Bunge 公司携手，进一步扩展可再生能源业务，BP 方面表示现有的生物燃料业务将至少增长 50%，争取在 2030 年实现生物能源日产量超 5 万桶，成为高效的乙醇和低碳生物电力生产商，增强协同效应，提高运营绩效，实现能源现代化和未来可持续增长。

在氢能方面，BP 认为到 2050 年，氢可能占全球能源需求的 5%~15%。因此在最新一期 10 年战略中，BP 对氢能源业务的发展十分看好，提出到 2030 年，氢能源业务在核心市场的份额要增长到 10%。BP 在世界各地已开展了蓝氢与绿氢的产业布局。例如，BP 将在 2024 年于德国的 Lingen 炼油厂开发一座 60MW 的绿氢设施，2027 年将会在英格兰北部启动 1GW 的蓝氢项目。

在碳捕获、利用与封存（CCUS）方面，2020 年，BP 投资 1 320 万美元支持桑托斯在南澳大利亚的 Moomba 碳捕获与封存（CCS）项目。此外，BP 与壳牌、埃尼、挪威国油、道达尔和英国国家电网公司联合成立了 North Endurance 合资公司，旨在开发英国北海的海上二氧化碳运输和储存基础设施，将使英国近一半的工业排放脱碳。

在终端消费方面，BP 大力发展便利零售业务，以抵消未来燃料油销售量下跌的影响。计划到 2030 年，与 10~15 座大城市以及三个核心行业建立低碳合作伙伴关系；消费客户人次增加一倍，达到每天服务 2 000 万人次。具体而言，BP 将在今后 10 年内，在全球布局战略便利店、加氢站以及电动车充电服务。

8.3.1.3 埃克森美孚

埃克森美孚是全美最大的原油公司，与雪佛龙、马拉松原油公司等北美原油公司一样，在转型的道路上与欧洲原油公司相比较为缓慢。其主要原因在于特朗普执政时，美国宣布退出《巴黎协定》，并且美国在特朗普执政的 4 年内，出台了《美国第一能源计划》，能源政策向化石能源倾斜，因此，埃克森美孚将化石能源业务作为最为重要的业绩增长点。拜登上台后，美国重返《巴黎协定》，埃克森美孚才加速了从原油公司向新型综合能源公司的转型（施雷，2021）。

2022 年，埃克森美孚推出了《推进气候解决方案——2022 年进展报告》，提出在 2050 年实现其运营资产的净零碳排放，并且为其主要运营资产制定了详细的减排路线。它以公司 2030 年的减排计划为基础，具体目标为：与 2016 年相比，公司运营产生温室气体强度减少 20%~30%，绝对减少约 2 300 万吨。上游温室气体强度减少 40%~50%，绝对减少约 1 500 万吨。公司范围内甲烷强度减少 70%~80%。公司范围内燃烧强度降低 60%~70%。

与壳牌、BP 等其他国际大型原油公司不同，埃克森美孚在能源转型中一直较为保守，秉持其"大原油"战略不动摇，并认为原油和天然气在未来一段时间仍会在经济发展中发挥重要作用，是其公司重要的业绩保障。因此，尽管埃克森美孚一直致力于降低碳排放，实现碳中和目标，但并没有选择向清洁燃料或清洁能源快速转型，而是增加了对碳捕获项目的支持。

埃克森美孚计划到 2028 年，投资 150 多亿美元用于减少温室气体排放，其中很大一部分集中在扩大碳捕获和储存方面。在碳捕获和储存（CCS）方面，其属于全球的领导者。埃克森美孚预测，CCS 技术潜在市场规模自 2020 年起每年将扩大约 35%，到 2040 年可达 20 000 亿美元。其自 2000 年以来已在此领域投资 100 亿美元，并且表示在 2025 年前将继续投资 30 亿美元。

2021 年 2 月，埃克森美孚成立专门部门助力碳减排技术的商业化：其与 FuelCell 能源公司联合开发碳酸盐燃料电池系统技术，从发电厂、炼油厂和化工厂工业装置中捕获二氧化碳。研究表明，该技术可捕获废气中高达 90% 的二氧化碳，且与传统技术相比能耗更低，还可兼产氢气和电力。目前该技术正在鹿特丹炼油厂试点。同年，埃克森美孚计划投资 1 000 亿美元用于墨西哥湾碳捕获项目，该项目计划在 2030 年前在墨西哥湾实现 5 000 万吨二氧化碳的封存，并在 2040 年将这一数字翻一番。2022 年，埃克森美孚表示将在印度尼西亚大规模部署低碳技术项目。目前，埃克森美孚二氧化碳捕获能力为 900 万吨，约占全球的 1/5。

埃克森美孚是全球主要的运输燃料、润滑油制造商和销售商之一。目前，提供全方面运输脱碳服务是其战略中重要的一步。在传统汽车方面，埃克森美孚正与保时捷合作生产"eFuel"，这是一种先进的合成燃料，与传统燃料相比，能够以更少的燃油行驶更远，同时产生更少的排放。此外，埃克森美孚认为低排放技术的进步不只是在发动机罩下，其将会用更轻的塑料替换轻型车辆钢构部件，以便实现更好的行驶性能和更低的碳排放。

在电动汽车方面，埃克森美孚认为在 2040 年全球道路上将会有 4.2 亿辆电动汽车，因此积极研发包括润滑油、专用润滑脂和电动汽车油等适用于电动车的产品。在航空方面，埃克森美孚开发了可在极端温度下工作的美孚喷射油™387。在航运方面，全球货物运输中使用的海洋燃料正在发生巨大变化。为了促进这一变化，埃克森美孚设计了突破性的低排放燃料 EMF。

8.3.2　国内原油公司转型案例

8.3.2.1　中国石化

2020 年，中石化提出"一机两翼三新"的发展战略，致力于打造世界领先洁净能源化工公司。在碳达峰、碳中和的目标下，统筹转型升级与减碳进程、结构优化与碳排放控制，提出以净零碳排放为终极目标，推进化石能源洁净化、洁净能源规模化、生产过程低碳化。其短期减排目标为：以 2018 年为基准年，到 2023 年，中国石化将实现二氧化碳年捕获量 50 万吨，减排二氧化碳共 1 260 万吨，年回收利用 2 亿立方米。其碳中和、碳达峰终极目标为：确保在国家碳达峰目标前实现二氧化碳达峰，力争在 2050 年实现碳中和。

为实现全公司生产运营的节能减排降耗，中国石化积极跟踪国内外应对气候变化政策的变化，制定了多项管理制度，强化温室气体排放监测与管理。同时，借助 CCUS 和林业碳汇等碳移除技术，有针对性地采取减排措施。其具体战略行动为：

在碳排放监测与管理方面，中国石化开展碳盘查与碳核查工作，制定了《中国石化碳排放管理办法》《中国石化碳排放交易管理办法》《中国石化碳排放信息披露管理办法》等多项管理制度，覆盖公司及所属企业的全部生产单元。

在碳捕获、利用与封存（CCUS）方面，中国石化持续优化 CCUS 技术在具体实施过程中的经济性、安全性和能耗表现，并积极整合产业链上下游资源，在所属油田企业、炼化企业等试点开展大规模、低能耗 CCUS 示范项目。

在油田企业中，中国石化开展二氧化碳驱油项目，在提高二氧化碳采收率、降低耗能的同时解决二氧化碳封存问题。2020 年，中国石化油田共完成二氧化碳驱油 29.8 万吨，实现二氧化碳注入地下封存 396.8 万吨。

在炼化企业中，中国石化开展对合成氨等装置排放的高浓度二氧化碳回收利用，2020 年实现二氧化碳捕获 129 万吨。在甲烷回收与排放方面，中国石化持续完善甲烷排放的监测、验证和报告体系，在不同业务板块推进甲烷减排与回收利用。2020 年，中国石化甲烷排放量共计 28 356 万立方米，火炬燃烧量达 18 057 万立方米，甲烷回收量达 60 000 万立方米，相当于减少温室气体排放约 900 万吨二氧化碳当量。

在碳交易方面，中国石化积极参与国家试点地区碳交易。2020 年末，全公司共有 14 家企业参与碳交易试点，试点企业均逐年制订合理的履约方案和交易计划，积极利用国家核证自愿减排量（CCER）抵扣配额政策，降低履约成本，按时完成年度碳配额履约工作。

在降耗方面，中国石化大力推进"能效提升"计划，强化工艺管理和节能技术推广应用，提高燃煤锅炉效率，确保供电标准煤耗全面达标。在其燃煤电厂重点实施能效提升工程，推广应用火电厂厂级监控信息系统（SIS），完善生产过程监控、性能计算、运行优化、负荷分配、性能试验和系统管理等功能，实现系统节能。2020 年，公司供电标准煤耗同比减少 1.66 克标准煤/千瓦时，供热标准煤耗同比减少 0.30 千克/吉焦。

在提高节能降耗技术的同时，中国石化大力推广天然气以及应用太阳能、风能等新能源，加快向净零碳排放迈进。

在天然气方面，中国石化从战略层面推进天然气业务发展，推进天然气全产业链体系建设，助力提高天然气在国内一次性能源消费中的占比。2021 年，中国石化天然气产量达 341 亿立方米。

在氢能方面，中国石化正在打造涵盖氢能生产、氢能移动、氢能科技、氢能投资在内的氢能一体化协同运营模式，构建自有的氢能生产、提纯、运输和销售全流程产业链，目前累计已在广东、上海、浙江、河南等地区建成并投用油氢合建站 10 座。预计到 2025 年，中国石化可规划布局 1 000 座加氢站或油氢合建站，着力打造中国第一大氢能公司。

在生物质能源方面，中国石化加大生物质能源的生产、推广及供应，目前可实现使用餐饮废油、动植物油脂等可再生资源生产生物航空煤油，并积极推广生物柴油、乙醇汽油的生产及销售。

在换电站业务方面，中国石化高度重视新能源汽车的发展，积极布局充电站、加氢站等新能源汽车配套设施领域。2020年末，中国石化已在全国建设充换电站281个、充电桩984个。

中国石化也全面展开了集团内全产业链的新能源布局：在上游油田企业中推广"油改电""油改气"技术，使用电力、天然气代替柴油消耗，并使用地热、太阳能、风能等新能源替代燃煤、燃油或燃气锅炉供热。在中游炼化企业中广泛推广余热产汽、余热发电以及余热供暖，提高能源利用率；并且开展蒸汽、电互供合作，实现热点资源的互补以及共享。在下游销售企业中，中国石化实施"千站太阳能"计划，即在加油站发展分布式光伏发电试点205个。

8.3.2.2　中国石油

中石油响应巴黎气候大会通过的《巴黎协定》，也积极响应到21世纪末全球气温升幅控制在2℃以内的目标，贯彻中国政府提出的"碳达峰"与"碳中和"目标。2021年，中国石油提出"要锚定建设世界一流综合性国际能源公司的战略目标不动摇"，将"绿色低碳"纳入公司发展战略，加强碳排放管理，健全碳排放管控体系，积极参与全球油气行业应对气候变化合作。

中国石油具体战略应对为：①大力发展天然气业务，持续提升天然气供应能力，形成以油气为主、多能互补的绿色发展增长极。②大力发展新能源、新材料，推动传统业务减排脱碳。继续支持地热资源规模开发，加大生物质能研究与应用支持，研究布局全氢产业链，因地制宜推进清洁能源的开发和利用，加快建成CCUS示范项目，打造绿色低碳能源产业增长极。

天然气是化石能源向清洁能源过渡的桥梁，大力开发利用天然气是贯穿绿色低碳转型发展的基础性工程。中国石油把天然气作为战略性、成长性和价值性业务，持续加大勘探与开采力度，推进致密气、页岩气、煤层气等非常规天然气开采，多渠道引进国外天然气资源，构筑多元化清洁能源供应体系。

2020年末，中国石油天然气生产能力达1 284.5亿立方米，其中国内产量1 306亿立方米，同比增长9.9%，占国内天然气产量70%；天然气在油气结构中的占比首次超过50%，实现历史性突破。目前，在气源方面，中国石油的长庆、塔里木主力气区保持最大生产能力产气，2020年仅冬季供暖期即产气超过358.3亿立方米。在四川盆地，中国石油也将把西南油气田建设成为中国西南地区首个年产超300亿立方米的大气区。

在储气方面，中国石油新建吉林油田双坨子等 5 座储气库，进一步提升天然气保供能力；2020 年冬供时期，所属储气库累计采气 110 亿立方米，同比增加 42 亿立方米，增幅 60.9%，高峰日最大采气调峰超过 1.3 亿立方米。在接收站方面，大连、唐山、江苏 LNG 等接收站最大气化外输量达 1.19 亿立方米/日。在社会供气方面，中国石油向社会供应天然气 1 846.6 亿立方米。

中国石油正在从油气供应商向综合能源供应商转型，逐步提高清洁低碳能源在能源结构中的比例。2020 年，中国石油增设新能源新材料事业发展领导小组，大力发展新能源、新材料，推动传统业务减排脱碳，加强新能源发展战略和规划。继续拓展地热能、氢能、太阳能、生物燃料，并持续推进科技减排。

在地热能方面，中国石油在运行及在建地热清洁供暖项目有 16 个，在运行项目实现替代标准煤 35 万吨，年减排二氧化碳近 100 万吨，折合天然气当量 2.6 亿立方米。

在氢能方面，2021 年，中国石油石油化工研究院正式成立氢能研究院，中国石油氢气年产量已超过 250 万吨，在环渤海、陕甘宁、华南、西南、新疆、黑龙江、吉林 7 个区域部署建设了 19 个氢提纯项目，以实现蓝氢供应。

在太阳能方面，中国石油已开始进行光伏加油站的试点工作。在临淄，中国石油光伏加油站光伏安装面积 113 平方米，系统总装机容量 6.24 千瓦，一年来共发电 9 987 度，收益率达到 13%。

在科技减排方面，中国石油大力发展 CCUS（碳捕获、封存及再利用技术）技术。截至 2021 年 11 月底，吉林油田已建成 5 个 CCUS 示范区，自 2008 年以来累计注入液态二氧化碳超过 220 万吨，并建成国内首座低成本二氧化碳循环注入站，实现伴生气全部回注，二氧化碳实现零排放。

在碳汇林方面，2020 年，中国石油揭牌第一个碳中和林——大庆油田马鞍山碳中和林，并在长庆油田先后建成安塞油田绿色示范区以及靖边戈壁绿色氧吧等十余座大型生态屏障。

8.3.2.3 中海油

2019 年，中海油发布了《绿色发展行动计划》，此行动计划顺应全球能源转型趋势，积极响应国家低碳发展建设要求，形成了中海油绿色低碳发展的整体框架与思路。在此计划中，中海油设定如下目标：到 2020 年，中海油绿色低碳主要指标同比达到国内领先水平，相较于 2015 年实现碳减排量 320 万吨；2050 年，中海油绿色低碳整体指标同比达到国际领先水平，完成绿色制造体系建设，全面建成中国特色国际一流的清洁能源生产和供给企业。《绿色发展行动计划》主要从绿色油田、清洁能源和绿色低碳三方面开展具体行动。

中海油绿色油田计划,以坚持"保护优先、绿色开发"的理念,践行"在保护中开发,在开发中保护"的理念,建设资源节约型和环境友好型绿色油田。中海油着重从加强建立海上油气田开发绿色环保全生命周期管理、建立油气开发和海洋生态环境保护共融共生的长效机制、加强油气开发中副产资源和能源的综合利用能力、努力提高油气生产过程中环境友好水平和控制"三废"排放、逐步提升环境风险分级防控能力等方面,实现油气田开发的绿色发展。中海油董事长表示要在"蓝色国土"上建起"绿色油田"。2021 年,曹妃甸 6-4 油田正式投产,预计此油田 2023 年将实现高峰年产达 75 万立方米,可满足 60 多万辆家用汽车一年的汽油消耗。此油田也引入了岸电工程,该工程投产后,将通过电力组网的方式,为油田的生活、生产供电。与以往平台搭载燃油发电主机相比,预计每年将减少 1.1 万吨燃油主机原油消耗,年均节约能源约 1.6 万吨标准煤,相当于减少二氧化碳排放 4 万吨,减排二氧化碳相当于植树 400 万棵。

中海油清洁能源计划,则坚持"增储上产,稳油增气"的发展原则,通过加大天然气勘探与开采力度、非常规天然气开采能力和 LNG 供应保障能力建设,持续提高清洁能源供应能力。目前,中海油已成为我国第二大天然气供应商。2020 年,我国海上最大高温高压气田"东方 13-2"投产,年产气超过30 亿立方米。2021 年,"深海一号"超深水大气田顺利投产,标志着我国海洋原油勘探与开采能力实现了向 1 500 米超深水的重大历史性跨越。在陆上非常规天然气开采方面,2020 年中海油煤层气日产量突破千万立方米,已跃居全国煤层气企业第一(张思嘉,2021)。

在积极推进天然气业务发展的同时,中海油坚持发挥自身产业链的专业优势,以海上风能和天然气水合物开发为基础,持续拓展新型能源和能源供给新业态,挖潜可持续发展新动能。2020 年 9 月,中海油首个海上风能发电项目并网发电,年上网电量约 8.6 亿千瓦时,同常规燃煤火电机组相比,同样发电量可节约标准煤 27.9 万吨,减排二氧化碳 57.1 万吨。

中海油绿色低碳计划,积极推进全产业链生产过程节能增效、数字化发展和全过程控碳,积极响应全球应对气候变化要求,控制温室气体排放;并积极推进生产过程治污减排工作,严格控制废气、废水和废固的监测和处置,加强节能减排环保产业发展,履行环境保护社会责任,实现可持续发展。

自 2017 年起,中海油已开始制定碳排放统计、碳排放影响评价、碳资产考核等管理要求,建立节能减排监测中心、新能源研究院、碳中和研究所等专业机构，并对集团全产业链开展低碳治理：

首先，实施源头管控，上游企业碳排放不合规绝不开工。中海油打通上中下游企业界限，强化过程减排，建立了中海化学海南基地、海南东方化工、海南片区蒸汽资源区域项目等绿色产业生态链工程。

其次，推动末端治理与利用。中海油启动二氧化碳捕获、利用与封存（CCUS）项目，重点开展海上 CCUS 全流程技术、示范项目和海洋碳汇、矿化固碳及二氧化碳化学利用技术研究。目前，渤海南部、南海东部和南海西部等区域的油气田正在逐步实现火炬零燃烧，恩平 15-1 油田也开始实施国内首个海上二氧化碳规模化封存项目。

9 中国原油产业发展历程、现状、改革与展望

原油在我国经济体系中具有重要的战略意义。我国不仅是世界上仅次于美国的主要原油消费国之一，也是位列全球前六的原油生产国。从历史上看，我国一直被认为是一个缺乏原油的国家，直到中华人民共和国成立之后，经过中国的地质学家们努力探索，才逐步摆脱了"中国贫油论"的说法，也奠定了我国的原油产业基础。在过去的几十年里，我国原油产业在不断的改革过程中逐渐形成了完整的产业链，也对我国的经济发展起到了至关重要的战略作用。但是随着我国经济体量的不断增加，对原油的巨大需求导致我国对国际原油市场依存度较高，而在适应不断变化的国际形势和面对气候危机的挑战下，我国原油产业中仍然存在诸多关键性问题，未来的改革仍需深化，市场建设仍需加强，以保障我国能源安全，并进一步支撑我国经济可持续发展。

9.1 中国原油产业发展历程

中华人民共和国成立之后，我国的油气产业从无到有，伴随着经济体制改革，从计划经济到市场经济，逐渐形成了上游资源多主体、多渠道供应，中游统一管网集输，下游销售市场充分竞争的（X+1+X）油气市场体系。这个过程大体可以分为五个阶段。

第一个阶段是从中华人民共和国成立到 1977 年，是我国油气产业的建立和初步发展阶段。1956 年，石油工业部召开"第一届全国石油勘探会议"，为我国原油工业的发展指出了方向。会议提出"将全国含油地区做出全面规划，从解决根本问题着手，有步骤地进行勘探"。到了 20 世纪 50 年代末，我国初步形成了玉门、新疆、青海、四川四个原油天然气基地，这四个基地的原油产量占到了全国总产量的 73.9%。1959 年，大庆油田的发现和量产彻底摘掉了

我国贫油的帽子，中国原油工业真正迎来了第一轮高速发展时期。1966—1978年的 13 年，中国原油产量以每年递增 18.6% 的速度增长，年产量突破了 1 亿吨，并在 1973 年实现了中国原油首次对外出口。

第二个阶段是改革开放初期，即从 1978 年到 20 世纪 80 年代末。这个阶段也是我国油气经济体制改革的开始，其核心是"放权让利"。改革的内容主要包括三个方面：第一，推行承包经营责任制，调动原油企业的生产积极性。1983 年、1984 年，国家对企业实行"利改税"改革，实现了从税利并存向完全的以税代利的过渡，逐步完善了企业承包经营责任制，推动了原油企业逐步由过去的行政机关附属转变为真正的企业，实现了原油工业从计划经济管理体制向市场经济管理体制的重大转变。第二，实施"引进来"方针，开启油气资源的对外合作。20 世纪 70 年代，世界海洋原油工业快速发展，但我国海洋原油缺乏勘探与开采的装备和资金，发展缓慢。为此，我国于 1982 年颁布《中华人民共和国对外合作开采海洋石油资源条例》及相关法规，海上大陆架实行对外开放，公开招标；允许引进国外先进技术和先进装备，可向国外贷款。1983 年进行首轮国际公开招标，同来自 9 个国家的 27 家原油公司签订了18 个合同，开启了我国原油资源对外合作的先河。与此同时，陆上原油资源也逐步对外开放，1985 年，南方 11 个省份先行开放。第三，改革油气行政管理体制，相继组建三大国家原油公司。1982 年成立中国海洋石油总公司，主要是为了更好地开展对外合作，加快海洋原油工业发展；1983 年成立中国石油化工总公司，为解决条块分割和产业发展的重复低效问题，对炼油、石油化工、化纤企业实行统一领导，统筹规划，统一管理；1988 年撤销石油工业部，成立中国石油天然气总公司，统一管理和经营陆上原油天然气资源的勘探、开采和生产建设。自此，我国原油工业实现从国家政府部门向经济实体转变。

第三个阶段是 20 世纪 90 年代初到 2000 年，即市场经济管理和运行体系建立阶段。改革体现在三个方面：一是实施以价格为中心的流通体制改革。实行 1 亿吨原油产量包干后，原油和成品油销售形成了"计划内平价、计划外高价"的"价格双轨制"。1994 年取消价格双轨制，实行计划内外价格并轨和提高价格水平的重要改革，同时对原油、成品油的资源实行政府统一配置，整顿流通秩序。1998 年至 2000 年开始新一轮原油价格改革，确定国内原油价格按与进口原油到厂成本价相当的原则，由购销双方商定。对成品油采用政府指导定价，由政府参照国际市场价格水平公布零售中准价，允许企业在一定范围内浮动，并对批发和零售的价差做了限定。二是推进产业重组和主要国有原油企业改制上市，建立现代企业制度。1998 年，中央决定实施石油石化国有企业大重组，通过行政性资产划拨和互换，将原石油天然气总公司和石化总公司改组为两个大型石油石化集团公司，实现上下游、产供销、内外贸一体化经营。1999 年，为进一步解决原油工业内部体制、机制和结构上的深层次矛盾，促进国有石油、石化企业改革和发展，中石油、中石化和中海油按照"主业与辅业分离、优良资产与不良资产分离、企业职能与社会职能分离"的原则，开展企业内部重组，组建了各自的股份公司。三是国内油气企业开始"走出去"，参与国际油气合作。1993 年，我国成为原油净进口国。中央提出充分利用国内外两种资源、两个市场的战略方针，推动原油工业加快"走出去"的步伐。中国石油 1993 年开始探索海外油气勘探与开采合作，1997 年先后中标苏丹、委内瑞拉、哈萨克斯坦等海外项目，实现了国际油气勘探与开采合作的重大突破；中国海油 1994 年在印度尼西亚购买了阿科公司马六甲油田 32.85% 的股份，成为该油田最大的股东，迈出了开拓国际市场的重要一步；2002 年后又在印度尼西亚、澳大利亚和尼日利亚成功收购油气项目。中石化先后与沙特阿拉伯、伊朗、俄罗斯等国原油公司进行勘探与开采合作，同时积极开展海外原油下游业务合作。

第四个阶段是 2001—2012 年，此阶段主要特征是建立多元主体的市场结构，继续推动市场化改革。随着 2001 年我国加入 WTO，民营、外资等各类企业主体进入，油气行业开放和市场化改革进入新阶段。改革发展的重点是按照中央关于完善社会主义市场经济体制的要求，改善政府宏观调控，强化市场的作用：在市场化改革方面，取消了原油贸易专营权，由 1 家原油进出口公司变成 5 家国有贸易公司和 20 多家非国有贸易公司；原油天然气重大项目投资从审核制改为备案制，除对油气矿业权、对外合作、大型管道建设和原油贸易等保留管制性规定外，投资准入的限制已取消。市场结构发生重大变化，涌现出多元化的市场主体，初步形成了以国有经济为主导、多种经济成分共同参与的市场结构。在行政管理体制改革方面，2003 年成立国务院国有资产监督管理委员会，管理包括油气行业在内的国有资产。同年，成立国家发展改革委能源局，2008 年又在此基础上成立国家能源局，行使能源行业的管理职能，指导行业发展。

第五个阶段是 2013 年至今，"新常态"下的油气产业发展阶段。党的十八大之后，中国经济发展进入新常态。2014 年，习近平总书记提出"四个革命，一个合作"能源安全新战略，具体包括："四个革命"即推动能源消费革命，抑制不合理能源消费；推动能源供给革命，建立多元供应体系；推动能源技术革命，带动产业升级；推动能源体制革命，打通能源发展快车道。"一个合作"即全方位加强国际合作，实现开放条件下的能源安全。在此思想指导下，经过一系列的改革和发展，逐渐形成了我国当前的油气全产业链市场体系的格局（《中国油气产业发展分析与展望报告蓝皮书（2019—2020）》）：上游资源多主体、多渠道供应，中游统一管网高效集输，下游销售市场充分竞争。

近年来，国家出台的一系列法规和政策性文件推动了相关改革的进展。

在上游方面，值得关注的是 2019 年 4 月推出的《关于统筹推进自然资源资产产权制度改革的指导意见》，探索研究油气探采合一权利制度，加强探矿权、采矿权授予与相关规划的衔接。2019 年 6 月推出《外商投资准入特别管理措施（负面清单）（2019 年版）》，取消了对油气勘探与开采领域的外资准入限制。2019 年 12 月，自然资源部印发《关于推进矿产资源管理改革若干事项的意见（试行）》，提出我国将全面开放油气勘探与开采市场，允许民营企业、外资企业等社会各界资本进入油气勘探与开采领域。

中游层面的指导性思想是 2017 年 5 月 19 日国家发展改革委、国家能源局发布的《中长期油气管网规划》，对今后十年中国油气管网的发展做出了全面战略部署。2019 年 6 月推出的《油气管网设施公平开放监管办法》提出推动油气管道向第三方市场主体公平开放。2019 年 12 月 9 日，国家石油天然气管网集团有限公司（简称"国家管网公司"）成立，标志着深化油气体制改革迈出关键一步。其主要职责是负责全国油气干线管道、部分储气调峰设施的投资建设，负责干线管道互联互通及与社会管道联通，形成"全国一张网"，负责原油、成品油、天然气的管道输送，并统一负责全国油气干线管网运行调度，定期向社会公开剩余管输和储存能力，实现基础设施向所有符合条件的用户公平开放等。

下游环节仍存在行业壁垒。在炼化环节，政策持续收紧，在去产能的同时需对准入制度进行改革，"减油增化"为结构调整方向，进口环节民营企业已逐步打开缺口。2021 年，国务院下发《2030 年前碳达峰行动方案》，明确石油化工行业碳达峰路径，包括加大落后产能淘汰力度，有效化解结构性过剩矛盾；严格项目准入，严控新增炼油能力；到 2025 年，中国原油一次加工能力控制在 10 亿吨/年以内。2022 年 2 月，国家发展改革委等四部门印发《高耗能行业重点领域节能降碳改造升级实施指南（2022 年版）》的工作目标指出，到 2025 年，炼油领域能效标杆水平以上产能比例达到 30%，能效基准水平以下产能加快退出。在终端销售领域，中石油和中石化对销售公司进行混合所有制改革。2014 年 6 月，中石化发布其下游油品销售板块混合所有制改革方案，同意中国石化油品销售业务引入社会和民营资本参股，实现混合所有制经营，社会和民营资本持股比例将根据市场情况确定，上限为 30%。2019 年 8 月，国务院办公厅发布关于加快发展流通促进商业消费的意见，提出扩大成品油市场准入，下放成品油零售经营资格审批。2021 年 1 月，商务部印发《石油成品油流通行业管理工作指引》，规范成品油经营行为，为成品油市场化提速。

9.2　中国原油产业发展现状

9.2.1　成品油定价机制

随着我国经济体制的发展与转变，我国成品油的定价机制不断探索改革，经历了从计划经济向市场经济转变的过程。与我国原油产业的发展历程类似，我国成品油定价机制演进过程大致可以划分为 5 个阶段：完全计划价格体制阶段（1955—1981 年）、双轨制阶段（1982—1993 年）、并轨制阶段（1994—1998 年）、与国际市场接轨阶段(1999—2007 年)以及完善阶段（2008 年至今）。

第一阶段是 1955 年开始自产原油到改革开放初的 1981 年，成品油在完全计划经济体制下的单一定价阶段。在此阶段，成品油与其他资源、商品一样，其价格形成与调整受国家统一管理，成品油价格形成机制呈现定价单一、统购统销的特点。当时不考虑国际市场成品油价格的波动，我国成品油价格往往与国际市场存在较大差异，定价通常低于国际价格。此外，我国该阶段经济发展速度缓慢，对原油的需求量较低，供需矛盾不突出。

第二阶段是改革开放后的 1982 年至 1993 年的计划内与计划外的双轨制阶段。随着党的十一届三中全会的召开，我国步入了改革开放的历史新阶段，所要解决的社会主要矛盾是人民日益增长的物质文化需要同落后的社会生产之间的矛盾。供需矛盾推动着成品油定价的改革。为了适应全国经济市场化改革的发展变化，为原油工业的发展积累资金，国务院在 1981 年批准石油工业部提出的一亿吨原油产量包干的建议。在完成一亿吨的生产任务后，超产和节约部分可由国家按当时的国际原油市场上的价格出口，或按此价格在国内销售。自此，我国的原油市场进入了国家定价为主、多种价格并存的计划与市场共行的双轨制阶段。

第三阶段是 1994—1998 年国家对成品油流通体制进行改革的并轨制阶段。随着经济的快速发展，我国对成品油的需求量与日俱增。同时，双轨价格差的拉大导致套利空间出现，引发了非法倒卖和走私成品油的现象。1994 年，国务院发布了《国务院批转国家计委、国家经贸委关于改革原油、成品油流通体制的通知》，主要内容包括：一是原油、成品油一律实行国家定价。取消计划内和计划外油品的双轨制，全国所有炼油厂生产的成品油都实行统一的出厂价格。二是成品油的销售价格实行两级管理。35 个中心城市的成品油销售价格，由国家计委制定。其他市场的销售价格，由国家规定作价原则，各省、自治区、直辖市物价部门具体核定。这次改革后，成品油价格形成了由国家计委定价和由地方政府定价的价格并轨制。

第四阶段是 1999—2007 年改革向市场化过渡并与国际市场接轨的新阶段。我国经济飞速发展，成品油价格却长期脱离国际市场，其定价机制改革刻不容缓。具体而言，该阶段有以下几次重要变革：一是国家计委于 1998 年出台《原油、成品油价格改革方案》。这标志着以国内原油价格与国际原油价格联动取代了以往的单一政府定价模式，国产陆上原油价格由原油基准价格和贴水两部分构成。原油由中石油和中石化协商定价，汽油、柴油依据市场供求状况，两大集团公司在上下浮动 5% 的幅度内自主定价。二是 2000 年国家对成品油价格形成机制进行修订。修订办法规定：当新加坡成品油市场汽油和柴油的交易价格累计变动幅度超过 5% 时，国家就会及时调整成品油零售中准价，每月调整一次。至此，国内汽油、柴油价格开始与新加坡市场"挂钩联动"。三是 2001 年国家计委发布了《关于完善石油价格接轨办法及调整成品油价格的通知》。根据我国原油生产、消费及出口的实际情况，通知决定：将国内汽油、柴油价格与新加坡市场单一挂钩改为与新加坡、鹿特丹和纽约三地市场价格挂钩。按照新加坡：纽约：鹿特丹 = 6：3：1 的比例加权形成原油产品的基准价，将油价挂钩亚洲市场扩大到北美、欧洲和亚洲三地的原油市场。此外，提出中石油、中石化两大集团公司要运用现行油价机制，在上下 8% 的浮动权限范围内，根据国际油价变化和国内市场供求情况，合理确定成品油具体零售价格，避免产生国内油价与国际油价走势相悖的情况。当加权平均价格按月波动累积超过 8% 时，由国家计委重新计算中准价，并向社会公布。四是国务院办公厅于 2006 年印发了《关于转发发展改革委等部门完善石油价格形成机制综合配套改革方案和有关意见的通知》。为缓解国内成品油与原油价格严重倒挂的矛盾，做好成品油市场供应工作，开始实行原油定价法和现有成品油定价法相结合的方式。这一版的改革方案将成品油定价的基准调整为以布伦特、迪拜和米纳斯三地原油市场价格，按照 4：3：1 的权重计算的加权平均价格，在加权平均价格的基础上加上合理的炼油成本、流通费用、相关税费和适当利润等，以确定国内成品油国家指导价格。

第五阶段是从 2008 年出台改革通知至今的不断完善阶段。国际原油价格的频繁与较大幅度的波动引起了国内成品油价格的动荡，给国内经济带来消极影响，因而 2006 年的改革并未得到完全施行。

对此，国务院在 2008 年出台了《国务院关于实施成品油价格和税费改革的通知》，完善我国成品油定价机制。2009 年 5 月，国家发展改革委发布《石油价格管理办法（试行）》，对成品油定价机制做出进一步调整。2008—2009 年的改革具体内容有：第一，调整了国内成品油定价的标准。国内成品油价格以国际市场原油价格为基础，加国内平均加工成本、税金、合理流通费用和适当利润确定。当国际市场原油连续 22 个工作日移动平均价格变化超过 4% 时，可相应调整国内汽油、柴油价格。第二，实行国内成品油最高限价制度。当国际市场原油价格低于每桶 80 美元时，按正常加工利润率计算成品油价格。高于每桶 80 美元时，开始扣减加工利润率，直至按加工零利润计算成品油价格。高于每桶 130 美元时，按照兼顾生产者、消费者利益，保持国民经济平稳运行的原则，采取适当财税政策保证成品油生产和供应，汽油、柴油价格原则上不提或少提。第三，明确了成品油批发环节的利润。成品油生产经营企业供给符合国家规定资质的社会批发企业汽油、柴油最高供应价格，每吨按最高零售价格扣减 400 元确定。当市场零售价格降低时，对社会批发企业供应价格相应降低，保持批零价差每吨不小于 400 元。成品油零售企业可以在不超过政府规定的汽油、柴油最高零售价格的前提下，自主制定零售价格。尽管这版价格调整规则比先前的相关制度更完善且系统，但此规则的缺点是计价周期长，油价大起大落的现象较为明显，导致投机套利空间比较大。

2013 年 3 月 26 日，国家发展改革委决定进一步完善成品油定价机制。这次改革是对 2008—2009 年改革方案的进一步调整，变化内容如下：一是缩短了成品油调价周期，从 22 个工作日调整为 10 个工作日。二是适当调整国内成品油价格挂靠的国际市场原油品种，取消了平均价格变化 4% 的提法。三是取消挂靠国际市场油种平均价格波动 4% 的调价幅度限制，当调价幅度低于每吨 50 元时，不做调整，纳入下次调价时累加或冲抵。该版规则施行三年以来，2013—2016 年成品油价格调整近 70 次。对比 2012 年价格调整 8 次，不难看出，改革后的定价机制更能使国内油价灵敏地反映国际市场油价变化，进而促进市场有序竞争。但自 2014 年下半年以来，原油需求疲软，原油供应过剩，国际市场油价持续走低，从每桶 110 美元快速下跌至 40 美元以下。成品油定价机制在运行过程中的不适应问题同样影响着我国成品油市场。

鉴于此，2016 年 1 月 13 日，国家发展改革委进一步修订《石油价格管理办法》。具体变革有：第一，引入了成品油价格调控的"地板价"和"天花板价"，即原油价格低于每桶 40 美元或者高于每桶 130 美元。当国际市场原油价格低于每桶 40 美元（含）时，按原油价格每桶 40 美元、正常加工利润率计算成品油价格。高于每桶 40 美元低于 80 美元（含）时，按正常加工利润率计算成品油价格。高于每桶 80 美元时，开始扣减加工利润率，直至按加工零利润计算成品油价格。高于每桶 130 美元（含）时，按照兼顾生产者、消费者利益，保持国民经济平稳运行的原则，采取适当财税政策保证成品油生产和供应，汽油、柴油价格原则上不提或少提。第二，建立油价调控风险准备金。当国际市场原油价格低于 40 美元调控下限时，成品油价格未调金额全部纳入风险准备金，设立专项账户存储，经国家批准后使用，主要用于节能减排、提升油品质量及保障原油供应安全等方面。第三，强调成品油定价机制中市场化特点。一方面，放开液化石油气出厂价格，进一步缩小政府定价的范围；另一方面，简化成品油调价操作方式，淡化成品油调价中政府的行政作用，增大地方政府在油价调整上的话语权。

综上所述，我国现行成品油定价机制主要是依据 2013 年 3 月 26 日国家发展改革委发布的《关于进一步完善成品油价格形成机制的通知》和 2016 年 1 月 13 日国家发展改革委发布的《石油价格管理办法》而产生的。

9.2.2　原油产业链现状

在业界，中石油公司在 2021 年年报中指出，其经营活动包括勘探与生产、炼油与化工、销售三大部分。埃克森美孚公司在 2021 年年报中，将原油产业链划分为上游阶段、下游阶段和化工产品阶段。其中上游阶段包括原油的勘探与生产，下游阶段包括原油的运输与冶炼，化工产品阶段包括与原油相关的化工原料产品如苯乙烯等的生产。

在学界，研究者对原油产业链的划分主要依靠 Sahebishahemabadi（2013）的划分标准，主要包含三个阶段：上游是勘探和开采阶段，中游是把原油运输到冶炼终端和储存设施的阶段，下游是冶炼阶段。此外，郭燧和李华姣（2020）对原油生产产业链与原油全产业链进行辨析。原油生产产业链包括原油的开采、成品油与化工产品的炼制，而原油全产业链在此基础上将原油的运输和销售环节考虑进来。

综上所述，按照产业链的划分，原油行业可以分为上游、中游、下游三个部分，如图 9-1 所示。上游主要将地下的原油开采出来，一般包括原油的勘探、开采、生产三个环节；中游主要进行原油的运输和储存；下游是原油的加工和销售，具体包括炼制、化工与销售三个环节。

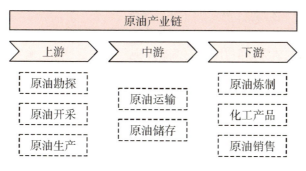

图 9-1　原油产业链

　　我国原油产业链的参与者可以分为以下几类：一是主营巨头，包括中石化和中石油。整体来看，其二者在石油产业链的上、中、下游资产布局均很强势；具体来看，中石化在下游的炼化、销售环节更有优势，中石油在上游的原油勘探、开采环节更有优势。二是主营参与者，包括中海油、中化工、中化等。这些企业具有国有背景，在下游炼化厂方面配套较完善，虽同样有成品油出口机制，但其体量并不大。三是传统民营炼化厂，比如以山东"地炼"为代表的独立炼化厂，也称"地炼"。这些企业依托各大油田发展，虽单个炼化厂规模小，但整体炼能大。在政府部门的监管与整顿下，为了响应节能发展的目标，"地炼"正逐步淘汰落后产能，发展模式日益规范化。四是新兴民营炼化厂，包括恒力石化、荣盛石化等。这些企业乘改革开放之风，以涤纶产业链一体化的优势，在巨头林立的石化行业争得一席之地，在未来也将成为成品油行业中不可忽视的力量。

9.2.2.1　上游：勘探、开采与生产

　　我国原油资源主要分布在渤海湾盆地、松辽盆地、鄂尔多斯盆地、塔里木盆地、准噶尔盆地及柴达木盆地这六大盆地，共占剩余可采储量的80%。渤海湾盆地是我国油气储量最多的地区，包括胜利油田、辽河油田、大港油田等多个著名油田。松辽盆地是东北亚地区面积最大、含油最丰富的以中生代为主的含油气盆地，其勘探始于1955年，位于松辽平原中央地区的大庆油田是其中最著名的油田。鄂尔多斯盆地地跨陕西、甘肃、宁夏、内蒙古、山西五省份。2021年，中石油在鄂尔多斯盆地探明首个超10亿吨级页岩油大油田。塔里木盆地是我国最大的内陆盆地，其中著名的有塔里木油田、顺北油气田等。准噶尔盆地是我国西北地区重要的原油工业基地，其中人们耳熟能详的克拉玛依油田位于盆地西部。柴达木盆地位于青藏高原，被称为中国的"聚宝盆"，其中青海油田是我国陆上油气勘探的重要地区。

在原油勘探过程中，通常需要经历地质与地震勘探、钻井、录井、测井几个环节，要求多方共同参与。首先，勘探人员需要综合运用地质知识，在野外通过直接观察与研究地面岩石，了解沉积地层和构造特征，确定油气聚集的有利地带和分布规律。地震勘探是利用人工激发产生的地震波在弹性不同的地层内传播的规律来勘测地下地质情况的方法。地震波在地下传播的过程中，地层岩石的弹性参数发生变化，从而引起地震波场发生变化，并发生反射、折射和透射现象，通过人工接收变化后的地震波，经数据处理、解释后即可反演出地下地质结构及岩性，达到地质勘探的目的。其次，钻井指利用专业的技术与设备在选定位置钻出圆柱孔眼至地下油气层。钻井工作能够帮助原油工作者查明和证实含油气构造、获得工业油流、取得有关油田的地质资料和开发数据等，是原油勘探过程中的关键环节。常见的钻井类型包括基准井、预探井、评价井等。再次，录井能够获取地下及时与多样的信息，包括深度、气体测量和岩屑岩性等。通过运用荧光分析、离子色谱分析、岩石热解等地球化学方法，岩石核磁共振等地球物理方法，以及岩屑、岩心、气测岩矿分析等方法，观察、收集、分析并记录随钻过程中的固体、液体、气体的信息，进而建立剖面，发现和评价油气层，最终为原油工程提供钻井信息与服务。最后，原油工作者通过测井测量主要地层数据，寻找油气层。测井是利用岩层的电化学特性、导电特性、声学特性等地球物理特性测量地层岩石物理参数的方法。

经过科学的原油勘探后，原油工作者能够根据勘探结果进入原油开采阶段，通过布置管网与确定打井的类型、数量、地点，以最小成本为采油打基础。在此阶段，原油工作者需要完成油气田开采决策与油气田开发技术研究。油气田开发决策指获得开采许可证后，进行油气层储量复核，制定短、中、长期的开采规划和年度产能建设计划，最终论证开采方案的可行性与高效性。此外，还需开展与油气田开采相关的技术研究。比如，油气田的油藏地质研究是利用地质学方法，探索油藏的形成机制，旨在获取地层内油气运移与存储机理，提升油气开采效率；油藏工程研究是利用油层物理、油气层渗流力学，探讨油藏开发过程中油、气、水的运动规律，其目的是提高油气开采速度与采收率。除此之外，还有油气田的油工程研究、地面工程研究和油藏评价等。

最终环节是原油生产。具体来说，生产作业的目的是确定开采速度，提高原油采收率。常用的采油方法有自喷采油法和人工升举法。自喷采油法是利用油层本身的弹性能量将原油举升到地面。此外，采油过程中不需要人为补充额外能量，仅需井底油流所提供的压能和弹性膨胀能量，因此自喷采油是最简单和经济的采油方法。人工举升法是向油井井底增补能量，将油藏中的原油举升至井口的方法。人工举升的井口与井下设备较简单，通过加深气举就可维持产量。为最大限度将地下原油开采到地面上来，测井公司需测定残余油分布，保证资源利用率最大化；地震技术服务公司需对油藏进行监测和优化。除此之外，针对油气田的生产决策也十分重要，原油工作者需制定完整的生产生命周期战略，提出详细的生产计划，包括如何配置地下储层的油气产能和如何配置地下储层的注水能量。

对于原油产业链的上游，中石油、中石化、中海油"三桶油"占主导地位。尽管自然资源部在 2020 年 1 月印发了《关于推进矿产资源管理改革若干事项的意见（试行）》，并表示我国将全面开放油气勘探与开采市场，允许民营企业、外资企业等社会各界资本进入油气勘探与开采领域，但仍无法撼动"三桶油"的行业地位。根据国家统计局发布的数据，2021 年国内生产原油 19 898 万吨。"三桶油"加大勘探与开采力度，油气产量创历史新高。其中，中石油、中石化、中海油的产量分别占全国总量的 51.2%、17.6%、21.9%。在产业链上游，中海油的业务主要集中在勘探与开采方面，而中石油和中石化业务覆盖全流程。凭借其在上游的垄断地位，"三桶油"逐渐掌握了原油产业链的关键节点，在全产业链中的地位举足轻重。

9.2.2.2 中游：运输与储存

运输存在于原油产业链的多个阶段，主要包括原油被运输到仓库、炼油厂、终端，最后到达销售点。原油从生产到销售点的基本运输方式有三种：船舶运输、管道运输和车辆运输。其中，船舶运输适合于被水域隔开的两地，如深海油气田、国际海上运输等，须配有油港、油码头及装卸设备；管道运输是陆地及近海运输的主要方式，须配备输油气站、加热站、计量站及储油气罐；车辆运输是管道运输的辅助方式。

海上运输是船舶运输的主要形式。根据海关统计数据，2020 年我国原油进口量 5.42 亿吨，其中海运量达 4.89 亿吨，占进口总量的 90% 以上。当前，我国现有原油进口海上运输通道主要有八条，分别是：中东—中国航线、非洲—中国航线、美湾（美国墨西哥湾沿岸地区）—中国航线、南美东部港口—中国航线、南美西部港口或北美西部港口—中国航线、俄罗斯东南港口—中国航线、北极—中国航线、东南亚—中国航线。

车辆运输包括火车油罐车和汽车油罐车，油罐车罐体材质通常采用优质厚碳钢与不锈钢，其密度高、耐腐蚀，故使用寿命较长。车辆运输主体分散、个人参与程度高，相较于海上运输和管道运输，车辆运输安全风险较高，主要包括驾驶员生理、心理和行为导致的人为因素，车辆零件损坏，性能下滑导致的机械因素，气候环境导致的极端恶劣天气因素等。

管道运输不仅运输成本低、建设效率高、管理自动化程度高，而且管道具有封闭性强和反渗水能力强的特性，能够有效减少运输过程中的原油损耗以及泄漏后污染环境的风险。正因其具有多重优势，管道运输是国内主要的原油运输方式。2021年底，我国建成输油管道累计达到6.1万千米，其中原油管道约3.1万千米、成品油管道约3.0万千米。中石油负责的成品油管网以西部地区为主，辅以川渝、东北、华中地区的注入与分输支线。中石化的在运管道主要为鲁皖系列管道和西南成品油管道等干线，亦形成华北、华东、华中、华南以及西南各省份的输油管道联网。中海油管道主要分布在东南沿海。为落实国家"管住中间、放开两头"的总体要求，国家管网公司于2019年12月9日正式挂牌成立，2020年宣告正式运营，对全国主要油气管道基础设施进行统一调配、统一运营、统一管理，全面接管原来分属于"三桶油"的相关油气管道基础设施及人员，正式并网运营。

原油主要的储存方式有散装储存和整装储存。整装储存是指以标准桶的形式储存，散装储存是指以储油罐的形式储存。储油罐是储存油品的容器，它是原油库的主要设备。按材质划分，储油罐可分为金属油罐和非金属油罐；按所处位置划分，储油罐可分为地下油罐、半地下油罐和地上油罐；按安装形式划分，储油罐可分为立式、卧式；按形状划分，储油罐可分为圆柱形、方箱形和球形。在油品存储过程中，应重视防变质、降损耗，注意温度、空气、水分、光照与金属对油品的影响，油罐呼吸阀下增设呼吸阀挡板，淋水降温，并应用阻燃性能好的材料，以降低油品的爆炸敏感性。此外，采油厂联合站、油气储运公司、石化企业、销售公司等不同公司的油库的作用不尽相同。

9.2.2.3　下游：炼制、化工与销售

炼制原油，即炼油，是将原油转化为各种消费品的重要转化点，其主要产品包括燃料油、润滑油、沥青与石油焦等，附加产品包括天然气、液化气、芳烃等。炼油厂从储存设施接收到原油后，经过一系列加工将原油转化为原油产品。中国石油集团经济技术研究院在发布的2021年度《国内外油气行业发展报告》中指出，2021年世界炼油产能出现自1988年以来的首次净减少，总产能下降4 500万吨/年，发达国家炼油产能持续收缩。同期，我国炼油产能持续较快增长，净新增产能2 520万吨/年，主要来自盛虹炼化、镇海炼化改扩建等，总炼油能力已追平美国，达9.1亿吨/年。2022年，中国炼油产能新增2 560万吨/年，达到9.37亿吨/年，成为世界第一大炼油国。

从炼油主体来看，"三桶油"仍占据炼油市场大头，民营企业、国有企

业、外资企业等多元化主体能力不容小觑。2021年，中石油和中石化两大集团炼油能力提升至4.88亿吨/年，占全国总能力的53.5%；中国化工和中化正式重组为中国中化，炼油能力为6 000万吨/年，超过中海油的5 200万吨/年，成为国内第三大经营主体。民营企业炼油能力已达2.70亿吨/年，占全国总炼油能力的29.6%。

从炼化厂分布来看，中石油炼化厂分布在油田周围，而中石化炼化厂分布在沿海地区，两者地域分布有明显区别。自中石油设立起，其主要任务就是油气田勘探与开采和消化国产油，因此其炼化厂几乎都分布在油田周围，具体而言分布在东北、西北与部分西南地区。而中石化上游油田资源相对较少，炼化厂多以炼制进口原油为主，因此在我国东南沿海地区分布较为广泛。成品油的消费量与经济发展水平成正比，而中石化炼油厂的所在地区更靠近消费腹地，因此其发展速度更快、规模更大。

当前，"减油增化"是国内炼化行业转型的主要方向，即减少成品油的产出比例，增加化工产品比例。在"双碳"绿色转型目标的约束下，我国能源结构转型进程加快，炼油行业加速产能优化调整。"减油增化"的产品方向可以分为轻质烯烃方向和芳烃方向。对于生产轻质烯烃，有三个技术方向，包括将原油直接用于生产化学品、将成品油原料通过催化裂解工艺生产轻质烯烃、将成品油原料转化为蒸汽裂解原料。对于生产芳烃，当前可以使用传统重整技术，也可以使用催化裂化轻循环油加氢裂化生产苯—甲苯—二甲苯混合物的技术。其中，民营炼化企业掌握了芳烃产业链下游最主要的聚酯产业链，而聚酯是完全竞争市场，民营炼化企业占据了主要的市场份额，其将在未来获得结构性的盈利优势。近年来，多个炼油项目开展了结构调整，包括中石化下属的镇海炼化一期项目、北海炼化结构调整改造项目、扬子石化优化炼油结构项目，中石油下属的广西石化炼化转型升级项目、吉林石化炼油化工转型升级项目等。

2021年，中央密集出台政策坚决遏制高耗能、高排放项目发展。中共中央、国务院出台《关于完整准确全面贯彻新发展理念 做好碳达峰碳中和工作的意见》，生态环境部出台《关于加强高耗能、高排放建设项目生态环境源头防控的指导意见》，国家发展改革委出台《完善能源消费强度和总量双控制度方案》等。费华伟等（2022）总结了相关政策对炼油行业的影响，主要包括：严控新增炼油能力，未纳入国家有关领域产业规划的，一律不得新建和改扩建炼油项目；推动过剩产能有序退出和转移，完善产能置换政策；推动炼油行业碳达峰，提出了行业节能降碳的行动目标、重点任务和工作要求；加快炼化厂绿色改造提升，对标全球先进能效水平，实现绿色高质量发展。

原油化工是以原油及炼制过程中产生的产品为原料，生产出各种重要的有机化工产品和合成材料天然气化工产品的过程。生产原油化工产品的第一步是对原料油和气（如丙烷、汽油、柴油等）进行裂解，生成以乙烯、丙烯、丁二烯、苯、甲苯、二甲苯为代表的基本化工原料。第二步是以基本化工原料生产多种有机化工原料及合成材料（塑料、合成纤维、合成橡胶）。原油化工产品与人们的日常生活密切相关，常见的原油化工产品包括塑料、化纤、橡胶、涂料、药品、细化产品、特种材料等。随着技术的发展，当前原油化工生产常常与原油炼制相结合，互相提供原料、副产品或半成品，以提高经济效益。炼化一体化整合了炼化与化工行业资源，在拓宽产业链的同时，增强了炼化行业抗风险能力与盈利能力。

原油销售的主体是处于原油产业链终端的加油站，其利润来源主要为成品油零售价格与批发价格的价差，即批零价差。随着我国汽车保有量持续增长，整体成品油需求持续增长，我国加油站数量随之增长。商务部公布的数据显示，2021年我国加油站数量达到11.9万座。其中，中石油和中石化分别拥有22 800座和30 725座加油站，在国内市场的总占比近45%，在加油站的数量与规模上占据绝对优势。这主要是因为国内消费者对中石油和中石化两大品牌的认可度较高，具有较高的客户黏性，品牌优势明显。此外，海外业务也是中石油销售业务的重要组成部分，中石油扩大出口份额以加强海外原油销售能力。近年来，地方民营加油站影响力逐渐扩大，销售能力直追"两桶油"。比如湖南的和顺石油和山东的泰山石油，通过加强营销推广、站点服务和品牌建设，已经形成了稳定的供油渠道、销售模式和品牌知名度，均在区域内形成了品牌连锁规模，发挥出了其"小而精"的优势。目前，国内加油站行业以重资产模式（自建、收购等方式）为主，以轻资产模式（租赁）为辅扩张站点。随着对全新加油站商业模式的借鉴和探索，我国部分油站企业开始利用其体系化管理能力和品牌连锁优势向轻资产的商业模式转型，开拓了连锁加油站的创新运营模式，为已经打造出品牌知名度的加油站企业提供了非常好的发展思路。

9.2.3　原油安全与战略储备

随着原油成为主要的能源形式，能源安全问题逐渐受到各国关注。早在20世纪60年代，Lubell（1961）率先从学术研究的角度提出了欧洲能源安全的概念，其基本思想是保障能源的供应问题。1973年第四次中东战争发生，原油输出国组织欧佩克宣布原油禁运，造成油价大幅上涨，引发了西方主要发达国家的经济衰退，这是历史上第一次石油危机。1978 年底的伊朗革命和随后的两伊战争造成了第二次石油危机，导致原油减产，油价大涨，短短两年间，油价从 15 美元/桶涨到 39 美元/桶。这两次石油危机引起西方发达国家对保证能源稳定供应的关注，并真正意义上推动了能源安全理论的形成。除了保障供给外，原油价格的稳定也成为能源安全的一个核心要素（Yergin，1988），这两部分一起构成了传统意义上的能源安全的基本概念。

进入 21 世纪，世界经济格局发生了较大变化，能源市场和能源安全问题也更加复杂。各国采用了多样化的能源政策，能源安全的范畴从原油扩展到更多现代能源种类。Salameh（2003）指出，美国在 21 世纪解决能源安全问题的首要任务就是对现有能源形式的多样化发展，即在原油之外发展天然气、水电、核能以及其他可再生能源。各国的关注也从能源供应安全这个单一的概念，逐步拓展到能源价格安全、能源产业链、能源使用安全等多个维度（Yergin，2006）。Frei（2004）以著名的马斯洛需要层次理论为蓝本，提出能源层级论的说法。他指出，可使用能源到能源的供给安全仅仅是金字塔的最低端，更进一步需要考虑的是使用成本、环境因素和社会的认可。

能源层级论的提出拓展了传统的能源安全理论框架，也进一步催生了著名的能源安全 4A 理论。这是由亚太能源研究中心（APERC，2007）所提出的一个被广泛使用（Cherp、Jewell，2014）的能源安全概念，包括可利用性（Availability）、可获得性（Accessibility）、可承受能力（Affordability）和可接受性（Acceptability）。至此，能源安全把自然禀赋、地缘政治因素、经济因素、环境和社会因素整合在一起，对各国能源政策提出了新的挑战，能源安全也进一步上升为各国综合实力的竞争，能源战略理念也发生了重大的转变。

当前，全球能源消耗的格局仍然以化石能源为主，这一点在未来相当长的时间内不会发生根本性变化。虽然能源转型的步伐在加快，但即使是在最为激进的情景下，到 2040 年，化石能源的比重仍然可以达到 56%（BP Energy Outlook，2019）。在结构上，原油的消费量稍有下降，天然气的消费量会有所上升，而真正被取代的是煤炭。如果考虑渐进的转型模式，化石能源在 2040 年的占比将可能达到 73%。但无论在哪种场景下，中国都将会成为世界上最大的能源消费者，对国际油气市场的依赖性会进一步增加。由此可见，即便是在能源安全的最基本的层级，中国也将面临巨大的挑战。

鉴于能源安全在我国的战略地位，学术界对此问题也广为关注。吴巧生等（2002）指出，我国能源安全问题的关键是原油安全战略。他们认为市场化是中国能源工业发展的必然选择，此外，我国能源政策的未来一定是外向型的，需要有效结合国际和国内两个市场。从行业发展的角度来讲，协调多方面相关利益群体之间关系、理顺发展与环境之间的关系，是保障我国全方位能源安全的重点内容。现在看来，这些观点非常具有前瞻性，但是受当时科学认知的局限和当时经济发展阶段的限制，这些思想并没有能够被落实到具体的政策措施上，在如何实现各利益群体之间的均衡上也缺乏严谨的理论支撑。

张宇燕和管清友（2007）通过回顾油价波动和世界能源格局的演变历史，认为国际政治集团的利益分配安排是除国际市场供求双方之外的重要决定因素，解决能源安全问题必须关注世界能源格局的变化。张生玲（2007）利用2000—2005年的数据进行能源安全评估，并根据实证研究的结果提出了保障国家安全的对策，其核心结论是需要实现能源进口来源的多元化并鼓励中国企业"走出去"。随着中国对国际能源市场的依赖性不断增加，多元化政策是一个比较直接和必然的选择，但是Vivoda（2009）研究认为，不应该过于强调某个政策本身的作用，更好的能源安全政策应该是灵活的和全面的。

2008年全球金融危机发生之后，为了应对国内外经济形势的变化，适应国民经济和社会发展的需要，我国的能源战略理念出现了一些关键性的转变（沈镭、薛静静，2011）：从传统的保供给向科学调控能源生产和消费转变；提倡绿色、多元化的能源发展；强调立足国内和加强国际合作；追求生态保护与能源发展协调进行；推进科技创新；发展多种能源互补与系统融合。这些理念的提出，一方面体现了我国政府对能源行业安全的系统性重新思考，另一方面也是经济高速增长背景下环境恶化、气候变化压力增大的必然结果。他们在定性分析的基础上提出了一系列安全战略措施，不过大多数建议还停留在构想阶段。

史丹（2013）充分考虑了全球能源格局变化的影响，指出中国需要加强能源安全布局，应对国际能源市场上的变化。在研究中，该作者强调了构建新的国际关系、发展能源外交的重要作用，但是同时也提出了需要倡导能源贸易"去政治化"的观点，这两者之间存在着一定的矛盾性，如何在两个位置之间找到最优平衡点具有非常大的难度。Wu（2014）从海外原油投资、战略原油储备以及页岩油气发展三个方面分析了我国能源安全的解决方案。该研究强调了解决能源安全多个维度面临的问题。Yao和Chang（2014）则基于上述的4A理念对中国的能源安全进行综合分析，认为中国的能源安全状况并没有改善，政府需要进一步加强国内有关能源政策改革。

Pan等（2017）构建了一个动态的系统模型，用来研究原油供应链的问题，而这个问题事关中国的能源安全。他们发现中国当前的产业链中存在着产能过剩的问题，尤其是炼化部门。他们认为国家宏观层面的干预与监管是解决相关问题的关键。Vivoda（2019）指出，近年来亚太地区对天然气的需求迅速提升，市场供需缺口不断增大，对国际市场的依赖性不断增加。以 2017 年为例，亚洲国家就进口了占全球 72%的液化天然气（LNG），未来的需求仍将不断增加。因此天然气供应安全也将会成为相关经济体能源安全的重要部分。利用家庭层面的数据，Zhang 等（2019）从可利用性和可承受性两个维度对中国家庭中存在的能源贫困问题进行了量化分析，结果表明我国家庭中仍存在着较大的能源贫困问题，影响了居民的身体健康和社会福利的提升。

近年来，国际形势又出现了新的变化，中美贸易摩擦不断发酵，双方的博弈会直接影响能源市场的需求（Xia et al.，2019），而由此带来的经济政策不确定性也会直接或者间接地传导到全球经济的各个方面（Zhang et al.，2019）。在 2008 年全球金融危机的影响下，原油价格大幅下跌，并剧烈波动，国际大宗商品市场上的系统性风险激增（Zhang、Broadstock，2020），国际能源市场格局也发生了重大的转变。以沙特阿拉伯为首的原油输出国组织（欧佩克）对国际油价的影响日渐式微，而随着美国"页岩油革命"的成功，美国由曾经的净进口国变成了净出口国，美国、俄罗斯、欧佩克的三方博弈格局形成。它们彼此之间貌合神离，争端不断，国际原油市场的风险变得更高，给我国能源安全带来的挑战更大。需要特别指出的是，受新型冠状病毒感染疫情在全球范围内大流行的影响，全球经济全面衰退已经是不争的事实。目前虽在逐渐走出疫情的影响，但如何规避风险，降低市场波动的负面影响，成为国际市场参与者不得不考虑的一个重要因素（Ji et al.，2020）。

基于上述的文献梳理，我们可以看到我国能源安全问题所面临的挑战仍较为严重，油气行业尤为关键。在战略层面上，我们可以将现有的研究对能源安全的启示总结为如下两个方面：第一，能源安全的概念在不断拓展成为一个多维度系统。随着经济发展水平的提升，人们对于能源安全的认知已经从简单的保供给发展为涵盖面更为广泛的综合性概念。一个国家的能源安全不仅需要考虑能源的使用方面，还需要考虑经济层面的影响和社会层面的影响，这是一个复杂的系统工程。这个转变将会对我国能源政策的制定产生关键性的影响。值得注意的是，习近平总书记提出的"四个革命、一个合作"的重大能源战略思想就是充分考虑到能源安全多维度概念发展方向的精准定位，在能源行业进一步的体制机制改革中一定要将其认真贯彻。第二，能源安全需要国际化视野。要实现我国能源行业的长治久安，必须要从我国国情出发，充分认识到国际形势的发展和变化，把国内和国际两个方面因素有机地结合在一起，设定我国能源行业的战略发展方向。近年来国际政治、经济形势的恶化使这个目标的实现变得困难重重，改变传统的自上而下的改革思路具有时代的紧迫性。能源政策的制定和能源行业的改革需要认真贯彻习近平总书记提出的"以国内大循环为主体、国内国际双循环相互促进"战略思想，及时调整现有体制机制，真正实现"双循环"。

确定了能源安全的系统观和"双循环"的发展理念，下面我们就将聚焦油气市场，从市场主体和价格形成机制两个方面来梳理我国油气市场体制机制改革的相关研究成果，分析其中存在的问题。此外，如何评价改革政策的效果，从中发现问题，也需要有一个系统的考虑，因此我们也将对相关的研究进行整理和评述。

9.2.4　我国原油贸易框架

原油贸易主要包括进口与出口，我国原油进口以原油为主，原油出口以成品油为主，原油贸易总体框架与原油生产量和原油加工量密切相关。

从图9-2能够看出，自2014年以来，我国原油产量呈现先升后降的趋势。2015年，我国原油产量从21 143万吨上升至21 456万吨，为近年来最高。2016—2018年，原油产量持续减少，但下滑速度逐渐放缓，2018年我国原油产量为18 932万吨。2019年起，原油产量开始回升，2020年达到19 492万吨，2021年达到19 898万吨。总体来说，近五年国内原油产量较为稳定，始终在1.9亿吨左右。

图9-2　2014—2021年中国原油加工量、原油生产量

数据来源：国家统计局（http://www.stats.gov.cn／）。

近年来，我国 GDP 增速始终维持在较高水平，对原油的消费需求与成品油产量不断走高。据国家统计局和中国海关总署的统计数据，从 2014 年至今，我国原油消费量稳步提升，原油表观消费量大幅上涨。2014—2021 年，我国原油加工量规模保持平稳扩大。受疫情影响，2020 年原油加工总量增速放缓。2021 年，我国原油加工量为 70 355 万吨，同比增长 4.3%。

9.2.4.1　原油进口方面

我国原油需求猛增，原油对外依存度逐年上升。随着中国经济的崛起，我国已成为世界产油大国，但原油产量始终无法追上国内行业应用需求与能源消费需求。1993 年，我国成为原油净进口国，1996 年成为成品油净进口国，原油对外依存度快速上升。

根据英国原油公司（BP）数据（见图 9-3），我国原油进口总量在 2017 年超过美国居全球第一。近年来，我国原油进口温和增长，但仍在世界上遥遥领先。2014 年我国原油进口规模为 7 398 千桶每日，为印度的 1.78 倍；2017 年，我国原油进口量首次超过美国，达 10 241 千桶每日；2020—2021 年，进口量有所下滑，但仍占全球进口量的约 20%。

图 9-3　2014—2021 年各国（地区）原油进口量

数据来源：BP 世界能源统计年鉴（https://www.bp.com/en/global/corporate/energy-economics/statistical-review-of-world-energy.html）。

此外，我国原油需求受疫情影响小。2020 年，新型冠状病毒感染疫情席卷全球，我国是唯一保持原油进口量正增长的国家。尽管近年来新型冠状病毒感染疫情给全球经济带来巨大冲击，但在中国政府及时有效的调控政策下，国内经济所受影响相对较小，能源需求增长受疫情冲击不大。

长期以来，我国原油消费依赖进口。近年来，随着我国经济的高速发展，对原油的需求量持续增加，原油的对外依存度持续攀升。从图 9-4 可以看出，2014 年我国原油对外依存度为 59.6%，2015 年首次突破 60% 后逐年上升，五年间增长了 13%，在 2020 年达到 73.6%。2021 年，中国原油进口量为 51 298万吨，同比下降 5.4%，原油对外依存度降至 72%，同比下降 1.6%。这是我国原油进口量和原油对外依存度 20 年来首次出现下降，主要原因是国际油价迅速反弹，我国原油产量增加，加之国内相关政策制约，监管力度加大。

图 9-4　2014—2021 年中国成品油、原油进口量及原油对外依存度

数据来源：BP 世界能源统计年鉴（https://www.bp.com/en/global/corporate/energy－economics/statistical－review－of－world－energy.html）。

尽管对外依存度始终保持高位，但原油进口来源地区多元，进口风险得到一定规避。近年来，我国从中东和非洲地区进口的原油量减少，而从俄罗斯、中南美洲和欧洲多地区进口量增加，原油进口供应链集中性风险下降。2021年，我国前十位的原油进口来源国分别是：沙特阿拉伯、俄罗斯、伊拉克、阿曼、安哥拉、阿拉伯联合酋长国、巴西、科威特、马来西亚、挪威（具体见图9-5）。沙特阿拉伯、俄罗斯、西非等地的净出口国原油探明储量丰富，而我国原油消费需求旺盛，原油探明储量却十分有限，是净进口国。

与原油进口量持续增长保持高位的趋势不同，我国成品油进口呈不规则波动趋势。为了改善我国的成品油需求结构，我国也会进口部分成品油。2014年起我国油品市场供过于求，成品油进口规模持续缩水，至 2016 年跌至 2 784万吨。2017—2021 年，受炼油行业结构调整、工业需求开始回落、原油价格上升等多方面因素影响，我国成品油进口量先上升后持续下降。据海关总署的统计数据，成品油进口量分别为 2 964 万吨、3 348 万吨、3 056 万吨、2 835 万吨和 2 712 万吨。

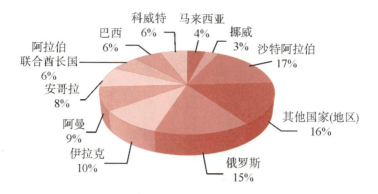

图 9-5　2021 年我国原油进口来源国

数据来源：BP 世界能源统计年鉴（https://www.bp.com/en/global/corporate/energy-economics/statistical-review-of-world-energy.html）。

9.2.4.2　原油出口方面

近年来，我国原油出口规模较小，而且波动明显。自 2014 年起原油出口量逐年上升，在 2017 年达到峰值 486 万吨；而随着中美贸易摩擦愈发剧烈，2019 年我国原油出口规模下滑，降至 81 万吨；从 2020 年至今，我国原油出口量有所上升。

相比之下，我国成品油出口规模大，近年来出口持续收窄。随着经济的快速发展，我国炼油产能不断扩张，但国内成品油消费却呈现萎靡态势，柴油消费下滑，航空煤油增速放缓，成品油市场供应过剩形势日益明显，增加出口能够有效释放内压。从出口的地区来看，我国成品油主要出口到东南亚国家、亚太国家和地区、中南美洲国家等，包括菲律宾、新加坡、孟加拉国、韩国、马来西亚、巴拿马、智利等。2020 年，商务部下发批复，赋予浙江石油化工有限公司（简称"浙石化"）成品油非国有贸易出口资格，浙石化也成为继中石油、中石化、中海油和中化四大原油公司之后，我国首家获得成品油出口资质的民营炼化厂。成品油出口权的下放，不仅有利于提高出口配额的使用率，也将在一定程度上缓解国内成品油供应过剩压力。

从图 9-6 能够看出，我国成品油出口量在 2019 年达到峰值 6 685 万吨，自 2020 年出现近年来的首次下降后，成品油出口开始呈现逐年缩减的趋势，其主要原因如下：一方面，受疫情冲击，经济活动减少，国际市场需求下降，出口途径受阻；另一方面，国际成品油加工利润较低，出口将使亏损进一步扩大，企业缺乏出口成品油的积极性。更重要的是，成品油出口量减少的现象折射出了我国炼油行业加速转型升级的本质。"减油增化"的发展方向正促使炼油行业淘汰落后产能，全面配套化工产品加工装置，捕捉高端制造业的化工产品需求，生产化工新材料。

图9-6 2014—2021年中国原油、成品油出口量

数据来源：中国海关总署（https://www.customs.gov.cn/）。

9.2.4.3 我国原油贸易存在的问题

我国原油进口对外依赖程度高，市场抗风险能力较弱，始终保持高位的依存度，主要存在以下两个问题：第一，国际油价起伏对国内炼化行业影响大。2021年，国际油价持续走高，我国进口原油价格急速上涨。尽管成品油价格也因原油涨价而上涨，但其势头远不及原油。当前，国际油价上涨带来的原油进口成本已远远超过成品油，国内炼油行业利润率迅速收紧，进口数量明显受抑，原油进口价格逐渐逼近国内炼油厂利润的倒挂区间。从原油产业链角度来看，油价上涨使炼化成本快速增长，进一步向下游化工行业传导后，可能会降低整个产业链的经济效益。同时，油品零售价涨幅远不及批发端，终端加油销售利润将被大幅挤压。第二，国际政治、军事、经济局势的动荡或影响我国原油安全。国际原油价格受地缘政治、供求关系等多种因素影响，且不受控、可预见性不强、波动性较大，对于原油进口国来说，进口风险较大。从2018年起，美国对伊朗的经济制裁使中国原油进口贸易在很大程度上受到波及。自2022年以来，俄乌军事冲突使得地缘政治形势愈发紧张，西方对俄罗斯制裁加剧，主要产油国增产幅度有限，国际原油价格持续攀升，原油进口量存在大幅减少的风险。

大量进口原油又大量出口成品油，两头在外模式使国内污染治理压力大。在原油出口方面，近年来，国内炼油能力持续扩张，供需压力仅由出口平衡不现实。"大进大出"的模式把中间环节的污染都留在了国内，不仅企业的经济效益没有保障，而且不利于我国绿色转型与"双碳"目标的实现。为了改变这种两头在外的模式，近年来，我国已开始下调成品油出口配额，限制成品油大量出口，但这并不是长久之计。为了使我国原油贸易能够可持续发展，2022年4月，工业和信息化部等6部门印发《关于"十四五"推动石化化工行业高质量发展的指导意见》（以下简称《意见》），明确提出要有序推进炼化项目"减油增化"，延长原油化工产业链，推进我国由石化化工大国向石化化工强国迈进。《意见》聚焦创新发展、产业结构、产业布局、数字化转型、绿色低碳、安全发展六大重点难点，提出相应目标及任务。未来，我国石化行业将由炼油向化工转型、由一般化工向精细化工转型。

9.3　中国原油产业改革与展望

9.3.1　中国油气市场改革中存在的问题

经过几十年的改革和发展，我国油气产业基本上实现了为经济发展服务的功能。然而随着国际形势的变化和能源产业的不断发展，新的问题不断出现。习近平总书记提出的"四个革命、一个合作"战略明确指出了体制革命的重要性。在此基础上，我国政府于2017年颁布了《深化石油天然气体制改革的若干意见》，成为这一轮油气市场体制机制改革的指导性文件。后续的一系列改革举措也引起了学术界的广泛关注。此部分将结合党的十八大召开之后油气市场改革中存在的问题对相关研究进行评述。

第一，我国的油气产业体制机制改革在早期属于"国家主导型"，即从根本上强调国家在推动产业变迁中的决定性作用，本质上是政府预先设定改革目标，是国家强力推动的一种"强制性制度变迁"（梁波、王海英，2013）。这种自上而下的改革模式在一定阶段可以有利于市场有序的开放，但过度的行政干预和调控则是计划经济思维的延续，无法有效反映油气产业市场变化的深层机制。而另外一种改革的机制是"市场主导型"，也就是市场是近年来推动中国油气市场改革的原因，这种机制从油气产业本身发展的内在规律出发，改革的过程是对市场机制的充分认识和遵循。但是完全的市场主导型改革则过于理想化，一定程度上会忽略制度变迁背后不同市场主体之间复杂的互动关系。在解决这个问题上需要进行深层次的理论分析，充分考虑到包括政府、企业、消费者三个层次的效用，实现系统的一般均衡，以此来找到进一步改革中两种理念的最优平衡点。

第二，油气市场上的垄断性问题难以根本解决。我国油气行业虽然在近年来不断推广市场化改革，但市场上的寡头竞争格局仍没有改变，三大国有原油公司（中石油、中石化、中海油）控制了超过 90% 的国内原油生产（林益楷、胡森林，2014），而中国 95% 的天然气都需要这三巨头来提供（IEA，2019）。在上游勘探与开采领域，中石油、中石化、中海油和延长石油分别享有陆上和海上原油勘探与开采的专营权，并通过关联交易强化在工程技术服务、工程建设、装备制造等领域的优势。在管道运输环节，长输油气管网、接收站等基础设施具有自然垄断属性，国有原油公司通过上下游一体化实质上控制。下游的开放程度比上游高，但国有企业控制大部分油气资源和进出口配额，民营油气企业的发展空间受到挤压。油气行业涉及能源安全，还存在着规模经济，因此如何在垄断和竞争之间找到最优的解决方案，也需要成熟理论的指导。

第三，国有大型油气企业的经营效率仍然较低，并对行业发展产生了负面的作用（时颖、马治国，2018）。长期的行政手段管理和政府补贴导致企业资源配置效率低下，专业化分工不强。在对外投资方面委托—代理问题严重，存在过度投资与低效投资的问题（Zhang et al.，2016）。张彦明等（2015）研究了我国原油企业的公司治理问题，发现我国此类企业中存在着控制权过度集中的问题，董事会、监事会以及激励机制的不健全都可能会造成公司治理的效率下降，而不利于企业履行社会责任。Shi（2019）的研究也发现我国能源类企业中公司治理机制存在着问题，不能够有效降低此类企业的代理人问题。

第四，在能源价格的形成机制上还存在着较多问题。原油期货市场虽然已成立几年了，但是真正形成基准价格还任重道远（张大永、姬强，2018）。经过多年的推进，油气行业的价格改革方向已经比较明确，但是体制改革滞后，价格传导机制不完善等障碍依然存在（郑新业，2017）。白俊（2020）指出，相对于其他能源的市场化改革，天然气价格的改革起步较晚，而且由于天然气市场具有特殊性，竞争性的市场结构还未能建立，政策上、监管上和调控机制上还存在着较大改革空间。

第五，新型冠状病毒感染疫情的发生对我国乃至全球的影响是深远的，特别是疫情进一步在美洲、中东、中亚和俄罗斯等地的失控大大增加了国际油气市场供给侧的风险冲击。沙特阿拉伯和俄罗斯的原油价格战、油价在疫情发生时的暴跌乃至史无前例的负油价都体现了疫情对国际能源市场的重大影响（舟丹，2020）。疫情也会直接影响我国能源产业链（孙华平 等，2020），并对我国能源消费和能源企业产生较大冲击。疫情仅仅是一个独立的事件，但是疫情给我们的启示实际上是国际能源市场变化对我国油气产业的影响和能源安全的威胁。

9.3.2 原油市场改革的经济学逻辑

油气市场体制机制改革中的主要问题是发展和政策的问题，其本质上是一个经济学问题。油气和其他能源形式一样，都是作为一种生产要素投入而为经济发展服务的。因此无论是从宏观上还是从微观上来看，油气市场的体制机制改革都需要我们寻找一个经济学理论的支撑，在经济学视角下找到改革的深层次机理。我们不仅要对改革进行实证分析，还要从理论上回答为什么这么做以及应该如何做的问题。

9.3.2.1 油气产业的宏观经济学研究

最早从经济学的视角来分析能源问题的人是 Hotelling，他提出了霍特林法则（Hotelling's rule，1931），即原油作为一种可耗尽的自然资源，其价格的增长率在市场均衡的情况下等于实际利率（或者是贴现率）。其背后的逻辑是：当原油价格增速高于实际利率的时候，资源的拥有者会降低开采的速度，等待未来油价上涨获利，当前的供给会减少而价格继续升高，致使需求减少，从而使价格的增速下降，价格回落；当实际利率高于价格增速的时候，资源的拥有者会加快开采的速度，增加原油的供给，直至供过于求，从而使价格增速下降，导致油价下跌。但无论哪种情况，最终的市场均衡都将实现价格增速与实际利率大致保持一致。这个简单的法则直到20世纪70年代石油危机发生后才被学术界广泛认可（Devarajan、Fisher，1981），并成为构建能源与经济增长框架的重要支柱。

Hamilton（1983）的实证研究首次验证了原油冲击对美国产出和就业的负面影响，该研究引起了学术界的广泛关注，也成为研究油价冲击的主要成果之一。石油危机给西方发达经济体带来的冲击是极其深远的，人们认为这是直接导致美国经济衰退、高通货膨胀和美国生产力发展放缓的根本原因（Kilian，2014）。在宏观经济学的理论模型中，原油价格的变化被设定为一个外生的冲击，其影响经济增长的一个渠道是通过高油价降低家庭的购买力从而影响总需求，另外一个渠道则是造成生产成本增加从而对总供给产生负面的影响。前者主要通过价格机制影响家庭在非能源方面的支出（Hamilton，2009），而后者则通常把原油作为生产函数中的一个投入因素与资本和劳动一起影响产出，如Kim 和 Loungani（1992）在传统的商业周期理论模型里加入了能源投入，从而引入了外生能源价格冲击，结果发现在规模收益不变的情况下，能源价格可以解释16%的产出波动，而在科布—道格拉斯生产函数的假设下，其解释能力可以达到35%。

油价对经济的影响还可以通过一些间接的渠道实现（Kilian，2014）。油价的冲击可以被看成一个导致部门之间重新分配的影响因素（Hamilton，1988），此外也可以导致消费结构和消费偏好的重新分配，如石油危机发生之后美国消费者放弃高油耗的美国汽车成就了日本汽车产业的发展（Bresnahan、Ramey，1993）。油价冲击的影响还可以通过市场的不确定性来影响企业的投资决策行为，消费者在面临这种不确定性的价格冲击时也会增加预防性的储蓄（Edelstein、Kilian，2009）。Bernanke等（1997）提出美联储为抵御油价的冲击而调整其货币政策，这会进一步加剧油价冲击对经济的负面影响，因此货币政策也是一个间接的影响渠道。

可以看出，油价对经济的冲击具有系统性，会涉及经济体中的多个市场参与主体，而其主要的影响是通过价格冲击实现的。在市场主体中，消费者需要在预算约束条件下实现跨期的效用最大化；企业需要调整自己的投资、生产和对劳动力的需求来实现利润最大化；而政府部门或者货币当局可以采用政策手段对经济进行调节，实现社会福利最大化。在这种情况下，宏观经济理论中的经典模型动态随机一般均衡（DSGE）模型就成为一个非常有利的工具，利用动态优化的方法对各个经济主体的行为决策进行刻画，并得到经济主体在资源约束、技术限制等条件下的最优行为方程。把能源因素引入 DSGE 模型来系统地刻画市场主体对价格冲击的反应以及相互之间的动态关系也被广泛采用（Rotemberg、Woodford，1996；Dhawan、Jeske，2008）。

国内有关研究在早期大多采用可计算一般均衡模型（CGE），如林伯强和牟敦国（2008）采用 CGE 模型研究了原油与煤炭价格上涨对我国经济的影响。但是 CGE 模型本身存在着较多的问题（范金 等，2009），需要较强的假设，在模型的设定上也存在着结构僵化的问题。魏巍贤等（2012）则参照国际宏观经济学的研究方法，构建了一个三部门的 DSGE 模型，并采用改革开放之后的宏观数据研究能源的外生冲击对我国经济波动的影响。他们的发现表明能源价格改革需要谨慎，不合理的价格政策会对经济造成较大幅度的冲击，此外利率政策应该与能源价格改革政策配合执行。

DSGE 模型在宏观经济研究中已经被广泛使用，但是大多数现有的研究把能源价格作为一个外生的冲击，而目标经济体也基本上以封闭的形式存在，能源产业也没有在现有的模型中体现出来。Aminu（2019）建立了一个多部门的DSGE模型，用于分析能源价格的冲击对英国经济的影响，他的主要贡献是在传统的封闭经济体三部门架构中加入了国际市场。此外，他在企业部门里分别加入了能源部门、原油产业、公共事业部门和非能源部门。这个较为复杂的框架为我们以"双循环"的视角研究中国油气产业体制机制改革提供了一个思路。无独有偶，Punzi（2019）在研究能源价格不确定性对宏观经济的影响时，也采用了一个类似的思想，即在传统的DSGE模型中加入进出口厂商以及汇率的因素，其目的也是将封闭的宏观经济模型放在一个开放经济体的视角下，极大程度上体现了能源市场的实际状态，适合用来分析我国现在所面临的环境。

在上述模型的基础上，我们可以构建一个多部门的宏观经济模型，考虑到动态性和一般均衡性并加入国际市场博弈的结果，可以有效地刻画我国油气改革中几个主要市场主体之间的利益关系，从经济学的基础理论出发解决我国油气体制机制改革的根本动因。此外，考虑到社会福利最大化和多主体利益分配的一般均衡，解决应该如何做的问题。在构建基础理论框架后，我们可以通过设定不同的政策，系统考虑改革对整个经济体系的冲击，从短期和长期评价体制改革的成果。

9.3.2.2 油气产业的微观产业理论

产业组织理论的核心是研究市场竞争与垄断现象，其中两个比较有影响力的流派就是哈佛学派和芝加哥学派（王忠宏，2003）。

20世纪30年代，以张伯伦、罗宾逊为代表的哈佛学派提出，由于产品差异性的存在，厂商具有一定的价格决定权，市场处在一个垄断竞争的状态，单靠市场的自发作用是不足以实现资源的最优配置的，需要政府对垄断势力进行干预。他们从"结构—行为—绩效"（structure-conduct-performance，SCP）分析范式出发，即集中度的高低决定了企业的市场行为方式，而后者又决定了企业市场绩效的好坏（Tirole，1988）。行业集中度高的企业总是想要提高价格、设置壁垒，以此获取垄断利润，阻碍技术进步，造成资源的非效率配置。因此，要通过公共政策来调整和改善不合理的市场结构，限制垄断力量的发展，保持市场适度竞争。

20世纪70年代，在美国经济滞胀的背景下，以斯蒂格勒为代表的一些学者对哈佛学派的观点进行抨击，认为哈佛学派强硬的反垄断政策造成了美国经济的不景气，从而形成芝加哥学派。他们认为SCP的分析范式过于简单，事实上企业的市场结构、市场行为和市场绩效之间是相互影响的双向关系，而非简单的单向因果。芝加哥学派的核心理论成果是"规模经济理论"，即随着经济规模的扩大，企业平均成本降低，从而提高资源利用效率。只要潜在竞争者在进入和退出上是无障碍的，原有企业就处在约束下，而不可以任意定价，并因此认为资本市场自身是有效率的。他们提出不能将集中度的高低和企业规模的大小作为判断企业是否为垄断企业的标准，也不能对大企业执行毫无差别的反托拉斯政策，而是主张根据企业绩效来判断，放松对大企业的不必要管制。

对于油气产业，国际上从其最早的"七姐妹"阶段到后来的欧佩克都是由卡特尔组织的垄断地位掌控的，国内"三桶油"的垄断地位也是由来已久。油气体制改革的一个重要方向是引入竞争机制，特别是上下游实现多元化的竞争导向。然而这并不意味着可以从根本上改变原油市场上的垄断竞争格局。在垄断和市场竞争中找到一个最优的方案，兼顾效率与安全，是我国当前油气市场体制机制改革需要解决的一个重要问题，也迫切需要在理论上找到合理的答案。

有关油气产业的垄断竞争理论研究较早的成果是 Stiglitz（1976）提出的。当人们普遍认为石油危机是产油国或者油气公司合谋从而推动油价到一个远高于完全竞争状态下的均衡价格的时候，Stiglitz 的研究模型却表明垄断者所能够使用的市场权力非常有限，在不考虑开采成本的时候，垄断价格与完全竞争的价格是一致的。Pindyck（1978）构建了一个理论模型来计算可耗尽的自然资源（如原油）最优的垄断与竞争价格，他的结果部分推翻了 Stiglitz 的说法，证明在原油产品上组建卡特尔是可以获得显著的垄断利润的。

人们对于自然资源市场的垄断与竞争问题一直存在着不同的看法。Benchekroun 和 Gaudet（2003）将静态的寡头垄断分析框架拓展到动态情况下，并用来分析不可再生的自然资源寡头垄断的问题，发现两者的结论完全是相反的。Bornstein 等（2017）建立了一个原油产业层面上的市场均衡模型，在他们的模型里面设定了两种竞争性的市场结构，第一种是完全竞争的，而第二种则是竞争和卡特尔并存的。他们发现市场竞争结构对均衡状态的关键变量会产生较大的影响。

Fridman（2018）利用一个两阶段混合双头博弈模型研究可耗尽资源市场。在他的设定里，第一阶段由政府决定公有制企业的私有化程度，然后在第二阶段由两种所有制形式的企业共同决定生产策略。结果表明，在一定的条件下，无论是完全国有化还是完全私有化都不能够实现社会效益的最大化，所以他认为部分私有化是最优的选择。当然，如果公有制企业的效率低于私有制企业，情况就有所不同，完全私有化或者完全国有化都有可能在某些特定的条件下实现最优。这个研究的思路和结果对我国油气行业体制改革具有非常重要的启示，不过也要注意到这个模型的假设条件与我国的现实状况有所不同。在此基础上拓展并充分考虑到我国国情和能源安全的需要，构建一个类似的模型来分析我国油气产业改革的最优路线是可行的。

Furfari（2020）在其文章里对国际原油行业中的垄断者、政府和自由市场之间存在的复杂的演进过程进行了分析，其基本思想与本研究的思路是一致的。在油气产业这个非常特殊的行业里，很难说哪种市场结构是最优的，就像Fridman（2018）的理论推理所给出的，追求社会效益最大化是需要事先设定条件的。在不同时期、不同市场环境、不同社会状态乃至不同的社会诉求的背景下，最优解都将存在巨大差异。面向能源安全的我国油气体制改革，产业链升级是一定需要充分考虑我国当前所面临的现实条件和制约因素的。

9.3.3　我国原油市场改革展望

原油是"现代工业的血液"，与国家的经济发展密切相关。随着世界原油贸易格局发生重大调整，原油供需关系正在发生深刻的变化，我国原油安全面临新形势和新挑战。在未来，我国原油体制存在的深层次问题将被逐个破解，原油市场将迎来上游公平开放、中游完善油气管网、下游多元竞争、整体有序运行的新格局。

原油上游市场改革的关键是公平开放。当前我国原油产业链上游市场已基本实现开放的市场化运行，在油田钻探工程、装备制造、油田设备安装等领域已形成国有、民营、外资共同竞争的市场格局，但我国"三桶油"的规模巨大，垄断了我国油气市场80%以上的市场份额，地位难以撼动。为使上游有序开放，让民营与外资企业顺利进入上游市场，需从以下几个方面改善现状：第一，降低外资企业投资我国油气上游业务的门槛。具体来说，应取消外资企业在原油勘探、开采与生产方面的合资与合作限制，包括陆上与海上油气项目；进一步完善配套政策，提升外资与民营企业投资参与上游产业链的积极性。第二，行业内企业信息披露应更加透明。为了使民营与外资企业了解上游商业价值与机会，政府部门应出台信息披露的要求与规定，相关组织应呼吁和鼓励信息公开共享制度，进而消除油气资源权信息和勘探评价技术资料的不对称性。

在中游产业链，油气管网实现"全国一张网"是最终建设目标。广义的"全国一张网"的定义为：以国家管网集团油气基础设施为主体、地方企业储运设施为辅助，以确保油气资源安全供应为基本前提、以满足社会油气输送需求为首要目标，以建强智慧管网为核心，与铁路、公路、水运等多种运输方式高度协同，具有灵活高效、智能友好、开放互动、安全可控、成本低廉等基本特征的油气物流系统（王亮 等，2022）。为消除油气产业发展的阻碍，中国应加快管网的建设进展，打通管网建设的机制梗阻。在未来，国家管网集团应提升管道运输服务合同标准化程度，加强对油气管网运营企业的监管，尤其是对油气管道运输价格的监管。"全国一张网"通过打破运输瓶颈、疏通运输通道，将实现原油管道运输与销售分离，消除区域割据与省内省际的壁垒，最终实现我国原油资源的自由流动和安全运输。同样，作为原油产业链的中间环节，油气管网具有承上启下的作用，扩大其覆盖面能够对产业链上下游企业的服务起到明显的支撑作用。

产业链下游应鼓励竞争，让国有企业、民营企业、外资企业等多种所有制企业一同竞争，在竞争中优胜劣汰，提高原油产业效率。欧美国家成熟的原油市场发展几乎都经历了全面规制—放松规制—市场化竞争的过程，当前我国油气产业已步入快速发展时期，带有竞争色彩的市场化改革是必然的发展趋势。在炼化行业，"地炼"有较强的竞争力和冲击力，已成为国内炼油工业重要的组成部分。"减油增化"是炼化行业必然的趋势，传统的落后产能势必会被淘汰。在碳达峰、碳中和的大背景下，无论是"三桶油"还是"地炼"，都在积极进行炼化一体化改造，包括通过加大科研投入，推进科技创新；升级炼油设备，优化产品结构；秉持绿色发展观，突破清洁低碳发展的技术难点等。在产业链终端，油气销售不存在自然垄断特征，有关部门应降低市场准入条件，放宽对成品油自主销售的限制，吸引民营资本和外资进入下游市场，加大下游市场开发培育力度，促进油气配售环节公平竞争，最终实现竞争市场效率。

科学完备的法律体系和相对独立的监管机构能够保证我国原油市场有序运转。我国能源法长期缺位，仍未有系统性的法律能协调、衔接各类能源市场。立法先行是欧美发达国家油气改革的主要特征，在明确原油市场各主体的权利与义务，并明确监管部门的职责与监管范围后，原油市场各主体的行为将有法可依。在"双碳"目标下，为避免出现跃进式发展中风险过高问题，保障我国能源安全，能源立法的出台是大势所趋。第一，应加快制定我国油气基本法与系统性的监管条例，明确油气监管职责、权力、内容、细则等，为油气行业的监管工作提供强有力的法律依据。2020 年，国家能源局出台了《中华人民共和国能源法（征求意见稿）》。经过多轮公开征求意见和修改完善，能源法

（草案）有望在近年正式出台。第二，明确相关监管法律法规在原油市场的适用条件。油气基本法的立法过程中应明确，《反垄断法》《反不正当竞争法》等相关监管法律法规在原油市场上是否适用，如何协调反垄断执法机构与能源监管机构之间的关系等问题。例如，德国于 2005 年颁布了修订的《能源经济法》，增添了环境可承载性和能源效率等新目标。其中规范了监管机构和反垄断机构之间的分工，第 111 条明确规定当《能源经济法》和《反限制竞争法》具体规定存在冲突时，优先选用《能源经济法》。

在未来，我国可以依托德国成熟油气市场的经验，出台针对油气产业的基本法，对拒绝交易、非正当价格行为、限制竞争等滥用市场支配地位行为提出具体的界定标准和处罚措施，同时规定能源基本法和《反垄断法》等其他相关法律法规的优先适用顺序，规范油气监管机构的监管工作。随着原油市场法制化程度的提升，我国原油市场将坚持走高质量、可持续的发展路线，改革将有序进行。

参考文献

一、中文文献

[1] 白俊. 以竞争为标尺重构中国天然气价格市场化改革 [J]. 天然气工业, 2020, 40 (5): 117-125.

[2] 曹峰毓. "欧佩克+"机制与俄罗斯、沙特、美国的能源博弈 [J]. 阿拉伯世界研究, 2020 (3): 3-22.

[3] 陈卫东, 边卫红, 郝毅, 等. 石油美元环流演变、新能源金融发展与人民币国际化研究 [J]. 国际金融研究, 2020 (4): 3-12.

[4] 丛威, 李鑫尧, 孙楚钰. 实现"碳中和"石油企业保障中国能源安全发展路径分析 [J]. 中国能源, 2021, 43 (4): 27-33, 37.

[5] 单卫国. 世界石油市场十年回顾与展望 [J]. 国际石油经济, 2011 (1): 44-57, 172.

[6] 杜金虎, 胡素云, 庞正炼, 等. 中国陆相页岩油类型、潜力及前景 [J]. 中国石油勘探, 2019, 24 (5): 560-568.

[7] 杜伟. 原油期货投机与油价变动的关系 [J]. 国际石油经济, 2007 (4): 35-40, 80.

[8] 范金, 严斌剑, 坂本博. 随机 CGE 模型研究述评 [J]. 中国管理科学, 2009, 17 (5): 183-192.

[9] 方圆, 张万益, 马芬, 等. 全球页岩油资源分布与开发现状 [J]. 矿产保护与利用, 2019, 39 (5): 126-134.

[10] 郭燧, 李华姣. 石油市场价格传导综述 [J]. 资源与产业, 2020, 22 (2): 51-59.

[11] 国家发展改革委. "十四五"现代能源体系规划 [N/OL]. https://www.gov.cn/zhengce/zhengceku/2022-03/23/content_5680759.htm.

[12] 韩烈祥, 朱丽华, 孙海芳, 等. LPG 无水压裂技术 [J]. 天然气工业,

2014, 34 (6): 48-54.

[13] 何鸿. 探析新冠疫情下史上最大规模原油减产协议达成原因: 基于利益相关方博弈过程的分析 [J]. 价格理论与实践, 2020 (6): 21-24.

[14] 侯梅芳, 潘松圻, 刘翰林. 世界能源转型大势与中国油气可持续发展战略 [J]. 天然气工业, 2021, 41 (12): 9-16.

[15] 侯明扬. 原油金融化的定义、特征及潜在风险研究 [J]. 金融理论与实践, 2013 (6): 31-34.

[16] 胡昊, 马嫣然, 张大永, 等. 中国原油期货与国际基准原油间信息传导研究 [J]. 中国石油大学学报 (社会科学版), 2021 (5): 9-16.

[17] 焦建玲, 范英, 魏一鸣. 石油价格研究综述 [J]. 中国能源, 2004 (4): 33-39.

[18] 金雅宁, 倪正, 田喆, 等. 碳中和愿景目标对油气行业的挑战与机遇 [J]. 石油化工技术与经济, 2021, 37 (1): 1-6.

[19] 金之钧, 王冠平, 刘光祥, 等. 中国陆相页岩油研究进展与关键科学问题 [J]. 石油学报, 2021, 42 (7): 821-835.

[20] 李国欣, 朱如凯, 张永庶, 等. 柴达木盆地英雄岭页岩油地质特征、评价标准及发现意义 [J]. 石油勘探与开发, 2022, 49 (1): 18-31.

[21] 李树同, 李士祥, 刘江艳, 等. 鄂尔多斯盆地长 7 段纯泥页岩型页岩油研究中的若干问题与思考 [J]. 天然气地球科学, 2021, 32 (12): 1785-1796.

[22] 李晓依, 许英明, 肖新艳. 俄乌冲突背景下国际石油贸易格局演变趋势及中国应对 [J]. 国际经济合作, 2022 (3): 10-18.

[23] 李忠民, 邹明东. 能源金融问题研究评述 [J]. 经济学动态, 2009 (10): 101-105.

[24] 梁波, 王海英. "权力游戏": 产业变迁中的微观政治: 以中国石油产业市场参与格局变迁为例 [J]. 管理世界, 2013 (7): 80-93.

[25] 梁新平, 金之钧, Alexander Shpilman, 等. 俄罗斯页岩油地质特征及勘探开发进展 [J]. 石油与天然气地质, 2019, 40 (3): 478-490, 503.

[26] 林伯强, 何晓萍. 中国油气资源耗减成本及政策选择的宏观经济影响 [J]. 经济研究, 2008 (5): 94-104.

[27] 林伯强, 刘希颖, 邹楚沅, 等. 资源税改革: 以煤炭为例的资源经济学分析 [J]. 中国社会科学, 2010 (2): 58-78, 206.

[28] 林伯强, 牟敦国. 能源价格对宏观经济的影响: 基于可计算一般均衡 (CGE) 的分析 [J]. 经济研究, 2008, 43 (11): 88-101.

［29］林益楷，胡森林.石油工业的垄断之辨［J］.国际石油经济，2014，22（7）：8-12，110.

［30］刘明磊，姬强，范英.金融危机前后国内外石油市场风险传导机制研究［J］.数理统计与管理，2014（1）：9-20.

［31］刘莹，黄运成，罗婷.石油市场的金融支持体系研究［J］.资源科学，2007（1）：190-195.

［32］卢全莹，柴建，曹蒲菊，等.世界原油供给阻滞对中国宏观经济的冲击效应测算：以美国对伊朗实施石油制裁为例［J］.系统工程理论与实践，2022b（7）：1735-1754.

［33］卢全莹，史惠婷，汪寿阳."黑天鹅"和"灰犀牛"事件对原油市场的冲击效应测算：GSI-BN研究框架［J］.计量经济学报，2022a（1）：194-208.

［34］陆前进.美元霸权和国际货币体系改革：兼论人民币国际化问题［J］.上海财经大学学报，2010（1）：61-69，76.

［35］罗继雨，刘朝全，石卫.欧佩克：由盛到衰或将走向终结［J］.国际石油经济，2020（9）：10-17.

［36］能源.石油美元体系的建立历程［J］.能源，2014（9）：33.

［37］倪峰，达巍，冯仲平，等.俄乌冲突对国际政治格局的影响［J］.国际经济评论，2022（3）：38-67，4-5.

［38］彭民，孙彦彬.国际石油期货价格与美元指数动态关系的实证研究［J］.中国石油大学学报（社会科学版），2009（3）：1-4.

［39］沈镭，薛静静.中国能源安全的路径选择与战略框架［J］.中国人口·资源与环境，2011，21（10）：49-54.

［40］施雷.碳中和目标下的石油公司转型之路［J］.当代石油石化，2021，29（6）：13-19.

［41］施训鹏，姬强，张大永.国际原油定价机制演化及其对我国原油期货的启示［J］.环境经济研究，2018（3）：121-134.

［42］施训鹏.欧洲天然气交易枢纽发展经验及其对中国的启示［J］.天然气工业，2017（37）：108-117.

［43］时颖，马治国.油气体制改革中政府发挥作用的目标、问题及完善建议［J］.经济纵横，2018（9）：44-50.

［44］史丹.全球能源格局变化及对中国能源安全的挑战［J］.中外能源，2013，18（2）：1-7.

［45］孙华平，李亮，王佳妮.新冠疫情对能源产业链的影响与对策［J］.

煤炭经济研究，2020，40（4）：4-8.

［46］孙张涛，田黔宁，吴西顺，等．国外致密油勘探开发新进展及其对中国的启示［J］．中国矿业，2015，24（9）：7-12.

［47］汪周华，钟世超，汪轰静．页岩气新型"井工厂"开发技术研究现状及发展趋势［J］．科学技术与工程，2015，15（20）：163-172.

［48］王晋．美国影响下的俄罗斯与伊朗关系［J］．阿拉伯世界研究，2021（21）：17-34，157.

［49］王蕾，裴庆冰．全球能源需求特点与形势［J］．中国能源，2018（9）：13-18，7.

［50］王亮，焦中良，朱锋，等．油气"全国一张网"构建所存在问题及方法论探讨［J］．油气储运，2022，41（11）：1260-1268.

［51］王陆新，王越，王永臻．碳达峰碳中和背景下我国能源发展多情景研究［J］．石油科技论坛，2022，41（1）：78-86.

［52］王盼盼，夏婷，石建勋，等．"石油-美元"动态关联的时变特征及影响因素研究［J］．国际金融研究，2020（11）：35-44.

［53］王震，和旭，崔忻．"碳中和"愿景下油气企业的战略选择［J］．油气储运，2021，40（6）：601-608.

［54］王震，李强，周彦希．中国"双碳"顶层政策分析及能源转型路径研究［J］．油气与新能源，2021，33（6）：1-5.

［55］王忠宏．哈佛学派、芝加哥学派竞争理论比较及其对我国反垄断的启示［J］．经济评论，2003（1）：72-74.

［56］维托·斯泰格利埃诺．美国能源政策：历史、过程与博弈［M］．郑世高，刘晓青，孙旭东，译．北京：石油工业出版社，2008.

［57］魏巍贤，高中元，彭翔宇．能源冲击与中国经济波动：基于动态随机一般均衡模型的分析［J］．金融研究，2012（1）：51-64.

［58］吴巧生，王华，成金华．中国能源战略评价［J］．中国工业经济，2002（6）：13-21.

［59］徐建山．石油的轨迹：几个重要石油问题的探索［M］．北京：石油工业出版社，2012.

［60］杨博宇，卢全莹，孙玉莹，等．基于区间反事实模型的油价波动事件定量评估［J］．系统工程理论与实践，2023（1）：191-205.

［61］杨光，姜明新．石油输出国组织［M］．北京：中国大百科全书出版社，1995.

［62］杨国丰，周庆凡，卢雪梅. 页岩油勘探开发成本研究［J］. 中国石油勘探，2019，24（5）：576-588.

［63］杨雷，金之钧. 全球页岩油发展及展望［J］. 中国石油勘探，2019，24（5）：553-559.

［64］杨宇，于宏源，鲁刚，等. 世界能源百年变局与国家能源安全［J］. 自然资源学报，2020（11）：2803-2820.

［65］叶海超，光新军，王敏生，等. 北美页岩油气低成本钻完井技术及建议［J］. 石油钻采工艺，2017，39（5）：552-558.

［66］英国原油公司（BP）. 2021 年 BP 世界能源统计年鉴［R/OL］. https://www.bp.com.cn/zh_cn/china/home/news/reports/statistical-review-2021.html.

［67］张程，范立夫. 大宗商品价格影响与货币政策权衡：基于石油的金融属性视角［J］. 金融研究，2017（3）：72-85.

［68］张大永，姬强. 中国原油期货动态风险溢出研究［J］. 中国管理科学，2018，26（11）：42-49.

［69］张金成，孙连忠，王甲昌，等. "井工厂"技术在我国非常规油气开发中的应用［J］. 石油钻探技术，2014，42（1）：20-25.

［70］张峻晓，谭小芬. 国际大宗商品价格波动：基本面还是投机因素：基于 2003—2014 年全样本 VAR 和滚动 VAR 模型的分析［J］. 金融评论，2015（3）：59-74，124.

［71］张抗，张立勤. 大型石油公司转型歧见及对中国油气发展战略的启示［J］. 国际石油经济，2020，28（12）：21-27.

［72］张宁宁，王建良，刘明明，等. 碳中和目标下欧美国际石油公司低碳转型差异性原因探讨及启示［J］. 中国矿业，2021，30（9）：8-15.

［73］张生玲. 中国的能源安全与评估［J］. 中国人口·资源与环境，2007，17（6）：101-104.

［74］中国海洋石油集团有限公司. 中国海油持续打造绿色低碳转型新动能［EB/OL］. https://baijiahao.baidu.com/s? id = 1709480310366508210&wfr = spider&for = pc.

［75］张彦明，程泽川，刘铎. 石油企业董事会特征与财务绩效实证分析［J］. 哈尔滨商业大学学报（社会科学版），2015（4）：53-60.

［76］张宇燕，管清友. 世界能源格局与中国的能源安全［J］. 世界经济，2007（9）：17-30.

［77］张跃军，李书慧. 投资者关注度对国际原油价格波动的影响研究

［J］．系统工程理论与实践，2020（10）：2519-2529.

［78］张峥，许经彤. 原油的商品属性和金融属性——影响原油价格因素解析［J］．国际石油经济，2018（12）：23-31.

［79］赵公正，魏洪波，钟弥嘉. 从近两次国际油价暴跌比较看欧佩克面临的困境［J］．价格理论与实践，2020（6）：17-20，59.

［80］赵行姝. 特朗普政府能源政策评析［J］．美国研究，2020（2）：44-69，5-6.

［81］赵金洲，任岚，沈骋，等. 页岩气储层缝网压裂理论与技术研究新进展［J］．天然气工业，2018，38（3）：1-14.

［82］赵文智，胡素云，侯连华，等. 中国陆相页岩油类型、资源潜力及与致密油的边界［J］．石油勘探与开发，2020，47（1）：1-10.

［83］赵文智，胡素云，侯连华. 页岩油地下原位转化的内涵与战略地位［J］．石油勘探与开发，2018，45（4）：537-545.

［84］赵文智，朱如凯，刘伟，等. 我国陆相中高熟页岩油富集条件与分布特征［J］．地学前缘，2023，30（1）：116-127，242-259.

［85］郑新业. 全面推进能源价格市场化［J］．价格理论与实践，2017（12）：17-22.

［86］舟丹. 新冠疫情对我国经济及石油市场的影响［J］．中外能源，2020，25（3）：5.

［87］周庆凡，金之钧，杨国丰，等. 美国页岩油勘探开发现状与前景展望［J］．石油与天然气地质，2019，40（3）：469-477.

［88］朱彤. OPEC 策略行为理论研究评述［J］．经济理论与经济管理，2014（2）：50-58.

［89］邹才能，杨智，崔景伟，等. 页岩油形成机制、地质特征及发展对策［J］．石油勘探与开发，2013，40（1）：14-26.

［90］曾康霖，刘楹，王霞. 要十分关注全球经济存在的不确定因素［J］．财经科学，2005（1）：164-169.

二、英文文献

［1］ALONSO-ALVAREZ I，DI NINO V，VENDITTI F. Strategic interactions and price dynamics in the global oil market［J］．Energy Economics，2022（107）：105739.

［2］AMINU N. Energy prices volatility and the United Kingdom：Evidence from a dynamic stochastic general equilibrium model [J]. Energy, 2019 (172): 487–497.

[3] APERC A. Quest for energy security in the 21st century: Resources and constraints [R]. Asia Pacific Energy Research Centre, Tokyo, Japan, 2007.

[4] AUSTVIK O G. Political Gas Pricing Premiums: The Development in West Germany 1977–1985 [J]. OPEC Review, 1987, 11 (2): 171–190.

[5] BENCHEKROUN H, GAUDET G. On the profitability of production perturbations in a dynamic natural resource oligopoly [J]. Journal of Economic Dynamics and Control, 2003, 27 (7): 1237–1252.

[6] BERNANKE B S, GERTLER M, WATSON M, et al. Systematic monetary policy and the effects of oil price shocks [J]. Brookings papers on economic activity, 1997 (1): 91–157.

[7] BORNSTEIN G, KRUSELL P, REBELO S T. Lags, costs and shocks: an equilibrium model of the oil industry [R]. CEPR Dinscussion Paper, 2017, No. DP 12047.

[8] BP. BP Energy Outlook: 2022 edition[EB/OL].https://www.bp.com/en/global/corporate/energy-economics/energy-outlook.html.

[9] BRESNAHAN T F, RAMEY V A. Segment shifts and capacity utilization in the US automobile industry [J]. The American Economic Review, 1993, 83 (2): 213–218.

[10] BROWN S P, HUNTINGTON H G. OPEC and world oil security [J]. Energy Policy, 2017 (108): 512–523.

[11] BRÉMOND V, E HACHE, V MIGNON. Does OPEC still exist as a Cartel? An empirical investigation [J]. Energy Economics, 2011, 34 (1): 125–131.

[12] C2ES (Center for Climate and Energy Solutions). Heat waves and climate change[EB/OL].https://www.c2es.org/content/heat-waves-and-climate-change/.

[13] CAMPBELL C J, J H LAHERRÈRE. The end of cheap oil [J]. Scientific American, 1998, 278 (3): 78–83.

[14] CASPI I, KATZKE N, GUPTA R. Date stamping historical periods of oil price explosivity: 1876–2014 [J]. Energy Economics, 2018 (70): 582–587.

[15] CHATZIANTONIOU I, GABAUER D, DE GRACIA F P. Tail risk connectedness in the refined petroleum market: A first look at the impact of the COVID-19 pandemic [J]. Energy Economics, 2022 (111): 106051.

[16] CHEN X, FU Q, CHANG C P. What are the shocks of climate change on

clean energy investment: A diversified exploration [J]. Energy Economics, 2021 (95): 105136.

[17] CHEN Y, JIANG J, WANG L, WANG R. Impact assessment of energy sanctions in geo-conflict: Russian-Ukrainian war [J]. Energy Reports, 2023 (9): 3082-3095.

[18] CHERP A, JEWELL J. The concept of energy security: Beyond the four As [J]. Energy Policy, 2014 (75): 415-421.

[19] CRUZ A M, KRAUSMANN E. Damage to offshore oil and gas facilities following hurricanes Katrina and Rita: An overview [J]. Journal of Loss Prevention in the Process Industries, 2008, 21 (6): 620-626.

[20] DEVARAJAN S, FISHER A C. Hotelling's " economics of exhaustible resources": Fifty years later [J]. Journal of Economic Literature, 1981, 19 (1): 65-73.

[21] DHAWAN R, JESKE K. Energy price shocks and the macroeconomy: the role of consumer durables [J]. Journal of Money, Credit and Banking, 2008, 40 (7): 1357-1377.

[22] EDELSTEIN P, KILIAN L. How sensitive are consumer expenditures to retail energy prices? [J]. Journal of Monetary Economics, 2009, 56 (6): 766-779.

[23] EIA. Energy and the Environment explained [R/OL]. https://www.eia. gov/energyexplained/energy-and-the-environment/.

[24] EU. Timeline- European Green Deal and Fit for 55[R/OL].https://www. consilium.europa.eu/en/policies/green-deal/timeline-european-green-deal-and-fit -for-55/.

[25] FATTOUH B. An anatomy of the crude oil pricing system [R]. USA: Oxford Institute for Energy Studies, 2011.

[26] FINK J D, FINK K E, RUSSELL A. When and how do tropical storms affect markets? The case of refined petroleum [J]. Energy Economics, 2010, 32 (6): 1283-1290.

[27] FREI C W. The Kyoto protocol—a victim of supply security? or: if Maslow were in energy politics [J]. Energy Policy, 2004, 32 (11): 1253-1256.

[28] FRIDMAN A. Partial privatization in an exhaustible resource industry [J]. Journal of Economics, 2018, 124 (2): 159-173.

[29] FURFARI S. Oil, Between Monopolies and Free Market [M] //Beyond Mar-

ket Assumptions: Oil Price as a Global Institution. Springer, Cham, 2020: 33−62.

[30] GATELY D, M, ADELMAN, E BERNDT P, BEIDER J CREMER A MANNE, R NOLL. A Ten−year Retrospective: OPEC and the World Oil Market [J]. Journal of Economic Literature, 1984, 22 (3): 1100−1114.

[31] GKILLAS K, GUPTA R, PIERDZIOCH C, YOON S M. OPEC news and jumps in the oil market [J]. Energy Economics, 2021 (96): 105096.

[32] GULIYEV F. Trump's "America First" Energy Policy, Contingency and the Reconfiguration of the Global Energy Order [J]. Energy Policy, 2020 (140): 111435.

[33] GUO J F, JI Q. How does market concern derived from the Internet affect oil prices? [J]. Applied Energy, 2013 (112): 1536−1543.

[34] HAMILTON J D. Causes and Consequences of the Oil Shock of 2007−2008 [R]. National Bureau of Economic Research, 2009.

[35] HAMILTON J D. Rational−expectations econometric analysis of changes in regime: An investigation of the term structure of interest rates [J]. Journal of Economic Dynamics and Control, 1988, 12 (2−3): 385−423.

[36] HAMILTON J D. Oil and the macroeconomy since World War II [J]. Journal of Political Economy, 1983, 91 (2): 228−248.

[37] HAMILTON J D. Understanding Crude Oil Prices [J]. The Energy Journal, 2009, 30 (2): 179−206.

[38] HARIS M P, J TAO. Role of Governance in Creating a Commodity Hub: A Comparative Analysis [J]. Natural Gas Industry B, 2016, 3 (4): 367−376.

[39] HOTELLING H. The economics of exhaustible resources [J]. Journal of political Economy, 1931, 39 (2): 137−175.

[40] HUBBERT M K. Energy from fossil fuels [J]. Science, 1949, 109 (2823): 103−109.

[41] IPBES. Biodiversity and Climate Change, workshop report [R/OL]. https://www.ipbes.net/events/ipbes−ipcc−co−sponsored−workshop−biodiversity−and−climate−change.

[42] IPCC. Global Warming of 1.5°C, summary for policymakers [R/OL]. https://www.ipcc.ch/sr15/chapter/spm/.

[43] JI Q, FAN Y. Evolution of the world crude oil market integration: A graph theory analysis [J]. Energy Economics, 2016 (53): 90−100.

[44] JI Q, ZHANG D, ZHAO Y. Searching for safe−haven assets during the COVID−19 pandemic [J]. International Review of Financial Analysis, 2020 (71): 101526.

[45] JI Q, D Y ZHANG. China's Crude Oil Futures: Introduction and some stylized facts [J]. Finance Research Letters, 2018 (28): 376-380.

[46] JI Q, GUO J F. Oil price volatility and oil−related events: An Internet concern study perspective [J]. Applied Energy, 2015 (137): 256-264.

[47] KAUFMANN R K, CONNELLY C. Oil price regimes and their role in price diversions from market fundamentals [J]. Nature Energy, 2020, 5 (2): 141-149.

[48] KILIAN L. Oil price shocks: Causes and consequences [J]. Annual Review of Resource Economics, 2014, 6 (1): 133-154.

[49] KILIAN L. The impact of the shale oil revolution on US oil and gasoline prices [J]. Review of Environmental Economics and Policy, 2016, 10 (1): 185-205.

[50] KIM I M, LOUNGANI P. The role of energy in real business cycle models [J]. Journal of Monetary Economics, 1992, 29 (2): 173-189.

[51] KUZEMKO C, M BLONDEEL, C DUPONT, M C BRISBOIS. Russia's war on Ukraine, European energy policy responses & implications for sustainable transformations [J]. Energy Research & Social Science, 2022 (93): 102842.

[52] LIU B, Q JI, Y FAN. Dynamic return−volatility dependence and risk measure of CoVaR in the oil market: A time−varying mixed copula model [J]. Energy Economics, 2017 (68): 53-65.

[53] LIU J, MA F, TANG Y, ZHANG Y. Geopolitical risk and oil volatility: A new insight [J]. Energy Economics, 2019 (84): 104548.

[54] LUBELL H. Security of supply and energy policy in Western Europe [J]. World Politics, 1961, 13 (3): 400-422.

[55] LYNCH A C. The influence of regime type on russian foreign policy toward the West, 1992−2015 [J]. Communist and Post−Communist Studies, 2016, 49 (1): 101-111.

[56] MA R R, XIONG T, BAO Y. The Russia−Saudi Arabia oil price war during the COVID−19 pandemic [J]. Energy Economics, 2021 (102): 105517.

[57] MAREŠ M, M LARYŠ. oil and natural gas in russia's eastern energy strategy: Dream or reality? [J]. Energy Policy, 2012 (50): 436-448.

[58] MEI D, MA F, LIAO Y, WANG L. Geopolitical risk uncertainty and oil

future volatility: Evidence from MIDAS models [J]. Energy Economics, 2020 (86): 104624.

[59] MENSI W, HAMMOUDEH S, YOON S M. How do OPEC news and structural breaks impact returns and volatility in crude oil markets? Further evidence from a long memory process [J]. Energy Economics, 2014 (42): 343-354.

[60] MOLLICK A V, ASSEFA T A. US stock returns and oil prices: The tale from daily data and the 2008-2009 financial crisis [J]. Energy Economics, 2013 (36): 1-18.

[61] NARAYAN P K. Oil price news and COVID-19: Is there any connection? [J]. Energy Research Letters, 2020, 1 (1): 1-4.

[62] NOAA. Increased Extreme Weather Events due to Climate Change [R/OL]. https://www.climate.gov/teaching/literacy/7-c-increased-extreme-weather-e-vents-due-climate-change.

[63] NOGUERA J. The seven sisters versus OPEC: Solving the mystery of the petroleum market structure [J]. Energy Economics, 2017 (64): 298-305.

[64] NOGUERA-SANTAELLA J. Geopolitics and the oil price [J]. Economic Modelling, 2016 (52): 301-309.

[65] ODUM H T. Environmental accounting: EMERGY and environmental decision making [J]. New York: Wiley, 1996.

[66] OMAR A, B J LAMBE. crude oil pricing and statecraft: surprising lessons from US economic sanctions [J]. International Review of Financial Analysis, 2022 (83): 102314.

[67] ORTTUNG R W, I OVERLAND. A limited toolbox: Explaining the constraints on Russia's foreign energy policy [J]. Journal of Eurasian Studies, 2011, 2 (1): 74-85.

[68] PAN L, LIU P, LI Z. A system dynamic analysis of China's oil supply chain: Over-capacity and energy security issues [J]. Applied Energy, 2017 (188): 508-520.

[69] PINDYCK R S. Gains to producers from the cartelization of exhaustible resources [J]. The Review of Economics and Statistics, 1978, 60 (2): 238-251.

[70] PUNZI M T. The impact of energy price uncertainty on macroeconomic variables [J]. Energy Policy, 2019 (129): 1306-1319.

[71] ROTEMBERG J J, WOODFORD M. Imperfect competition and the effects

of energy price increases on economic activity [J]. NBER Working Paper 5634, 1996.

[72] SADORSKY P. Modeling volatility and correlations between emerging market stock prices and the prices of copper, oil and wheat [J]. Energy Economics, 2014 (43): 72-81.

[73] SAHEBISHAHEMABADI H. Strategic and tactical crude oil supply chain: Mathematical programming models [D]. Karlsruhe: Karlsruher Institut für Technologie (KIT), 2013.

[74] SALAMEH M G. The new frontiers for the United States energy security in the 21st century [J]. Applied Energy, 2003, 76 (1-3): 135-144.

[75] SALANT S W. Hirshleifer on speculation [J]. The Quarterly Journal of Economics, 1976, 90 (4): 667-675.

[76] SALISU A A, GUPTA R, DEMIRER R. Global financial cycle and the predictability of oil market volatility: Evidence from a GARCH-MIDAS model [J]. Energy Economics, 2022 (108): 105934.

[77] SHEN Y, X SHI, H VARIAM. Risk transmission mechanism between energy markets: A VAR for VaR approach [J]. Energy Economics, 2018 (75): 377 -388.

[78] SHI M. Overinvestment and corporate governance in energy listed companies: Evidence from China [J]. Finance Research Letters, 2019 (30): 436-445.

[79] SHI X. Development of Europe's Gas Hubs: Implications for East Asia [J]. Natural Gas Industry B, 2016, 3 (4): 357-366.

[80] STIGLITZ J E. Monopoly and the rate of extraction of exhaustible resources [J]. The American Economic Review, 1976, 66 (4): 655-661.

[81] TABAK B M, D O CAJUEIRO. Are the crude oil markets becoming weakly efficient over time? A test for time-varying long-range dependence in prices and volatility [J]. Energy Economics, 2007 (29): 28-36.

[82] TIAN J, YU L, XUE R, ZHUANG S, SHAN Y. Global low-carbon energy transition in the post-COVID-19 era [J]. Applied Energy, 2022 (307): 118205.

[83] TIROLE J. The theory of industrial organization [M]. Boston: MIT press, 1988.

[84] TOPCU M, GULAL O S. The impact of COVID-19 on emerging stock

markets [J]. Finance Research Letters, 2020 (36): 101691.

[85] UNEP. Emissions Gap Report [R/OL]. https://www.unep.org/resources/emissions-gap-report-2021.

[86] VIVODA V. Diversification of oil import sources and energy security: a key strategy or an elusive objective? [J]. Energy Policy, 2009, 37 (11): 4615-4623.

[87] VIVODA V. LNG import diversification and energy security in Asia [J]. Energy Policy, 2019 (129): 967-974.

[88] WANG Y, X GENG, K GUO. The influence of international oil price fluctuation on the exchange rate of countries along the "Belt and Road" [J]. The North American Journal of Economics and Finance, 2021, 59 (5): 101588.

[89] WEN J, ZHAO X X, CHANG C P. The impact of extreme events on energy price risk [J]. Energy Economics, 2021 (99): 105308.

[90] WOOD A D, MASON C F, FINNOFF D. OPEC, the Seven Sisters, and oil market dominance: An evolutionary game theory and agent-based modeling approach [J]. Journal of Economic Behavior and Organization, 2016 (132): 66-78.

[91] WU K. China's energy security: Oil and gas [J]. Energy Policy, 2014 (73): 4-11.

[92] XIA Y, KONG Y, JI Q, et al. Impacts of China-US trade conflicts on the energy sector [J]. China Economic Review, 2019 (58): 101360.

[93] YANG Y, Y R MA, M HU, D Y ZHANG, Q JI. Extreme risk spillover between Chinese and global crude oil futures [J]. Finance Research Letters, 2020 (40): 101743.

[94] YAO L, CHANG Y. Energy security in China: A quantitative analysis and policy implications [J]. Energy Policy, 2014 (67): 595-604.

[95] YERGIN D. Energy Security in the 1990s [J]. Foreign Affairs, 1988 (67): 110-132.

[96] YERGIN D. Ensuring energy security [J]. Foreign Affairs, 2006, 85 (2): 69-82.

[97] YERGIN D. It's still the one [J]. Foreign Policy, September 2009 (174): 88-95.

[98] ZHANG D Y, M SHI X P SHI. Oil indexation, market fundamentals, and natural gas prices: An investigation of the Asian premium in natural gas trade [J]. Energy Economics, 2018 (69): 33-41.

[99] ZHANG D, BROADSTOCK D C. Global financial crisis and rising connectedness in the international commodity markets [J]. International Review of Financial Analysis, 2020 (68): 101239.

[100] ZHANG D, CAO H, ZOU P. Exuberance in China's renewable energy investment: rationality, capital structure and implications with firm level evidence [J]. Energy Policy, 2016 (95): 468-478.

[101] ZHANG D, LEI L, JI Q, et al. Economic policy uncertainty in the US and China and their impact on the global markets [J]. Economic Modelling, 2019 (79): 47-56.

[102] ZHANG D, LI J, HAN P. A multidimensional measure of energy poverty in China and its impacts on health: An empirical study based on the China family panel studies [J]. Energy Policy, 2019 (131): 72-81.

[103] ZHANG X, YU L, WANG S, LAI K K. Estimating the impact of extreme events on crude oil price: An EMD-based event analysis method [J]. Energy Economics, 2009, 31 (5): 768-778.